국내 최초
무료 바둑 동영상 강의!

**이세돌 vs 알파고 공개 해설자 류승희 기사의
가장 쉬운 바둑 첫걸음 강의!**

☆ 혼자서 이해하기 어려웠던 개념을 쏙쏙 짚어주는 강의!
☆ 책의 내용이 실제로 어떻게 적용되는지 눈으로 확인하기!
☆ 부담 없이 몇 번씩 다시 볼 수 있는 무료 강의로 실력 쌓기!

류승희

한국기원 공인 아마 6단
바둑지도사 3급
명지대학교 바둑학사
명지대학교 바둑학과 수석 졸업
91, 93회 전국체육대회 바둑 은메달(2010, 2012)
94회 전국체육대회 바둑 동메달(2013)
96회 전국체육대회 바둑 금메달(2015)
2015 내셔널 바둑리그 우승 및 여성 다승왕 외 다수
2016 이세돌 vs 알파고 공개 해설
現 바둑TV 작가 및 진행자

가장 쉬운 독학 이세돌 바둑 첫걸음

초판 14쇄 발행 | 2024년 11월 25일

지은이 | 이세돌
발행인 | 김태웅
편 집 | 김현아
디자인 | 남은혜, 김지혜
표지 일러스트 | 김동호
마케팅 총괄 | 김철영
제 작 | 현대순

발행처 | (주)동양북스
등 록 | 제 2014-000055호
주 소 | 서울시 마포구 동교로22길 14 (04030)
구입문의 | 전화 (02)337-1737 팩스 (02)334-6624
내용문의 | 전화 (02)337-1762 dybooks2@gmail.com

ISBN 979-11-5703-192-4 13690

이 도서의 국립중앙도서관 출판예정도서목록(CIP)은 서지정보유통지원시스템 홈페이지(http://seoji.nl.go.kr)와
국가자료공동목록시스템(http://www.nl.go.kr/kolisnet)에서 이용하실 수 있습니다.
(CIP제어번호:CIP2016017487)

책을 펴내면서

바둑은 어려울 것 같다는 말을 많이 듣습니다. 5살에 아버지에게 처음 바둑을 배운 저에게 바둑이 어렵기만 했다면 지금까지 바둑을 할 수 있었을까요?

가로 세로 19줄의 작은 바둑판 위에 바둑돌을 올려놓는 일, 바둑판이라는 우주 속에서 한수 한수 놓이는 흑돌과 백돌이 만들어내는 변화무쌍한 이야기들은 아라비안나이트보다 더 무한한 상상의 세계로 이끌어줍니다.

저는 섬마을의 넓은 마당을 가진 집에서 태어났기 때문에 어려서부터 천방지축 집 안 팎을 뛰어다니고 아버지를 따라 산으로 칡을 캐러 다니거나 아침이면 운동 삼아 근처 바닷가 백사장을 달릴 정도로 활달한 개구쟁이였습니다. 그렇지만 아버지에게 바둑을 배우면서는 한창 까불거리고 뛰어다닐 나이인 당시에도 하루 종일 바둑판 앞에 앉아 있을 때도 많았습니다. 원래 성격이 차분하고 앉아있기 좋아했던 것도 아니었고 그 나이에는 억지로 앉아있기도 힘들었을 겁니다.
저를 바둑판 앞에 붙들어둔 것은 오롯이 바둑의 즐거움이었습니다. 바둑이 저에게 친구가 되어주고, 모험의 상대나 위험한 적수도 되었으며, 알 수 없는 미지의 세계를 끝없이 펼쳐놓아 호기심과 도전 의식을 일으켜 주었기 때문입니다.

무엇이든 즐기는 사람을 따를 수 없다고 합니다. 즐기다 보니 지금의 제가 이 자리에 서 있고 지금도 저는 무엇보다 '바둑은 즐거움이다', '바둑은 즐기는 것이다'라고 말합니다.

즐기기 위해서는 거쳐야 하는 관문이 없을 수는 없죠. 관문을 통과할 때마다 펼쳐지는 바둑의 신천지는 가슴을 뛰게 하고 자신만의 세계를 만들어간다는 자부심을 줄 것입니다. 변화 속의 단순함을 찾아가는 바둑의 관문은 통과할수록 어려워지는 시험이 아니라 넘어설수록 더 신기한 세계와 도전을 기다리는 모험으로 가득 찬 생생한 현실입니다.

이 책과 만나는 여러분이 바로 그 첫 관문을 통과하셔서 스스로 바둑의 즐거움을 찾기를 바랍니다.

이세돌 9단

차례

이 책의 구성과 특징

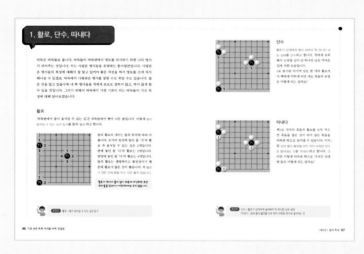

바둑을 처음 시작하는 사람이라도 쉽게 배울 수 있는 친절한 해설이 준비되어 있습니다. 알아갈수록 재미있는 바둑의 세계로 함께 들어가 볼까요?

쉬어가는 코너에서는 그동안 궁금했던 이세돌의 재미있는 에피소드와 바둑 이야기를 만날 수 있습니다.

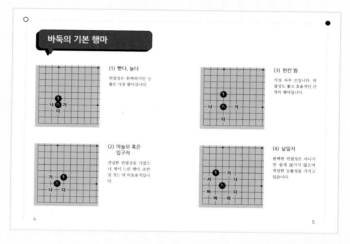

핸드북 PDF 다운로드

본문 핵심 내용을 요약한 핸드북 PDF를 무료 제공합니다. PDF를 인쇄하거나 모바일로 가지고 다니면서 대국 연습을 할 때 유용합니다.

이세돌 vs 알파고 대국 해설자인 류승희 기사의 동영상 강의가 무료 제공됩니다. 머리에 쏙쏙 들어오는 강의를 통해 실력을 업그레이드 해보세요.

| 제1강 |

바둑이란?

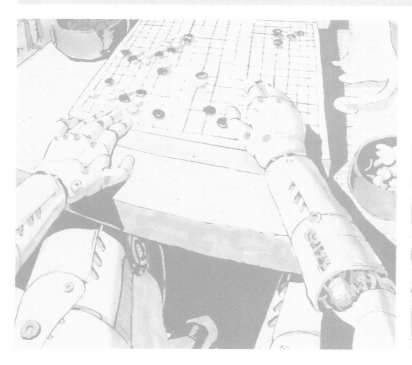

1. 바둑이란?

바둑의 간략한 정의는 바둑판 위에서의 영토 차지 게임입니다. 바둑판에는 19×19=361만큼의 땅이 있고 흑과 백을 가진 두 명의 대국자가 누가 많은 땅을 차지하냐로 승패가 결정되는 게임이죠. 땅을 차지하는 것은 바둑판 위에서 집을 짓는다라고 표현하는데 상대방보다 1집이라도 많은 집을 차지하기 위해 전략과 전술을 쓰는 것이 바둑의 내용이 됩니다. 흑과 백이 공평하게 한 수씩 번갈아 두기 때문에 상대방과 집을 차지해 나가다 보면 필연적으로 충돌하게 됩니다. 충돌했을 때 서로 적당히 타협해서 둘 수도 있고, 양보할 수 없는 전투가 벌어지기도 합니다. 바둑에서 집을 만드는 두 가지 큰 전략은 막아가는 방어와 상대방에 대한 공격입니다. 어느 쪽의 비중이 크냐에 따라 바둑도 안정적인 기풍과 전투적인 기풍으로 나뉩니다. 하지만 이런 전략 전술의 가장 큰 핵심은 결국 바둑은 어떤 방법으로든 집을 많이 차지한 쪽이 이긴다는 것입니다. 어떤 방식을 쓰든 그것이 상대방보다 1집이라도 많은 집을 차지하기 위한 목적이라는 것을 잊지 마세요. 초보 시절에 특히 상대방의 돌 몇 점을 잡는 것을 즐거워하다 전체적인 집은 더 작아서 지기도 합니다. 목적을 잊어버리고 수단을 쫓다보면 상대의 돌을 잡고도 바둑은 지게 되는 것이죠. 집을 짓고 상대를 공격하고 돌을 잡는다니 이게 다 무슨 말일까요? 이제부터 오묘하고 흥미진진한 바둑의 세계를 알아가보겠습니다.

2. 바둑 둘 때 필요한 것 - 바둑판과 바둑돌

바둑은 시간과 장소, 날씨 등에 구애 없이 어디서건 바둑판과 바둑통만 있으면 누구와도 즐길 수 있지요. 바둑판은 가로 세로 19줄이 그어진 직사각형의 나무판입니다. 간혹 아이들이나 처음 배우는 분들의 접근이 쉽도록 가로 세로 9줄만 그어진 간략 바둑판도 사용됩니다만 19줄 바둑판만이 정식으로 인정됩니다. 바둑판이 전장이라면 병사가 바둑돌입니다. 이 바둑돌이 담긴 바둑통이 필요합니다. 바둑이 끝날 때까지 돌 수가 부족하지 않을 정도로 돌이 준비되어 있어야 해서 흑돌 181개, 백돌 180개 이상이 들어있습니다.

3. 바둑의 기본 예절

바둑은 현대에서 점점 스포츠화 되어가고 있지만 원래부터 예와 도의 예술로 여겼습니다. 바둑은 혼자서 둘 수 없기 때문에 최선의 한판을 같이 만들어가는 대국 상대에게 예절을 갖추고 매너를 지키는 마음을 처음부터 꼭 익혀야 합니다.

1 바둑을 두기 전
바둑을 두기 전 같이 두는 상대에게 바둑판을 마주하고 자리에 앉은 상태에서 가볍게 목례를 하면서 "잘 두겠습니다" 혹은 "한 수 배우겠습니다"라는 인사를 합니다. 인터넷 바둑을 이용할 때도 채팅창에 시작 전 간단한 인사말을 하는 것이 좋습니다.

2 바둑을 두는 동안
바둑을 두는 중에는 바둑에 집중하지 않고 옆 사람과 얘기를 나눈다거나 시끄럽게 해서는 안 됩니다. 간혹 바둑통에 손을 넣어 딸그락거리거나 착수할 때 바둑판에 '딱' 소리가 너무 크게 나도록 두는 것은 상대에 대한 결례입니다.

3 관전자의 매너
관전자, 즉 옆에서 지켜보는 사람이 훈수를 하거나 참견을 해서도 안 됩니다.
바둑 학원에서 간혹 바둑을 지켜보던 상수가 안타까운 마음에 더 나은 수를 가르쳐 주는 훈수를 해서 분쟁이 생기기도 합니다. 어떠한 경우에도 훈수나 참견은 하지도, 받지도 마세요.

4 무르기
두었던 수를 다른 곳에 두겠다고 물러달라고 해서는 안 됩니다. 한번 바둑판 위에 착점했다면 실수했다 싶어도 상대에게 한 수 무르기를 하는 것은 결례입니다. 바둑은 실수를 통해 배워나가는 게임입니다. 실수가 없다면 실력 향상도 더딥니다. 무르기를 요청하기보다는 자신의 실수를 대국이 끝난 후 복기해보는 것이 좋습니다.

5 승패 확인 후
바둑을 두어 승패를 확인하고 난 후 바둑판 위의 돌은 각자 자기가 둔 돌을 통에 담습니다. 승부를 확인하고 반상 위의 돌을 통에 다 담고서야 대국이 완전히 끝난 것입니다.

6 마지막 정리
돌을 통에 담고 난 후 일어서기 전에도 간단히 "잘 두었습니다", "잘 배웠습니다"라고 인사합니다. 인터넷 대국 시에도 창을 나가기 전 간단한 작별 인사를 하면 좋겠습니다.

바둑 두는 즐거운 시간을 함께 나눈 상대방에게 이런 예절을 지키면서 둔다면 서로 기분 좋게 바둑을 끝마칠 수 있습니다.

4. 바둑을 배우면서 얻는 이점

바둑으로 얻을 수 있는 이로운 점은 너무나 많습니다. 어린 아이들에게는 일찍부터 수리력과 계산력을 키워줄 수 있고 그 과정에서 집중력과 인내심은 당연히 따르게 됩니다. 무엇보다도 자기 주도 학습을 통해 호기심을 키워줍니다.

바둑의 세계는 자신의 길을 스스로 찾아가야 하는 창의적이고 자기 주도적인 도전의 영역입니다. 똑같이 한수씩 번갈아 두는 바둑에서 창의적이지 않다면 상대보다 한 발 앞서갈 수 없습니다. 자신만의 수가 아닌 뻔한 수로는 상대방을 이길 수 없다는 말이지요. 다른 사람이 가르쳐 준 수는 누구나 다 아는 수라는 뜻입니다. 누구나 아는 수를 나만의 수로 만들어 가는 과정을 통해 자기 주도적으로 익히며 창의성을 기르게 됩니다.

상대보다 한 집을 더 앞서나가기 위해 더 나은 수를 찾아가야 하는 과정에서는 문제를 인식하고 해결 방법을 찾아야 합니다. 해결 방법을 찾으려면 많은 경우의 수를 스스로 생각해보아야 합니다. 누가 대신해 줄 수 없는 과정이지요. 또한 바둑의 기술을 익히는 단계에서는 기술을 익힌 후 그것을 깨부수는, 틀을 벗어나는 사고가 필요합니다. 이런 과정까지는 시간이 걸리겠지만 우주처럼 넓은 세계가 펼쳐지는 바둑판 위의 즐거움을 찾아나가시기 바랍니다.

5. 예술로서의 바둑과 바둑의 스포츠화

과거부터 바둑은 예와 도의 정신이 빚어낸 예술로서 인식되어 왔습니다. 한 판의 바둑은 상대방과 만들어가는 예술 작품입니다. 최선을 다해 멋진 수를 두었는데도 상대가 더 나은 수를 찾아냈다면 져서 분한 마음보다는 그런 아름다운 수를 찾아낸 상대에게 깨끗이 승복하고 자기도 더 나은 수를, 더 나은 작품을 만들어야겠다는 투지가 생깁니다. 이기는 것보다 내용이 멋진 명국을 만들고 싶은 욕심은 예술가가 예술 작품에 욕심을 부리는 마음과 같습니다. 예술가는 더 나은 작품을 만들기 위해 노력하지 상대방과의 경쟁에 더 큰 비중을 두지 않습니다.

승패를 가리고 많은 노력을 해야 한다는 점에서 바둑은 마인드 스포츠라고 할 만큼 스포츠로서의 면을 가지고 있습니다. 스포츠로 인정받은 현재 바둑은 대중에게 다가가기 위해 관전의 편의성을 위해서 대국 시간을 짧게 줄인다든지, 구단제화라든지 하는 다각도의 노력을 하고 있습니다. 그러나 바둑에는 예술적인 면이 있다는 점도 생각해보면 좋겠습니다. 가령 제한시간과 관련해서 다섯 시간 바둑도 흔했던 드라마 〈응답하라 1988〉의 시대에 비하면 지금은 많이 짧아졌습니다. 바둑의 흥미를 불러일으키기 위해 속기 기전을 두는 것은 좋지요. 그러나 바둑의 대국 내용으로 따지자면 한 시간보다는 두 시간 바둑이, 두 시간보다는 세 시간 바둑이 혼신의 힘으로 짜낸 최선의 수를 보여주는 내용으로 채울 수 있지 않을까요? 빠른 시간 안에 승패를 가리려는 것보다는 시간이 걸리더라도 명국을 지향하는 한 판을 두려고 한다는 점에서 바둑은 예술적인 속성이 있습니다. 제한 시간이 길면 지루하다는 생각보다 더 나은 대국 감상을 위해, 더 멋진 예술의 완성을 보기 위해 숙성 시간이 필요하다는 생각을 가진다면 바둑의 세계는 앞으로 더 넓어질 것입니다.

6. 바둑판에 대해 알아보기

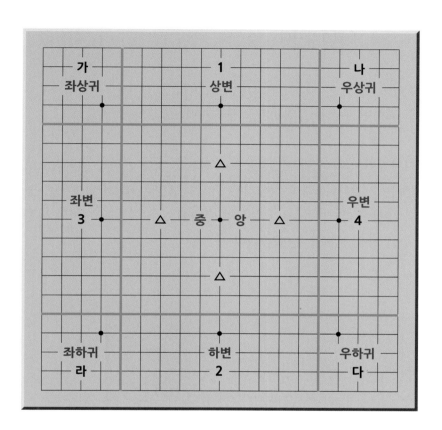

서로 집 차지를 위해 다투게 될 기본 영토가 되는 바둑판 위는 영토마다 명칭이 있습니다. 집 짓고 싶은 땅의 이름은 꼭 알아두어야겠죠. 땅에 대한 기본 이해 없이 집을 지으려 든다면 준비 부족으로 많은 시행착오를 겪게 됩니다. 기본적인 것들을 잘 익혀둘수록 빠르게 실력이 향상됩니다.

귀

가, 나, 다, 라로 표시된 바둑판의 모서리 네 부분을 '귀'라고 합니다.
표시 순서대로 좌상 귀, 우상 귀, 우하 귀, 좌하 귀라고 부릅니다. 바둑 해설을 할 때는 이렇게 불러가며 설명을 하기 때문에 명칭을 익혀두면 좋습니다.

변

숫자로 표시된 네 곳은 '변'이라고 합니다.
순서대로 상변, 하변, 좌변, 우변이라고 부르는데 바둑 둘 때는 구분이 필요 없지
만 복기나 해설을 들을 때 필요합니다.

중앙

마지막으로 세모 표시된 부근을 중앙이라고 부릅니다.

어디서부터 어디까지가 정확히 귀, 변, 중앙으로 정해진 것이 아니라 대략적으로
그 구역을 지정하는 것입니다. 재미있는 것은 귀, 변, 중앙은 집을 짓기 위한 땅
으로서의 가치와 특성이 다르다는 것입니다. 각 구역에 따른 지리적 가치와 특성
을 알아두어야 좋은 땅을 선점할 수 있습니다.

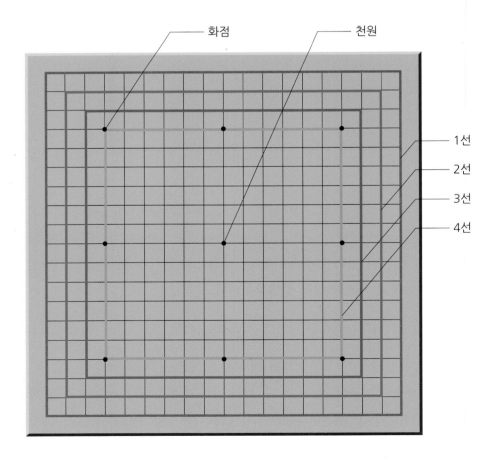

화점과 천원

바둑판 위에는 아홉 개의 점이 찍혀져 있는데 '화점'이라고 명칭합니다. 특히 한 가운데 찍힌 점은 '천원'이라고 부릅니다. 바둑 실력이 차이가 나는 사람끼리 바둑을 둘 때, 실력 차이를 보충하기 위해서 하수가 상수에게 미리 바둑판에 치수에 따라 몇 개의 돌을 판 위에 올리고 둡니다. 이것을 접바둑이라고 하는데 접바둑을 둘 때 미리 놓는 돌을 개수에 따라 화점 위에 올려놓게 됩니다. 귀, 변, 중앙 각 영토들의 기준점이 되어주기도 합니다.

선

바둑판의 테두리 가장자리 선 가장 밑에서부터 그어진 줄을 1선, 2선, 3선, 4선, 5선…으로 세어나갑니다. 바둑판이 사각형이니 가장자리 선도 네 곳이고, 각각의 제일 밑 선부터 위로 올라갈수록 1선, 2선, 3선, 4선 이렇게 불러 나가는데 바둑 중계 해설 때도 상변 몇 선에 두었다는 식으로 해설을 하기 때문에 프로들의 대국을 감상하려면 익숙해지는 것이 좋겠습니다. 영토를 차지하기 위해 진지를 구축할 때도 몇 선이냐의 선택이 중요합니다.

바둑을 '반상의 우주'라고 합니다. 우주 공간이 되는 바둑판에서는 어떤 세계가 펼쳐질지 누구도 예측할 수가 없습니다. 바둑판의 부위별 명칭을 익히는 것은 기본의 기본이겠습니다.

포인트 귀 : 바둑판의 맨 귀퉁이에 해당하는 부분
변 : 귀를 제외한 바둑판의 모서리에 해당하는 부분
중앙 : 귀와 변을 제외한 바둑판의 한가운데 해당하는 부분
화점 : 바둑판에 이미 그려져 있는 점 9개
천원 : 9개의 점 중 바둑판 한가운데 그려져 있어 특별한 이름이 붙은 점
선 : 바둑판 위에 그어진 줄로, 가로19줄, 세로 19줄로 이루어져 있다.

7. 바둑의 기본 규칙

바둑 두기의 시작 (흑백으로 바둑 시작하기)

바둑은 두 사람이 한 수씩 번갈아 둘 수 있습니다. 한 쪽이 한 번에 두 수를 두면 실격패로 지게 됩니다. 아래는 흑, 백이 한 수씩 두어 11수까지 두어간 진행입니다. 바둑은 항상 흑을 가진 쪽이 먼저 둡니다. 집을 차지할 때 먼저 두는 쪽이 유리한 점이 있기 때문에 실력이 같다면 흑을 가지고 두는 쪽이 핸디캡으로 '덤'을 공제합니다. 바둑이 끝나고 집 계산을 할 때 흑집에서 덤만큼 빼는 것입니다. 한국 룰에서는 덤이 여섯 집 반이고, 중국 룰에서는 7집 반입니다. 흑으로 먼저 두는 것이 몇 집의 가치를 가진 것인지를 정확히 따지는 것은 어렵겠지만, 덤을 보더라도 바둑에서 흑으로 먼저 두는 것이 유리하다는 것이 확실하다는 점은 알 수 있습니다.

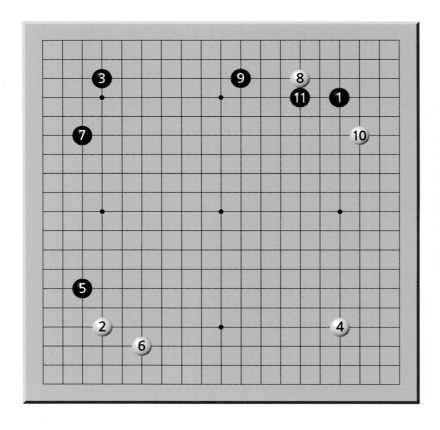

바둑돌을 두는 위치

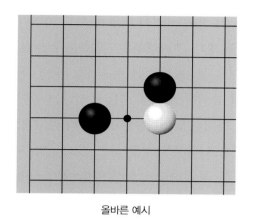

올바른 예시

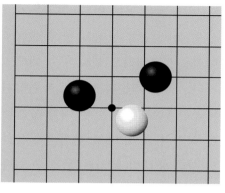

잘못된 예시

바둑돌은 바둑판의 가로줄과 세로줄이 교차하면서 만나는 점 위에 두어야 합니다. 선 위나 선 사이의 네모 칸 속에 두어서는 안 됩니다. 간혹 급하게 두다 흐트러지는 경우가 있을 수 있지만 다시 교차점 위에 정확하게 놓이도록 돌을 정리하면서 두어야 합니다. 항상 선과 선이 만나는 곳에 정확히 바둑돌을 두는 습관을 가지세요.

무르기 금지

한번 바둑판 위에 둔 수는 절대 무르거나 다시 움직일 수 없습니다. 아마 바둑에서도 물러달라는 일은 있어서는 안 됩니다. 처음 배우는 과정에서는 착각하면 무를 수도 있지 않나 생각하는데, 착각이나 실수를 통해 배우면서 실력이 늘어간다고 생각하고 아예 무르기를 요청하지 않는 습관을 들여야 합니다.

계가

바둑판의 빈 곳이 남지 않도록 다 두었다면 서로의 집의 숫자를 세어 봅니다. 이것을 계가라고 하는데요, 바둑의 승패는 이렇게 최종적인 집의 많고 적음으로 결정합니다.

불계패

판 위에 남은 곳이 없도록 다 두기 전이라도 집 차이가 커서 어떻게 해도 지겠다 싶은 쪽이 포기 선언을 할 수 있습니다. 최종 계가 전에 패배를 인정하는 것으로, 이것을 불계패라고 합니다. 상대에 대한 예의로 볼 수 있는데, 불계패는 '돌을 던지다', '돌을 거둔다'라고도 표현합니다. 바둑 중계를 보면 패배를 표시하는 쪽이 바둑판 위에 자기 돌 몇 개를 올려놓습니다. 자기가 둘 차례에 '졌습니다'라고 말을 하거나 돌 몇 개를 한꺼번에 올려놓는 것으로 의사 표시를 하는 거죠. 그렇지만 상대에 대한 예의라고 볼 수 있다는 것이지, 불리하다고 해서 항상 계가 전에 미리 돌을 던지는 것이 반드시 예의인 것만은 아닙니다.

바둑에는 역전승도 많습니다. 누가 봐도 질 것 같은 바둑에서 '묘수'를 찾아내서 이기기도 하고, 포기하지 않고 끝까지 차이를 줄여나가다 보면 상대방의 방심이나 실수로 기회가 생기기도 합니다. 이것이 바둑의 묘미이기도 하지 않을까요? 불리한 바둑이라 하더라도 차이가 크지 않다면 끝까지 최선을 다해서 두는 것이 정석입니다.

바둑을 둘 때는 국적을 넘어서 이런 기본 규칙에 대한 합의 하에서 두는 것입니다. 기본 규칙에 대해 동의하고 두기 때문에 인터넷 대국에서 세계 어느 나라 사람하고도 바로 둘 수 있는 것이죠. 바둑은 외국인과 두어도 언어의 장벽이 문제가 되지 않습니다. 바둑의 스타일로 그 사람을 알아갈 수도 있습니다. 말 대신 바둑으로 대화를 한다고 해서 '수담'이라고 표현합니다. 지구촌 시대에 세계 각국의 바둑인들과 수담을 즐겨보시기 바랍니다.

포인트 덤 : 같은 실력일 때 흑을 잡은 쪽이 유리하기 때문에 계가할 때 흑집에서 공제하는 집의 개수
계가 : 바둑 두기가 끝난 후 흑백이 집 모양으로 집의 개수를 비교하는 것
불계패 : 계가까지 가지 않고 집의 개수 차이가 커서 불리한 쪽이 졌다고 일찍 의사 표시하는 것

바둑과의 인연
아버지와 바둑 I

내 바둑이 있기까지는 아버지를 빼놓을 수 없다. 요즘은 학교의 방과 후 수업이나 바둑 학원, 바둑 도장을 통해 바둑을 쉽게 접할 수 있지만 예전에는 그렇지 않았다. 보통 주변에 바둑을 잘 아는 사람이 있어서 우연한 기회로 바둑에 입문하는 경우가 흔했다. 프로기사들 중에도 바둑과의 처음 만남은 할아버지나 아버지 손에 이끌려 어깨 너머로 구경하다 접한 경우가 여럿이다. 지금은 바둑이 내 운명이 되었지만 바둑과의 처음 인연은 필연 같은 우연, 우연 같은 필연 어느 쪽이었을까?

바둑 두는 것을 좋아하시고 실력도 상당하셨던 아버지는 고향에서 바둑을 겨룰 맞수가 없어 아쉬워하셨다. 그래서 직접 자식이나 동네 아이들에게 바둑을 가르쳐보실 생각을 하셨다. 누나나 형은 먼저 배웠고, 나는 아버지가 동네 아이들을 모아 가르칠 때 배우게 되었다. 당시에는 아버지도 나를 어리다고 생각해서 일부러 가르치시지는 않았다. 동네 누나나 형들이 모여서 아버지께 뭔가 배우는 게 신기하고 궁금해서 노는 척 자꾸 그 방 앞을 지나다니면서 호기심을 가졌다. 그러면서 배우던 아이보다 내가 잘 아는 것이 보이면 나서서 알려주곤 했다고 한다. 어떻게 알았냐고 물어보면 그냥 알게 됐다고 허세를 부렸는데, 호기심에 기웃거리면서 아버지 말을 듣거나 아이들이 두는 것을 보다 보면 알 수 있는 것도 있었다. 그러다 보니 아버지는 어린 나이에도 바둑을 이해할 수 있구나 싶어 나까지 바둑 수업에 앉아있게 하셨다. 명석도 깔아주면 재주를 못 부린다고 같이 배우라고 하니까 괜한 반항에 나는 안하겠다고, 뛰어노는 게 더 재밌다고 땡깡을 부리기도 했다는데 어쨌든 그것이 내가 바둑을 시작하게 된 계기였다. 우연이라도 그때 바둑을 접하지 못했다면 바둑 두는 지금의 내가 과연 있었을까? 바둑에로의 초행길을 이끌어준 계기는 이렇듯 대수롭지 않게 시작되는 경우가 많다. 바둑을 알게 됐다면 아직 바둑을 모르는 주위 사람들에게 바둑을 소개하는 것도 좋은 인연의 시초가 될 것 같다.

| 제2강 |

바둑에서 집짓기

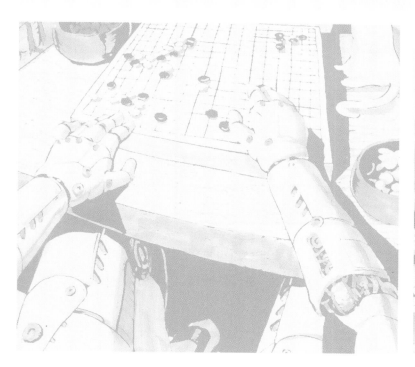

1. 집의 개념

바둑에서 익혀가게 될 모든 전략과 전술의 목적은 '집을 차지하기' 위한 것이라는 것 꼭 기억하세요. 그럼 집이란 어떤 개념인지 알아보겠습니다.

바둑판에는 가로 19줄, 세로 19줄이 그어져 있습니다. 가로와 세로줄이 만나는 교차점에 바둑돌을 둘 수 있는데 19×19=361, 교차점의 총 개수가 361개입니다. 바로 이 교차점이 집이 될 가능성이 있는 자리입니다. 따라서 바둑판 위에는 집이 될 가능성이 있는 자리가 총 361개가 있습니다.

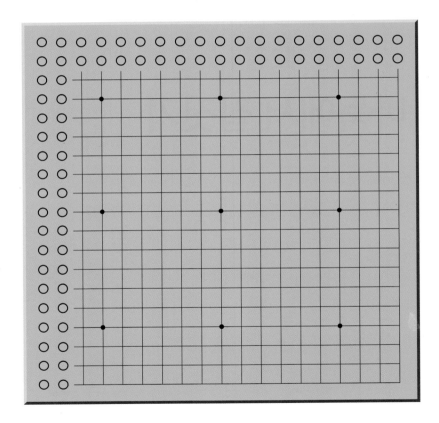

이런 식으로 가로 19줄과 세로 19줄이 만나 교차하는 자리에 돌을 모두 놓아보면 총 361곳입니다. 361곳의 집이 될 가능성이 있는 자리를 두고 흑과 백이 서로 더 많이 차지하려고 다투는 것이 바둑입니다.

이렇게 집이 될 가능성이 있는 자리를 내 집으로 만들려면 어떻게 해야 될까요? 집이 될 가능성이 있는 자리를 흑집이나 백집으로 만들기 위해서는 흑돌이나 백돌로 둘러싸야 합니다. 아래 그림처럼 흑돌로 둘러싼 '가'의 곳은 흑집, 백돌로 둘러싼 '나'의 곳은 백집이 됩니다. 아래 예시는 가장 단순화시킨 집의 개념으로, 실제로 둔다면 이렇게 반듯한 모양으로만 만들어지지는 않습니다.

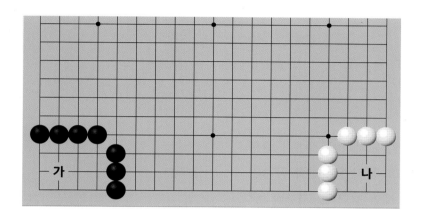

자신의 돌로만 둘러싸인 공간이라는 점이 중요합니다. 아래의 '가'와 '나'의 곳은 흑돌 백돌이 섞여있기 때문에 막아진 공간처럼 보여도 아직 누구의 집도 아닙니다. 그냥 돌이 놓여있는 것이지 어느 쪽의 집이 아닙니다.

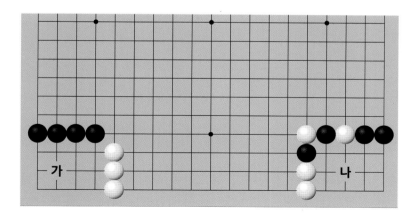

2. 집수 세기

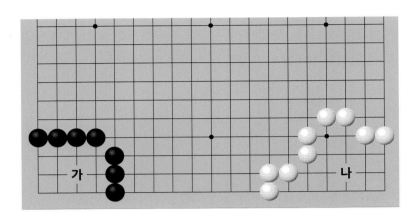

가로줄과 세로줄의 교차점이 집이기 때문에 흑돌이나 백돌로 둘러싸인 안쪽 공간의 교차점의 개수를 세면 됩니다. '가'처럼 단

'가'의 흑집과 '나'의 백집이 몇 집인지 세어볼까요?

순한 모양이라면 계산하기 쉽지만 집이 꼭 단순한 모양만은 아닙니다. '가'보다는 '나'의 모양처럼 경계선이 들쭉날쭉 지어지는 경우가 흔합니다.

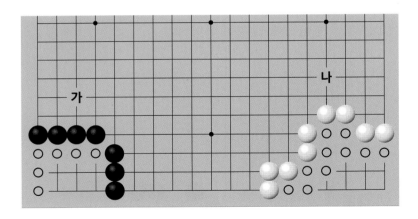

돌 한 개를 놓을 수 있는 자리가 한 집입니다. 동그라미 표시처럼 바둑돌을 채워 넣을 때 둘러막은 집 안에 바둑돌 몇 개를 놓을 수 있는지의 총합이 집의 크기입니다. 선과 선이 만나는 교차점을 눈에 익히게 되면 쉽게 계산이 되니까 천천히 세어가시면 됩니다.

'가'의 흑집은 반듯한 사각형이라 4×3=12, 12집으로 계산합니다. 백집은 좀 복잡하네요. 동그라미 표시를 다 채워 세어보면 17집입니다.

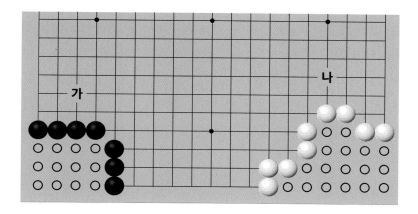

동그라미로 표시된 곳이 바둑돌을 두는 자리인데 흑이나 백으로 둘러싸인 공간에 돌을 둘 수 있는 자리가 '가'는 12곳, '나'는 17곳이라는 뜻입니다. 바둑이 끝난 후 계가를 할 때는 내가 잡은 상대의 돌이 있다면 잡은 돌을 상대방의 집에 갖다 놓아 상대의 집을 적어지게 만듭니다. 다만 흑이 잡은 백돌이 있다면 '나'의 백집처럼 들쭉날쭉한 모양의 집을 계산하기 쉽도록 먼저 메우겠지요. 바둑을 다 둔 후 서로의 집을 계산하는 것을 계가라고 하는데 계가 시에는 흑이 백 집을 세고, 백은 흑집을 세어 서로의 집 수를 비교합니다. 인터넷 대국에서는 자동으로 계가가 되지만 사람끼리 둔다면 서로 상대방의 집을 정리하고 세어서 비교합니다. 그때 계산하기 쉬운 모양으로 잡은 돌을 메우거나 해서 집 모양을 정리합니다.

집의 모양이 어떻게 생긴 것인지와 집의 모양에 따른 집수를 익혔다면 이제 집을 짓기 위한 기초 작업에 들어가볼까요.

포인트 바둑을 두면서 내 집이 상대보다 많은지 적은지를 계산해가면서 두어야 하기 때문에 집 수 세는 법은 꼭 눈에 익혀야 합니다. 바둑을 두는 중간에 내 집이 상대보다 적은 것 같다면 공격적으로 과감하게 두고 내 집이 많다면 안정적으로 잘 지키기만 하는 전략을 세울 수도 있습니다.

3. 집 짓는 방법

집을 짓는 방법에는 크게 두 가지가 있습니다. 땅을 차지해서 담장을 치고 집을 짓는 방법, 상대의 돌을 잡아 집을 짓는 방법입니다. 상대의 돌을 잡으면 그곳이 집이 되지만, 항상 돌을 잡으러 다닐 필요가 없이 직접 큰 집을 지어도 되겠죠. 한정된 361로라는 땅에서 상대방도 큰 집을 지으려고 하기 때문에 1집이라도 앞서나가려면 상대보다 한발 앞선 전략이 필요합니다. 집 짓는 전략을 세우기 위해 알아야 할 기초에 대해 살펴보겠습니다.

저비용으로 집짓기

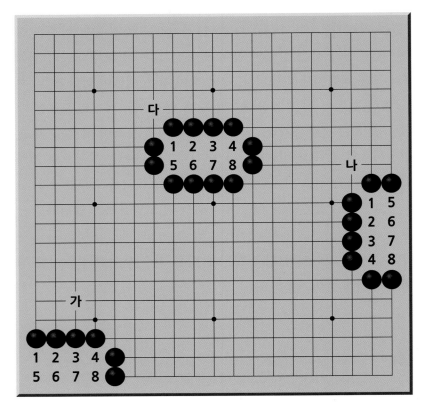

흑은 귀, 변, 중앙에 모두 같은 8집을 지었습니다. 같은 크기의 집을 지었다면 건축 비용도 같아야 할 텐데요. 울타리를 둘러싸기 위해 사용한 돌의 개수가 비용입니다. 같은

8집인데도 귀, 변, 중앙에 집을 만들기 위해 사용된 흑돌의 개수는 '가'의 귀가 6개, '나'의 변이 8개, '다'의 중앙은 무려 12개입니다. 같은 집을 귀에 만든다면 중앙보다는 돌이 6개나 덜 들어갑니다. 같은 평수의 집인데 비용은 반만 들어간다면 먼저 비용이 적은 쪽부터 집을 지어가야 효율적입니다. 한 수씩 두는 바둑에서 돌 6개의 차이는 6번을 다른 곳에 둘 수 있는 기회가 생기는 엄청난 차이입니다.

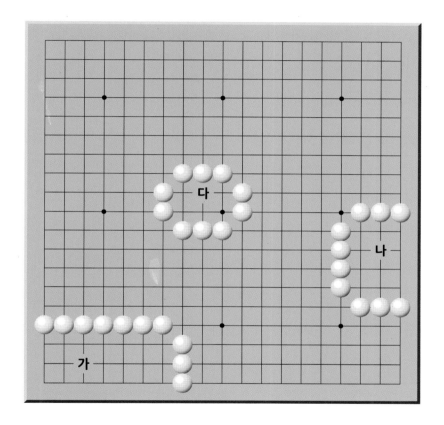

바둑에서는 상대와 같은 돌의 개수를 써서 비용이 같다면 적어도 상대와 같은 크기의 집이 지어지거나 상대보다 1집이라도 큰 집을 내야 이길 수 있습

백돌 10개라는 같은 건축비를 들여 귀, 변, 중앙에 집을 지었습니다. '가', '나', '다'의 백집이 몇 집씩인지 세어 보세요.

니다. 그런데 같은 10개의 돌로 지은 집인데 '가' 귀의 백집은 21집, '나' 변의 백집은 12집, '다' 중앙의 백집은 6집입니다. 믿기 힘들 만큼 큰 차이가 납니다. 들인 비용은 똑같은데 21평, 12평, 6평 짜리 집이 지어진다면 처음에 어디를 선택해야 할지가 확실해지지 않나요? 흑, 백 양쪽 다 저렴하게 많은 집을 지을 수 있는 땅을 먼저 차지하기 위해 눈에 불을 켜게 되겠지요. 이런 바둑판의 특성을 모른다면 아무리 열심히 둬도 상대를 이기기 힘듭니다.

집 짓기 좋은 곳

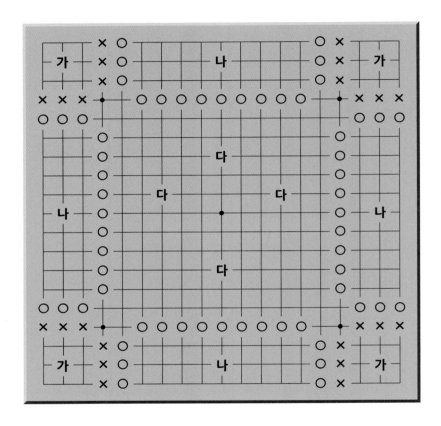

이런 차이가 생기는 이유가 무엇인지 눈치채셨나요?

바둑판의 가장자리는 막아진 것으로 친다는 바둑판의 특성 때문입니다. 귀는 두 벽이 막아져 있고, 변은 밑바닥 한쪽이 원래부터 막아져 있으니 건축 비용이 그만큼 줄어드는 것이겠지요. 중앙은 사방이 막힌 곳 없이 뻥 뚫려 있으니 집을 짓기 위한 기초공사가 많이 필요합니다.

바둑판 위의 땅이지만 집을 짓기 위한 가치는 이렇게 다르다는 것을 아셨다면 어떤 생각이 드시나요? 바로 '선점'입니다! 바둑을 두기 시작하면 쌍방 모두 집을 짓기 좋은 땅부터 차지하려고 하지 않을까요. 그래서 바둑의 처음 몇 수를 포석이라고 하는데 포석에서는 귀를 서로 차지하고 그 다음엔 변을 두고 다음으로 중앙을 두어나가는 식으로 대부분 진행되는 것입니다.

바둑판 위에는 '가'처럼 집짓기에 가장 효율적인 귀가 4곳, '나'처럼 귀 다음으로 집짓기 좋은 변이 4곳이 있고, '다'로 표시된 중앙은 집짓기 가장 어려운 곳입니다.

 포인트 집을 짓기 위해서는 귀, 변, 중앙 순으로 효율적입니다.

집 짓는 선

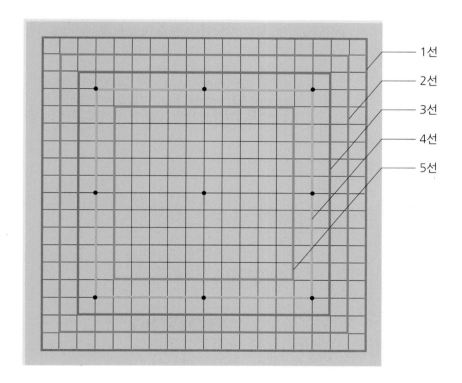

앞에서 바둑판에는 각각 19개씩의 가로줄과 세로줄이 있었습니다. 이러한 가로줄과 세로줄을 '줄' 대신 '선'으로 표현하기도 합니다. 바둑판의 맨 끄트머리에서부터 1선, 2선, 3선…으로 나아갑니다.

왼쪽 바둑판에서 빨간색이 1선, 파랑색이 2선, 보라색이 3선, 주황색이 4선, 녹색이 5선에 해당합니다.

이 선에도 기본적인 특징들이 있어서 집을 짓기에 최적인 선이 어디인지 알아보려고 합니다.

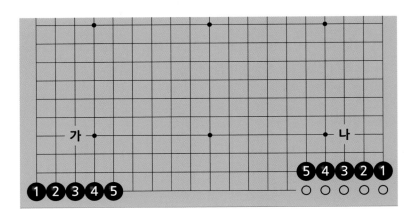

'가'에서는 흑돌이 1선으로 움직였습니다. 돌이 하나씩 놓이면서 집이 몇 집씩 생기나요? 집이 아예 생기지 않습니다.

'나'에서는 2선으로 흑돌이 움직였습니다. 돌이 하나씩 놓이면서 한 집씩 생겨나는 모양입니다. 바둑돌 하나를 놓는 것을 한 수라고 합니다.

> 한 수에 몇 집을 만들어야 한다는 것이 정해져 있지는 않지만 초반에는 한 수를 둬서 여러 집의 가치를 만들어야 합니다. 한 수 둘 때에 한 집씩 생겨서는 상대방을 이기기 어렵겠지요.

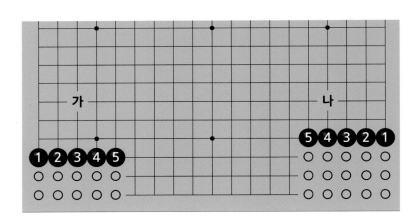

'가'에서는 흑돌이 3선으로 놓여가고 있습니다. 한 칸 옆으로 움직일 때마다 2집씩 늘어납니다.

'나'의 4선으로 움직이는 흑돌은 돌이 한 개씩 늘어나면서 3집씩 불어납니다. 어떤 선으로 집을 막아가는지에 따라 집의 늘어나는 크기가 달라집니다. 바둑은 한 수로 더 많은 집을 짓는 쪽이 이기니까 선을 높여 집을 짓는 것이 더 유리해 보입니다.

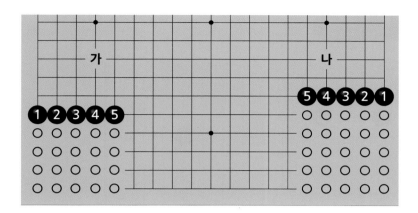

그럼 5선, 6선으로 높여서 움직이면 한 수에 더 많은 집이 지어지니 효율적이겠지요. '가'와 '나'의 모양이 어떻게 보이나요? 집은 지붕만 씌워 놓아도 상대방이 들어오기 힘들어 보여야 하는데 밑쪽으로 공간이 붕 떠서 막아진 느낌이 들지 않습니다. 공간이 너무 높거나 넓으면 집을 확실하게 지었다고 보기 힘듭니다.

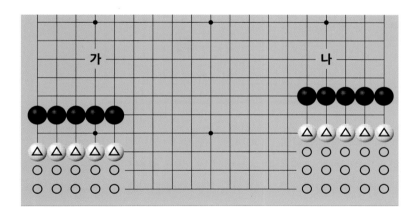

만약 상대방이 들어와 그 안에서 다시 집을 짓고 살아버리면 내 집이라고 할 수가 없게 됩니다. 효율성이 커진다고 마냥 선을 높여서 두어간다면 적에게 안방을 뺏기는 꼴이 되기 쉽습니다. 흑돌 영역 안에 세모 백돌들이 다시 집을 만들 충분한 공간이 있기 때문입니다. 이처럼 상대가 내 모양에 들어와 거꾸로 집을 차지할 수 있을 만큼 공간이 넓어서는 완전한 집으로 볼 수 없습니다. 그래서 초반 포석 진행을 보시면 거의 3선과 4선으로 돌을 놓아갑니다.

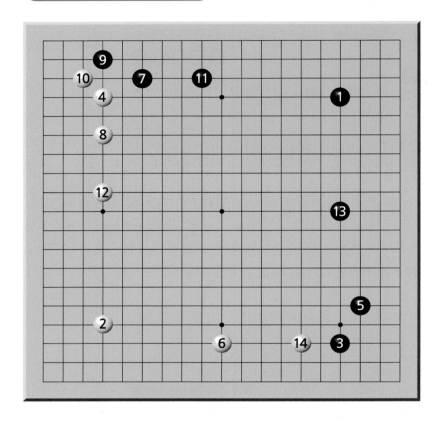

초반 14수까지 진행된 대국 장면입니다. 흑과 백이 귀, 변을 절반씩 나눠 차지한 모양 새가 되어있지요. 한판의 바둑을 크게 나눠보자면 초반, 중반, 종반으로 나누고, 내용에 따라 초반 포석, 중반 전투, 종반 끝내기라고 합니다. 초반 포석 단계에서는 집 짓기에 좋은 땅을 최대한 넓게 선점해 두는 것이 포인트입니다. 몇 수까지가 딱 초반이다, 포석이다 정 해진 것은 아니지만 귀와 변의 땅에 흑백이 말뚝을 세워서 영토 점유가 대충 마무리되 면 초반이 끝나고 중반으로 넘어가게 되는 것입니다.

귀와 변 순서로 땅을 차지하는 초반 포석에서 실제 대국과 같은 진행대로 두어가려면 아직은 막막하실 거예요. 넓고 좋은 집을 짓기 위해서는 효율 적인 땅을 알아보는 안목 외에도 더 알아야 할 것들이 있으니까요.

초반 집짓기 선의 활용

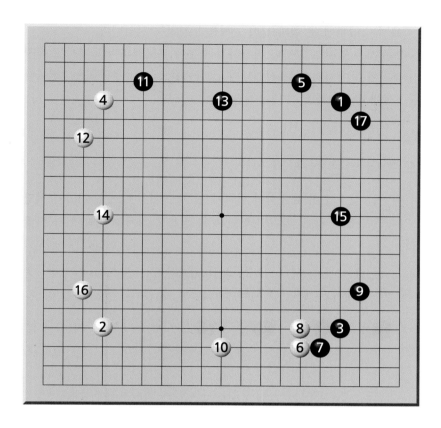

초반 포석 진행의 예입니다. 귀와 변을 중심으로 3선과 4선으로 두어져 있습니다.

1선은 두어도 집이 생기지 않기 때문에 초반에 두면 '사망선'이라고 부를 만큼 초반에 거의 두지 않습니다. 종반에서는 1선까지 두어져야 바둑이 끝나기 때문에 1선은 끝내기에서나 두어집니다.

2선도 집이 너무 적게 생깁니다. 초반 집 짓는 단계에서 두면 망한다는 '패망선'이라고 하고 큰 끝내기 단계에서 많이 사용합니다. 1선과 2선은 끝내기 선이라고 생각하세요.

3선은 안정적으로 집이 생기기 때문에 '실리선'이라고 부릅니다. 집을 짓는 선으로 가장 일반적으로 사용되는 선입니다. 3선으로 지어진 집은 침입이 어렵고 튼튼한 집이 되지만 중반 이후 전투를 위한 중앙 세력을 만드는 데는 미약합니다. 힘보다는 집을 최우선으로 하는 선입니다.

4선은 '세력선'이라고 합니다. 통통하게 집이 늘어나지만 3선에 비해 상대방의 침입에 노출되기 쉽고 방어에 신경 써야 하기 때문입니다. 하지만 집도 지으면서 중반 이후를 위한 중앙 진출 확보까지 염두에 둔 힘과 집의 균형을 도모하는 선입니다.

5선 이상에 집을 짓는 것은 앞서 보았듯이 허술하기 때문에 프로들의 바둑에서도 어지간해서는 초반 집짓기에 두어지지 않는 선입니다. 초반에는 실리를 추구하는 3선이나 세력도 염두에 둔 4선에서 주로 선택이 이루어집니다.

동일한 비용으로 더 넓은 집 짓기

바둑판에도 귀나 변처럼 집짓기 더 효율적인 위치가 있고, 그어진 줄에도 집짓기 적당한 높이의 선이 있다면 다음은 넓이, 곧 얼마만한 폭의 집으로 영역을 만들어 가면 좋을지 알아볼까요?

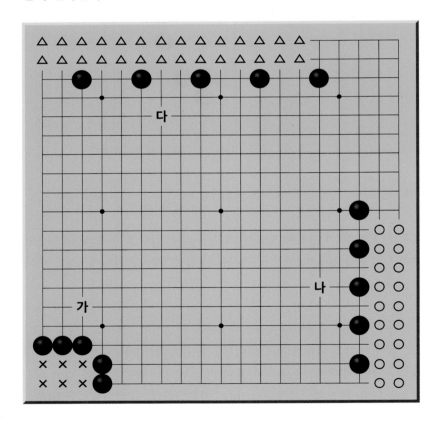

돌 5개의 비용이 같은데 '가'는 딱 6집이 생겼지만 '나'는 대략 18집, '다'의 집은 무려 28집이네요. 같은 개수의 돌로 폭을 어떻게 벌리느냐에 따라 집의

혹돌 5개로 집을 지었습니다. '가'와 '나', '다'의 집이 될 가능성이 높은 영역 크기가 어떤가요?

영역 차이가 큽니다. 집은 다 둘러막은 공간이라고 했지만 바둑이 끝나가는 종반에 그렇게 되는 것이지 처음부터 틈 하나 없이 막아 가면 발이 느려 상대에게 더 넓은 땅을 뺏기게 됩니다. 그래서 처음에는 비바람만 피할 수 있도록 뼈대를 듬성듬성 세운 다음 중반, 종반 두어가면서 틈을 메우는 것입니다.

그럼 넓게 벌릴수록 큰 집이 되니 내 돌과 돌의 간격이 넓을수록 좋을까요? 내 집에 도둑이 들면 말짱 헛수고입니다. 넓게 집을 짓되 지켜낼 수 있는 정도로 벌려가는 게 좋습니다. 바둑판의 선에서와 마찬가지로 돌을 벌리는 간격에도 여러 가지 방법이 있고 각각의 장단점이 있습니다. 상황에 따라 좋은 벌림과 나쁜 벌림이 있을 수도 있고요.

이런 돌의 간격이나 벌림의 모양을 행마라고 합니다. 집짓기 마지막 요령으로 행마에 대해 알아볼까요?

4. 바둑의 기본 행마

행마란 바둑판 위에서 돌이 움직이는 모양을 말합니다. 행마에는 여러 가지가 있는데 상황에 알맞은 행마를 선택해야 좋은 바둑이 됩니다. 실력이 늘어갈수록 상황에 맞는 좋은 행마를 선택할 수 있게 됩니다. 여기서는 일단 기본적인 행마의 종류에 대해서 살펴보겠습니다. 행마의 장단점을 말할 때는 크게 능률성과 연결성으로 평가합니다. 같은 한 수로 한 집이 생길 수도, 다섯 집이 생길 수도 있어서 집을 빠르게 많이 지을 수 있는 행마가 능률적일 것입니다. 하지만 간격이 너무 넓어지면 상대에게 내 돌이 끊기거나 잡힐 수도 있습니다. 내 돌끼리 너무 달라붙지 않으면서 안전을 지켜나갈 수 있는 연결성을 가져야 합니다. 돌의 연결성을 갖추면서 움직이고자 하는 방향으로 최대한 발 빠르게 나아갈 수 있는 행마가 가장 이상적인 행마입니다. 상대방 돌이 내 돌 옆에 있는지 없는지, 있다면 상대 돌이 강한지 약한지 여부에 따라 행마의 능률성과 연결성은 달라지기 때문에 일반적인 행마의 특징을 익힌 후 장면에 맞게 선택할 수 있도록 실전을 통해 경험해나가야 합니다.

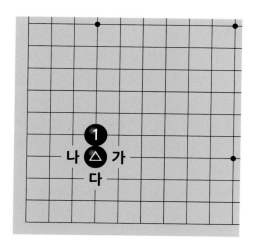

뻗다, 늘다

내 돌 바로 옆에 두어가는 행마입니다. 내 돌끼리의 연결성은 완벽하지만 집을 지을 때는 발이 너무 느려 능률면에서는 가장 떨어집니다. 기준이 되는 세모 흑 돌에서 가, 나, 다 방향으로도 뻗을 수 있습니다.

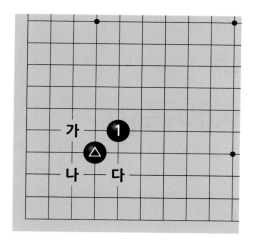

마늘모 혹은 입구자

한자의 입구자(口) 모양 대각선을 따라 비스듬히 나아간다고 해서 입구자, 혹은 마늘모 행마라고 합니다. 느는 것보다는 살짝 더 능률적이지만 역시 발이 느립니다. 연결성은 견실합니다. 느는 행마와 입구자 행마는 초반 집 짓는 데 있어서는 비효율적입니다. 가, 나, 다 모두 입구자 행마입니다.

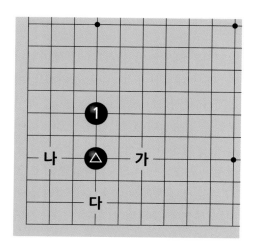

한칸 뜀

가장 자주 쓰이는 기본적인 행마입니다. 그만큼 연결성도 좋고 효율적인 간격의 움직임이라는 뜻입니다. '한 칸 뜀에 악수 없다'라는 바둑 격언이 있을 정도로 무난한 행마의 대표입니다.
가, 나, 다 모두 한칸 행마입니다.

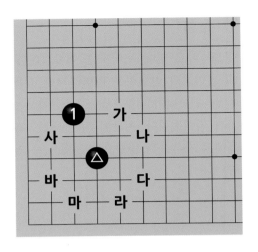

날일자

한자 날일자(日) 모양의 대각선에 두어진 모양이라고 해서 날일자 행마라고 합니다. 한 칸 뜀과 함께 가장 많이 쓰입니다. 완벽한 연결성은 아니지만 쉽게 끊기지 않으면서 적당한 능률성을 지니고 있습니다.

가~사까지 모두 날일자 행마입니다.

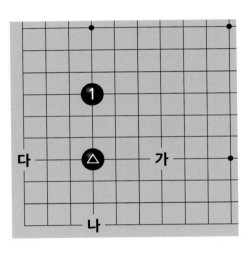

두칸 뜀 혹은 두칸 벌림

벌리는 폭이 넓습니다. 귀나 변에 집을 지을 때 능률적이어서 자주 쓰입니다. 한 칸 뜀에 비해 연결성 면에서는 취약할 수 있지만 집이 될 영역 크기를 빨리 키워갈 수 있습니다. 초반에 집의 뼈대를 세워나갈 때는 한 칸 보다 발 빠르게 넓은 땅을 선점할 수 있어서 유용합니다. 가, 나, 다 모두 두 칸 행마입니다.

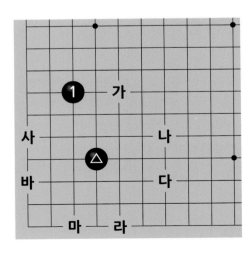

눈목자

날일자와 닮았지만 한칸 더 간 행마입니다. 역시 대각선에 놓인 두 돌의 모양이 한자 눈목자(目) 모양을 만든다고 해서 불리는 명칭입니다. 두 칸과 벌림의 폭이 같아 능률성과 연결성에서 비슷합니다. 역시나 연결성 면에서는 취약성을 안고 있기 때문에 전투에서라면 내 돌끼리 끊어지는 위험에 주의해야 합니다. 가~사까지 모두 눈목자 행마입니다.

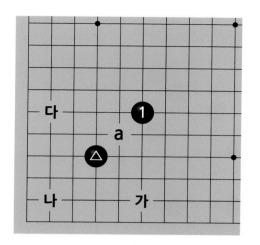

밭전자

한자 밭전자(田) 모양의 양쪽 대각선 귀퉁이에 돌이 놓인 모양과 같아서 불리는 명칭입니다. 밭전자 행마는 상대의 돌이 a의 자리에 놓으면 가운데가 뎅겅 끊어지는 치명적인 약점을 가지고 있어서 집을 짓거나 전투를 할 때는 잘 사용되지 않습니다. 하지만 일부러 침입을 유도하는 작전을 위해 두거나 밭전자 모양의 묘수도 있을 수 있습니다. 가~다 모두 밭전자 행마입니다.

이렇게 바둑판 위의 땅을 차지해서 집을 짓기 위한 기술들을 살펴보았습니다. 효율적인 땅의 위치에서 3선과 4선 같은 적당한 높이를 택한 다음, 알맞은 간격을 벌려나가는 행마로 돌을 두어가는 것입니다. 이제 바둑의 첫수를 어디에서부터 어떻게 두어야 할지, 포석을 어떻게 짜야 할지 감이 잡히나요?

초반에 집을 효율적으로 짓는 세 가지 방법을 요약해보겠습니다.

> 첫째 귀, 변, 중앙의 순서로 짓는다.
> 둘째 3선이나 4선에 먼저 짓는다.
> 셋째 처음부터 완전한 집 모양보다는 벌림 행마를 통해 대강의 뼈대를 갖추어 짓는다.

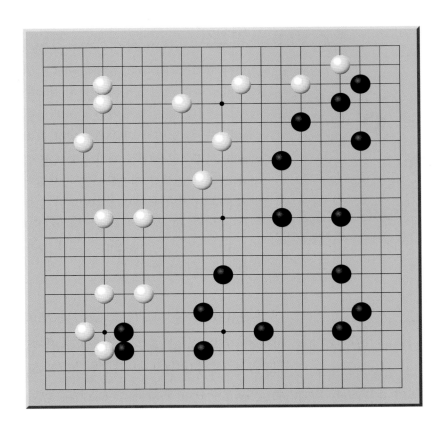

바둑 진행 예시도입니다.

초반에는 흑백이 네 귀를 나눠가지고 그 다음엔 변을, 이후로 중앙을 차지해간 모양이네요. 귀와 변에서는 3선과 4선 위주로 옆으로 벌려둔 다음, 위쪽으로 한 칸이나 두 칸 날일자로 뛰어나갔습니다. 익혔던 여러 행마가 사용되고 있습니다. 초반에는 완전한 집 모양에 집착하지 말고 대들보와 뼈대만 세우면서 빨리빨리 자리를 크게 선점해가야 합니다. 발이 늦은 입구자나 늘기 행마는 많이 보이지 않고 한 칸 뜀, 날일자, 두 칸 벌림, 눈목자 행마가 자주 사용되었습니다. 집을 지을 폭넓은 영역을 확보한 다음 세세한 부분은 나중에 완성해갑니다. 튼튼함만을 찾다가는 상대에게 초반 집의 우위를 빼앗깁니다. 이것은 쌍방이 충돌 없이 집만 지어가는 포석의 예시로, 바둑이 이처럼 평화롭게만 두어지지는 않겠지요.

바둑과의 인연
아버지와바둑 2

동네 아이들에게 바둑을 가르치던 아버지는 내가 그때 다섯 살이어서 바둑을 이해하지 못할 거라고 생각하셨다. 아는 척 하던 나를 바둑 수업에 끼워 넣긴 하셨지만 반신반의하셨다. 섬 이라는 지리적 여건상 유치원에서 특기 교육이라든가 조기 교육이란 단어도 없던 시절이라 무언가를 교육시킬 나이로 보지 않았던 탓도 있다. 하지만 나는 가르쳐준 것을 잘 따라갔고, 나이가 더 많은 다른 아이들을 따라잡았다고 한다. 그래서 아버지는 나의 재능을 키워주려고 생각하셨다.

바둑을 알기 전의 나는 굉장히 활동적이어서 가만히 앉아있는 것을 좋아하지 않고 어린 나이 답게 여기저기 뛰어다니는 개구쟁이였다고 한다. 그래서 바둑을 잘 따라올 수 있을까 걱정하 게 만들었는데 어쨌든 스스로 바둑에 재미를 느끼자 문제없이 아버지의 가르침을 따라갔던 것 같다. 처음부터 바둑 자체에 재미를 느꼈다기보다는 누나나 형들이 배우는 것을 나도 똑같 이 배운다는 것이 뭔가 뿌듯했고 간혹 내가 먼저 이해를 해서 알려줄 수도 있다는 우쭐함이 좋았던 것 같다. 기본 개념을 익히고 서로 바둑을 두어볼 때 나이 많은 형, 누나와 두면서 지 기도 하지만 이기기라도 하면 더 재밌었다. 그렇게 바둑의 기초과정을 따라가는 데 나이에 따 른 무리는 없었고, 아버지도 한꺼번에 많은 것을 알려주려 하기보다 날마다 조금씩 꾸준하게

집중할 수 있는 자세를 중요시하셨다. 잘 한다 못한다로 꾸짖지는 않으셨는데 배 우는 자세나 태도에 있어서는 엄하셨다. 놀 때는 놀고, 배울 때는 배움에 집중하고 진지해야 한다는 것을 강조하셨고, 무엇 보다 아버지 자신이 몸소 그런 모습을 평 소 보여주셨기 때문에 거부감 없이 바둑 과의 진지한 동행을 이어갈 수 있었다.

| 제3강 |

돌의 특성

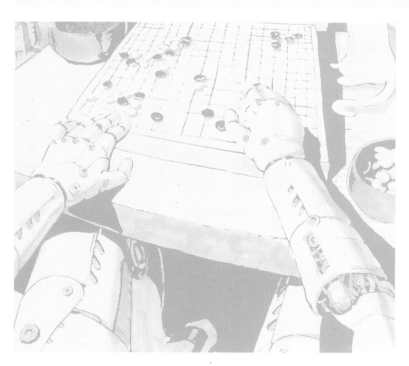

1. 활로, 단수, 따내다

바둑은 바둑돌로 둡니다. 바둑돌이 바둑판에서 영토를 차지하기 위한 나의 병사가 되어주는 것입니다. 두는 사람은 병사들을 호령하는 총사령관입니다. 사령관은 병사들의 특성에 대해서 잘 알고 있어야 좋은 작전을 짜서 영토를 크게 차지해나갈 수 있겠죠. 바둑에서 사령관은 병사를 살릴 수도 죽일 수도 있습니다. 많은 것을 알고 있을수록 내 쪽 병사들을 적에게 포로로 잡히지 않고, 죽지 않게 할 수 있을 것입니다. 그러기 위해서 바둑에서 가장 기본이 되는 바둑돌이 가진 특성에 대해 알아보겠습니다.

활로

'바둑판에서 돌이 움직일 수 있는 길'은 바둑돌에서 뻗어 나온 줄입니다. 이렇게 돌이 움직일 수 있는 길의 입구를 돌의 '활로'라고 합니다.

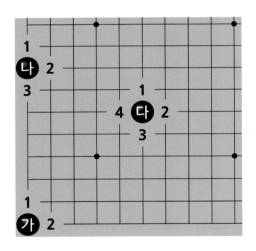

돌의 활로의 개수는 돌의 위치에 따라 다릅니다. 모서리 일선에 놓인 돌 '가'의 활로 즉 움직일 수 있는 길은 2개입니다. 변에 놓인 돌 '나'의 활로는 3개입니다. 중앙에 놓인 돌 '다'의 활로는 4개입니다. 돌의 활로는 생명력이고 발전성이기 때문에 활로가 많은 것이 좋습니다. 즉 활로가 적은 곳에 돌을 두는 것은 좋지 않습니다.

> 활로가 적어서 좋지 않기 때문에 여간하면 초반부터 돌을 일선이나 가장자리에는 두지 않습니다.

 포인트 활로 | 돌이 움직일 수 있는 길의 입구

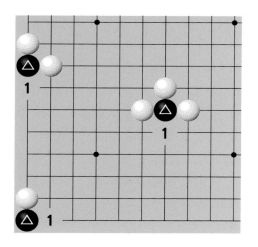

단수

활로가 상대에게 둘러 싸여서 딱 하나만 남은 상태를 단수라고 합니다. 적에게 포위돼서 도망칠 길이 단 하나만 남은 막다른 길에 처한 모습입니다.

1로 표시된 마지막 남은 한 개의 활로까지 백에게 막히게 되면 세모 흑돌의 운명은 어떻게 되는 걸까요?

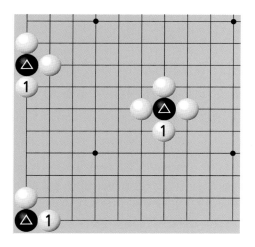

따내다

백1로 각각의 흑돌의 활로를 모두 막으면 흑돌을 잡은 것이 되어 잡은 흑돌을 바둑판 밖으로 들어낼 수 있습니다. 이처럼 상대 돌의 활로를 모두 막아 바둑판 밖으로 들어내는 것을 '따내다'라고 합니다. 그러면 이렇게 바둑판 밖으로 가져간 상대방 돌은 어떻게 되는 걸까요?

포인트 단수 | 활로가 상대에게 둘러싸여 딱 하나만 남은 상태
따내다 | 상대 돌의 활로를 모두 막아 바둑판 밖으로 들어내는 것

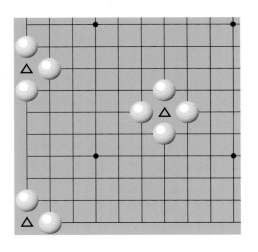

백이 흑돌을 따내고 바둑판 밖으로 들어낸 상태입니다. 따낸 자리는 막혀 있기 때문에 따낸 쪽의 집이 됩니다. 백집이 한 집 생기면서 흑 포로를 1명 잡았습니다. 잡은 포로는 바둑이 끝난 후 상대 집을 메워 상대의 집을 줄일 수 있습니다. 따라서 돌 1개를 따낸 자리는 나에게 생긴 한 집이 되고, 포로로 잡은 돌로 상대 집을 한 집 줄이니 2집이 생기는 효과가 있습니다.

> 백이 흑 한 점을 따내면 2집을 얻었다고 볼 수 있고 두 점을 따내면 4집, 다섯 점을 따내면 10집이 생기는 효과가 있습니다.

바둑돌이 움직이는 길은 바둑돌에서 뻗어 나온 줄이고, 그 바로 입구를 '활로'라고 합니다. 놓여 있는 돌의 활로가 다 막히면 상대에게 잡힙니다. 내 돌을 상대에게 잡히게 하지 않는 방법들은 뒤에서 살펴보겠습니다.

포인트 바둑은 상대의 돌을 잡기 위해 두는 것이 아니라 더 많은 집을 차지해서 이기기 위해 둔답니다. 돌의 특성을 아는 것도 집을 짓기 위해서이지 단순히 상대의 돌을 잡기 위한 것만은 아니겠지요. 상대의 돌을 잡는 것도 집을 짓는 효율적인 방법이 되기 때문에 익히는 것입니다.

집을 짓는 방법에는 두 가지가 있습니다. 내 돌로 둘러막아도 집이 되지만 상대의 돌을 잡아도 집이 됩니다. 상대의 돌은 활로를 모두 막아 잡을 수가 있다고 했지요. 돌을 잡으면 잡은 곳은 내 집이 되고, 잡은 돌은 포로가 되어 상대의 집이 한 집 줄어드는 효과가 있다고 했습니다. 바둑에서 상대의 돌을 잡는 것도 집을 얻는 좋은 방법이 됩니다. 그렇지만 내 돌은 상대에게 잡히지 않아야 하기 때문에 알아두어야 할 것들이 많겠지요?

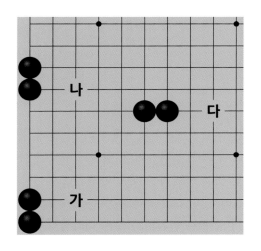

비효율적인 막음

활로를 막아 '가', '나', '다'의 흑 두 점을 각각 잡으려면 내 병사인 돌 몇 개를 보내야 할까요? 바둑판의 어디에 돌이 위치해있냐에 따라 활로의 개수가 달라지니 잡기 위해 보내는 병사의 수도 다르겠지요.

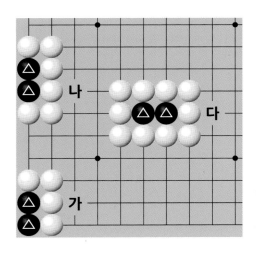

각각의 흑 두 점을 백이 잡았습니다. 흑 두 점을 잡기 위해 필요한 백돌 병사의 수는 귀는 4명, 변은 6명, 중앙은 10명이 필요하군요. 바둑판의 모서리는 막아져있는 것으로 보는 규칙 때문에 상대의 돌을 잡기 위해 활로를 막는 병사의 수는 달라집니다만 지금 이것이 백의 최선일까요?

포로 2명을 잡기 위해 보내는 병사의 수가 많네요.

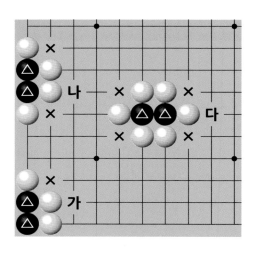

활로가 아닌 곳에 속지 않기

이번에는 귀에 3명, 변에 4명, 중앙에 6명으로 각각 흑돌 2점을 잡았습니다. 똑같이 2점을 따먹는데 적은 수의 돌이 필요해서 훨씬 효율적입니다. 막을 필요가 없는 곳에 내 돌을 투입한다면 인건비만 오르고 이득이 없습니다. ×표시가 된 대각선 자리는 흑 2점에서 뻗어 나온 줄이 아닙니다. 따라서 × 자리는 활로로 볼 수 없기 때문에 막을 필요가 없는 곳입니다.

> 쓸데없는 병력 낭비를 하지 않아야 상대보다 한 집이라도 앞서나갈 수 있습니다.

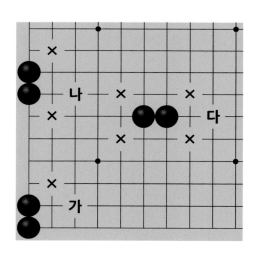

돌의 위치, 돌의 개수에 따라 그 돌의 활로의 개수는 다릅니다. 활로와 활로가 아닌 곳을 구별하는 것은 아주 중요합니다. 돌에서 직선으로 뻗어나가는 줄만이 활로입니다. 줄로 연결되지 않은 대각선의 ×표시된 곳은 흑돌 두 점의 활로가 아닙니다.

> 주의 깊게 살펴서 활로의 개념을 잘 이해해주세요.

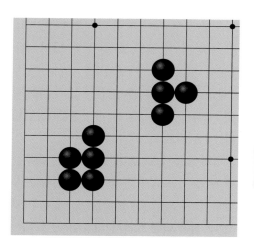

돌의 개수가 많아졌을 때 활로의 개수도 늘어납니다. 잡기 위해 필요한 병력도 많아지겠지요. 최소한의 효율적인 병사 수만으로 잡으려면 몇 개의 활로를 막아야 하는지 세어보세요.

여러 개수의 돌의 모양에 따른 활로를 바둑판 위에 돌을 놓아보면서 연습해주세요.

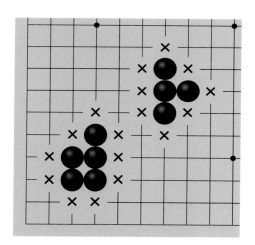

여기서 흑 네 점의 활로는 8개, 흑 다섯 점의 활로는 9개입니다.
이 이상의 돌을 쓰면 병력 낭비입니다.

한 수씩 두어가는 바둑에서 바둑돌 한 개를 가치 없이 낭비한다면 상대를 이기기 힘듭니다.

 포인트 활로의 개념과 잡는다는 개념은 입문 단계에서 아주 중요하기 때문에 반복을 통해 눈에 익숙해져야 합니다. 바둑판 위에 돌이 많아지면 활로를 막혀 단수를 당하는 것을 알아보거나 상대방의 돌을 잡을 수 있는 상태라는 것을 초보자분들이 빨리 알아채기 쉽지 않기 때문입니다.

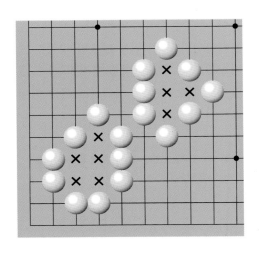

활로를 모두 막아 따내고 나면 따낸 자리가 이렇게 백 집이 됩니다. 백 집이 4집, 5집이 생겼나요? 아닙니다!

4점을 따낸 자리 백 집은 8집, 5점을 따낸 자리에 생긴 5집은 사실상 10집입니다. 마술 같지요?

상대의 돌을 잡고 집이 만들어지는 경우는 잡은 돌이 포로가 되어 상대의 집을 개수만큼 줄여주기 때문에 잡은 돌 개수의 2배가 내 집이 되는 효과가 있습니다. 그래서 상대의 돌을 잡는 것도 집을 짓는 효율적인 방법 중의 하나일 수 있습니다.

이렇게 상대의 돌을 잡아 잡은 개수의 2배만큼 집을 만드는 방법도 집 짓는 하나의 방법이 될 수 있습니다. 하지만 한 수씩 번갈아 두는 바둑에서 상대의 돌을 잡는 것은 쉽지 않습니다. 상대방도 가만히 앉아서 단수를 당하거나 잡히려고 하지는 않을 테니까요. 우선은 내 돌이 활로를 막혀 단수 당할 위험에 처하지 않았는지 빨리 알아챌 수 있어야 합니다. 그 다음에는 무리해서 상대방의 돌을 잡으려고 하기보다는 효율성이 높은 땅을 한발 앞서 차지해 가면서 집을 지으면 됩니다. 바둑은 결국 차지한 땅이 많은 쪽이 이기는 것이지 돌을 많이 잡았다고 꼭 이기지는 않습니다. 집을 짓는 두 가지 방법이 무엇인지 알았으니 그 방법을 전장에서 실행하는 실천 부대인 돌들의 연결과 끊어짐이라는 것이 무엇인지 알아보겠습니다.

3. 돌의 연결과 끊음

집을 지을 때 벌림이라는 것은 초반 능률성과 관계되는 행마입니다. 앞에서 살펴본 행마의 특징으로 또 하나 연결성이 있었습니다. 돌의 연결성이 좋다, 끊어진다는 것에 대해 살펴보겠습니다.

바둑돌은 바둑판 위에서는 살아있는 생명체와 같습니다. 어떻게 다루나에 따라서 삶과 죽음이 있고 강함과 약함이 생겨납니다. 기본적으로 자기 돌은 서로 연결되어야 강해지고 발전할 수 있습니다. 연결이 끊어지면 잡혀서 죽거나, 힘이 약해져서 상대에게 시달리느라 피곤해집니다. 그러므로 바둑을 둘 때는 자신의 돌들은 연결된 모양이 되도록 두어서 생명력을 늘리고, 상대방의 돌은 끊어놓을 수 있는 방법을 찾아봐야 합니다.

입문자들은 처음에 상대의 돌을 잡는 데만 집중하던데요, 내 돌이 잡히지 않도록 하는 것도 중요합니다. 수비가 우선되어야 공격다운 공격이 가능하거든요.

그러기 위해서 우선 강한 돌과 약한 돌의 개념을 살펴보겠습니다.

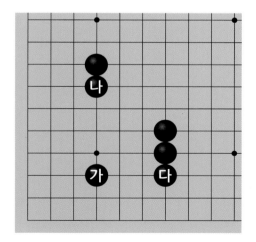

강한 돌과 약한 돌

흑 '가'의 한 점, '나'의 두 점, '다'의 세 점의 활로를 세어보세요. 활로가 순서대로 4개, 6개, 8개가 됩니다. 활로, 즉 움직일 수 있는 길이 많을수록 상대에게 단수 당하거나 잡힐 가능성이 적어서 강한 돌이 됩니다.

이렇게 내 돌은 연결시켜서 강하게 하고 상대 돌은 강해지지 못하게 끊어놓아야 하는 것이 공격과 싸움의 기본입니다.

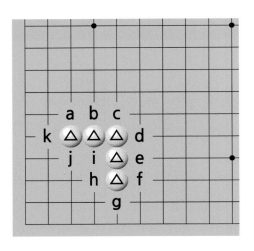

백돌 다섯 점은 서로 연결되어 있습니다. 이 돌들을 단수 쳐서 따내기 위해서는 활로 a에서 k까지 11개를 모두 막아서 한꺼번에 따내야 합니다. 연결된 돌들 중 일부 돌만을 단수 쳐서 따내는 것은 불가능합니다. 한 수씩 두는 바둑에서 이 백돌 전체를 잡는 것은 불가능하기 때문에 이 백돌은 아주 튼튼한 모양이라고 할 수 있습니다.

> 약한 돌은 끊긴 돌일 텐데요 끊긴다는 뜻이 무엇인지 알아봐야겠네요

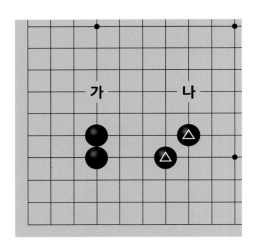

'가'의 흑돌 두 점은 어떻게 해도 끊는 수가 없습니다. 100% 연결되어 있습니다. 완벽한 연결입니다.
입구자 행마 '나'의 흑 두 점은 완전하게 연결되어 있을까요?

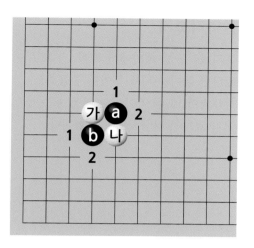

백이 '가'와 '나' 두 곳을 다 두면 흑 두점은 완전히 끊어진 모양이 됩니다. 흑 두점이 끊겨서 각각 활로 2개씩을 가진 약한 돌 a와 b로 절단되어 버렸습니다. 흑이 끊기고 싶지 않다면 끊기기 전에 연결을 시켜야 합니다.

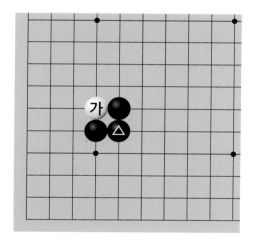

백이 '가'의 곳을 둘 때, 세모 흑돌로 백이 끊어올 자리에 두면 흑돌은 세 점이 되면서 연결됩니다. 세 개의 돌이 연결되면서 활로가 6개로 늘어나 어지간해서는 위험해질 가능성이 없는 튼튼한 돌이 되었습니다. 상대가 내 돌을 끊으려고 시도한다면 흑 세모 자리는 놓치지 말고 꼭 두어야 합니다. 연결하는 것을 '잇다'라고도 합니다. 입구자 행마에서는 대각선 2곳이 모두 상대에게 두어지면 끊어지는 모양이 된다는 것을 빨리 알아챌 수 있도록 익혀두세요.

포인트 입구자 행마의 대각선 2곳 모두 상대가 두면 끊어집니다.

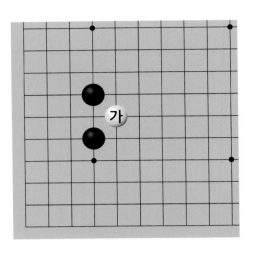

들여다보기

흑의 한 칸 뜀 행마에서 백이 '가'로 두어
왔다면 흑이 어디에 두어야 좋을까요?
상대방이 내 돌 가까이 두어올 때는 노림
수가 있는지 의심해보아야 합니다.

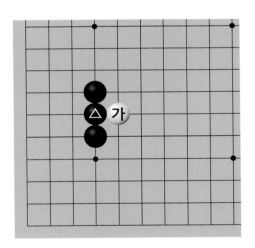

흑 세모로 연결해야 합니다. 백 '가'의 모
양을 백이 흑을 '들여다본다'라고 합니다.
흑을 끊으려고 백이 살짝 엿보는 것입
니다.

빨리 알아채고 흑이 이어야 하는데 처음에는 이것
을 눈치 채는 것이 쉽지 않은지 자기 돌을 연결하
지 않는 분들이 많습니다.

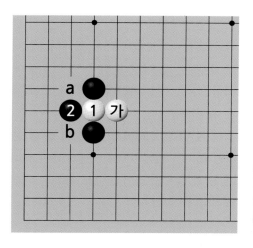

백돌 '가'의 노림을 눈치 채지 못하고 연결해두지 않으면 백이 1로 가운데를 뚫고 들어갑니다. 흑이 2로 막아도 a, b가 끊어질 수 있는 약점이 됩니다. 약점이 2곳이 생기면 어느 한 쪽을 두어도 한 쪽은 끊어지게 됩니다.

입구자 행마의 양쪽 대각선의 두 군데를 상대가 다 두면 내 돌이 끊어집니다. a와 b가 바로 그런 자리입니다.

포인트 들여다보다 | 상대 돌을 끊으려고 엿보는 것

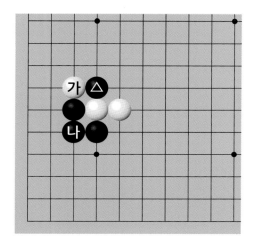

백이 어느 한 곳인 '가'로 끊어오면 흑은 '나'로 한쪽을 이어두어야 합니다. 이어두면 한쪽 흑은 세 점으로 연결되어 튼튼해집니다만 흑 세모 한 점이 끊겨서 고립되는 것은 피할 수가 없습니다.

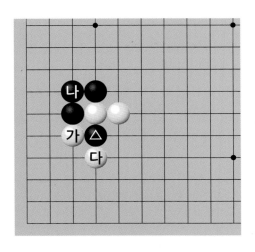

백이 반대쪽인 '가'로 끊어도 흑은 '나'로 남은 흑돌이라도 연결해야 합니다. 흑 세 모 한 점은 끊어질 수밖에 없고 다음에 백이 '다'로 단수 쳐간다면 흑 세모 한 점 은 위험해집니다.

결국 한 칸 뜀 형태에서 상대방이 들여다본 다면 끊기기 전에 이어서 연결시켜야 합니 다. 잇지 않으면 끊어진 어느 한쪽은 위험 해집니다.

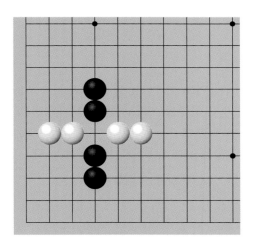

이음과 끊음의 기본을 이해하셨나요?
지금 흑이 둘 차례일 때 흑이 어디에 두 는 것이 좋을까요?

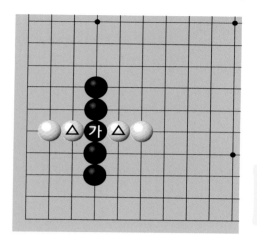

돌의 연결을 잘 따라오셨다면 흑 '가'의
자리는 꼭 두어야만 하는 자리라는 것을
알 수 있습니다.
흑의 한 칸 뛰어진 자리를 양쪽에서 백
세모돌이 들여다보고 있기 때문에 흑에
게 '가'의 자리는 절대 자리입니다.

절대 자리란 꼭 두어야 하는 급한 자리라는 뜻으
로 더 중요한 곳이 있는 것이 아니라면 그 자리를
두어야합니다.

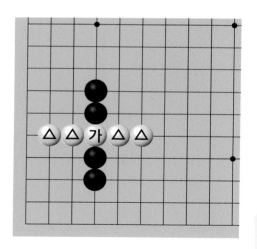

흑이 두지 않고 백이 '가'의 자리로 두었
을 때와 비교해 보세요. 백돌은 연결되어
백 다섯 점이 튼튼한 기둥이 되었습니다.
반면에 흑은 허리가 잘려서 두 점씩 따로
따로 두 동강 났습니다. 흑돌은 약한 모
양이 되고 백은 강한 모양이 되었습니다.
이 정도라면 이 바둑은 백이 이긴다고 봐
야 하겠네요.

내 돌을 연결하기 위해 두어야 할 자리는 필수적
인 곳이니 연결과 끊음을 잘 알아보는 것은 입문
단계에서 아주 중요합니다.

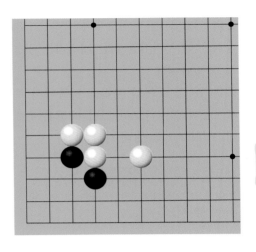

예제 01

자 이제 흑이 둘 차례입니다. 흑이 꼭 두어야 할 자리가 눈에 보이는지 찾아보세요. 한눈에 빨리 보여야 연결과 끊음에 대해서 이해한 것입니다.

이론과 실제로 바둑 둘 때 빨리빨리 알아보는 것은 다르기 때문에 눈에 많이 익히셔야 합니다.

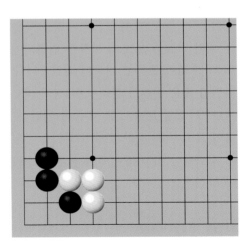

예제 02

계속해서 연습입니다.
흑이 둘 차례입니다. 시급하게 두어야 할 자리가 어디일까요?
입구자 행마는 대각선의 약점이 있습니다. 대각선이 되는 두 곳을 상대방이 다 두게 되면 끊어진다고 했습니다. 대각선의 약점을 지켜야 합니다.

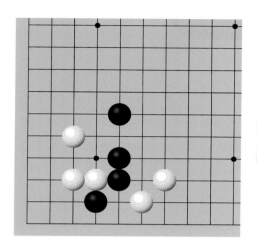

이번에도 흑이 둘 차례입니다. 어디에 두면 좋겠습니까? 돌이 많아지면 한눈에 잘 보이지가 않습니다.

실제로 상대방과 바둑을 둔다면 생각할 시간이 많지 않습니다. 빠르게 알아볼 수 있어야 합니다.

생각한 답과 맞는지 아래와 맞춰 보세요.

'가'의 자리들은 흑돌을 연결하기 위해 꼭 이어야 합니다. 반대로 백돌이라면 '가'의 자리가 흑돌을 끊어가는 급소 자리라는 것을 한눈에 볼 수 있어야 합니다.

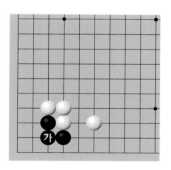
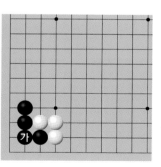
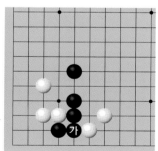

4. 여러 가지 돌의 연결

가장 기초적인 연결과 끊음의 개념을 알아보았습니다. 기본 모양을 눈에 잘 익히신 다음 더 복잡한 모양으로 나가 보겠습니다. 연결은 바둑에서 아주 중요하기 때문에 반복하겠습니다. 연결이 끊어지면 내 돌이 잡히기 쉬워지니까요. 내 돌을 연결하는 법을 잘 알게 되면 자연스럽게 상대의 돌을 끊는 자리가 잘 보이게 됩니다. 공격보다는 수비가 우선이랄까요. 돌의 연결에는 여러 가지 형태와 방법이 있습니다.

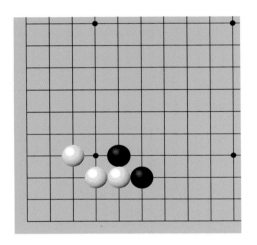

흑이 둘 차례입니다. 이제 이쯤은 식은 죽 먹기일 것입니다. 흑은 최우선으로 어디에 두어야 하나요?

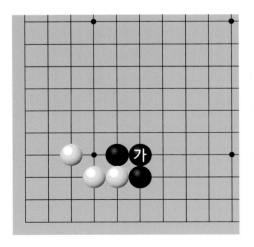

꽉 잇기

흑 '가'로 연결, 즉 이어야 합니다. 흑 '가'처럼 연결하는 것을 꽉 잇는다고 합니다.

> 튼튼하기는 철옹성이지만 흑돌끼리 뭉쳐있어서 무거운 느낌이 있습니다. 연결할 다른 방법도 있을까요?

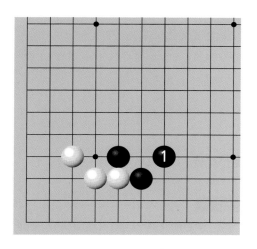

호구

흑 1로 두어도 연결됩니다. 이때는 '호구로 연결했다'라고 합니다. 바둑에는 선호하는 좋은 모양과 피해야 하는 나쁜 모양이 있습니다. 호구는 대표적인 좋은 모양으로 꽉 잇는 것에 비해 빠르고 경쾌해 보이고 집 모양을 만들 때도 효율적일 때가 많습니다.

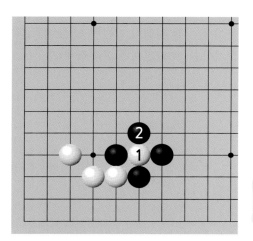

백이 호구 자리 속에 백 1로 두어 끊어온다면 흑이 2로 따내서 상황 종료. 호구 속에 두는 것은 단수 자리에 스스로 들어가는 것입니다.

호랑이 입에 잡아먹히려고 들어가는 것과 같기 때문입니다. 내 돌을 이을 때 호구 모양을 잘 활용하면 효율적입니다.

그런데 첫 장면에서 흑이 연결하는 곳이 한 군데 더 보이는데요 어디일까요?

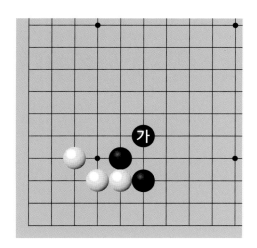

흑 '가'의 자리도 호구 모양으로 이어집니다.

지금은 옆으로 호랑이 입을 벌린 호구 모양이네요. 연결할 때 상황에 따라서 더 유리한 방향으로 호구를 만듭니다. 호구 모양을 만드는 것을 호구친다라고 표현합니다.

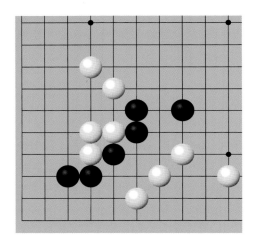

양호구

예제 01

지금 모양에서 흑이 둘 차례입니다. 한눈에 들어오는 흑의 급소가 보여야 합니다. 쌍방의 돌이 많이 얽혀 있으면 서로 어느 곳이 끊어질 위험이 있는지 잘 보이지 않습니다만 주의 깊게 살펴봐주세요.

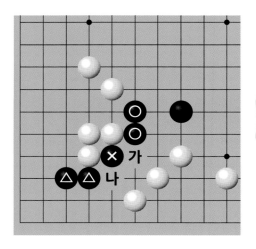

흑은 '가'와 '나'의 자리가 급합니다. 백이 그 자리에 두면 흑은 돌들이 다 끊어져서 사분오열이 되네요.

이어야 할 곳이 두 군데일 때는 어떻게 하면 좋을까요?

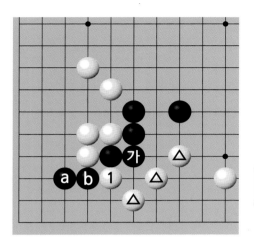

흑이 '가'의 자리를 꽉 이으면 백 1로 끊어 갑니다. 흑은 a, b 두 점과 중앙 흑 5점으로 끊겨서 양쪽 모두 약한 돌이 되었네요. 백 1의 자리를 흑이 이으면, 흑 '가'의 자리에 백이 두어 역시 양쪽으로 끊기는 모양입니다.

끊어지는 약점이 두 군데인데 도대체 방법이 있긴 한거냐고요?

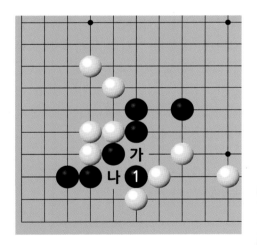

흑1의 호구 이음이 방법입니다. 흑1로 호구가 두 개가 동시에 만들어집니다. 이런 모양을 양호구라고 합니다. 백은 '가'에도 '나'에도 끊으러 갈 수가 없습니다. 호랑이 입 속이니까요.

양호구는 이렇게 두 군데의 약점을 한 번에 방어할 수 있는 능률적인 좋은 모양입니다.

양호구 자리를 찾아내지 못했다면 아찔하네요. 처음에는 호구 되는 자리를 찾아내는 것도 어렵거든요.

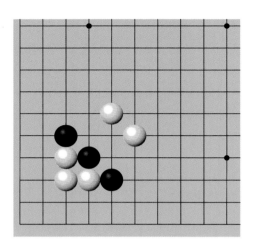

흑의 약점이 이제 한눈에 보이셔야 합니다.
마늘모 행마의 대각선 약점으로 끊길 위험이 있네요. 어떻게 이어야 능률적인 방어가 될까요?

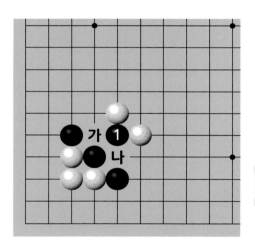

흑이 끊어지는 약점은 '가'와 '나' 두 곳입니다. 양쪽의 약점을 동시에 방어할 수 있는 흑1을 찾아내셨나요?
흑이 '가'로 잇거나 '나'로 이어서 한 곳만 연결하면 손해가 됩니다. 양호구의 마법을 써보세요.

이런 자리가 한눈에 보이려면 바둑을 두면서 반복을 통해 익숙해져야 합니다.

포인트 양호구란 호구 모양이 두 개 동시에 만들어진 것입니다.

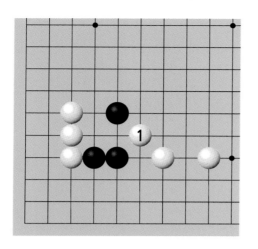

쌍립

백이 백 1로 두어 왔습니다. '들여다봄'이
라고 했지요. 흑 한 칸 뜀을 끊어보려고
노리는 수 같은데요. 흑은 어떻게 응수해
야 할까요?

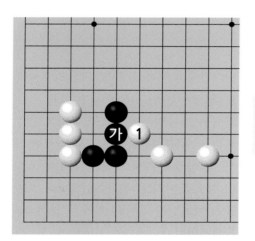

제일 먼저 떠오르는 수는 흑 '가'로 꽉 잇
는 것입니다. 또 다른 연결 방법은 없는
것일까요?

> 실력이 늘어갈수록 한 가지 수가 눈에 보여도 더
> 효율적인 다른 방법이 또 있는지 따져보며 두어
> 야 합니다.

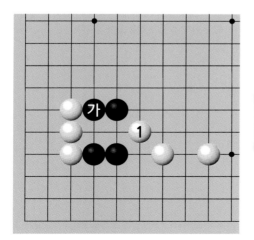

흑 '가'로 두어도 연결됩니다. 이런 모양
을 '쌍립'이라고 합니다. 위, 아래로 돌 두
개씩이 나란히 서 있다는 뜻입니다.

> 꽉 잇는 모양은 통나무처럼 무거운 느낌이 있지
> 만 쌍립으로 이으면 유연해보이고 바깥쪽으로
> 머리를 더 내밀어서 시원해 보이지 않나요?

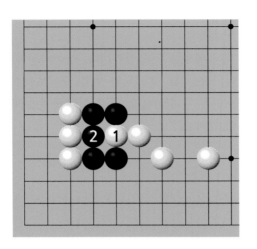

백이 백1로 끊으려고 하면 흑2로 막아서 튼튼하게 연결됩니다.

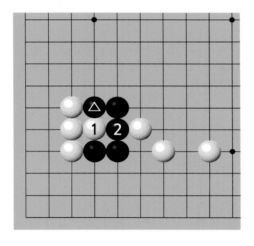

반대편에서 백이 끊으려고 백1로 들어와도 흑2로 막으면 흑은 연결됩니다.
쌍립은 효율적이면서도 끊어지지 않는 튼튼한 모양입니다. 쌍립으로 이으면 그냥 꼭 이었을 때보다 세모 흑돌이 하나 더 밖으로 머리를 내밀고 있습니다. 백돌을 압박하면서 흑돌의 활로는 많아져서 능률적입니다.

'호구'나 '쌍립'의 모양을 잘 익혀서 사용할 줄 알게 되면 바둑 실력이 한층 늘어납니다.

 포인트 쌍립은 위, 아래로 돌 두 개씩이 나란히 서 있는 모양입니다.

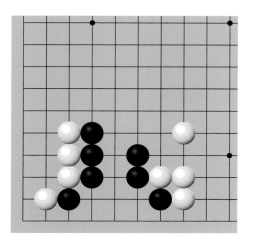

예제 01

흑의 약점을 없애려면 어디에 두어야 좋을까요?

끊어질 곳이 두 곳이나 있어서 어렵네요. 백이라면 끊어가고 싶은 두 곳이 당연히 보이셔야 합니다. 흑은 한 수로 방어하는 수가 있는지 생각해 보아야 합니다.

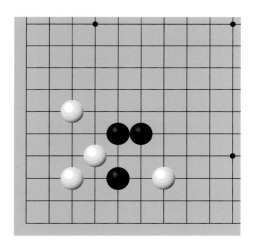

예제 02

가장 능률적으로 흑돌의 끊어짐을 방지하고 연결하려면 어디에 두면 좋을까요?

꽉 잇는 수 외에도 효과적인 연결 방법들이 있었습니다. 더 능률적인 한 수를 두기 위해 다투는 것이 바둑입니다. 여러 선택지가 있다면 가장 효과적인 선택을 해야 합니다.

찾아낸 답과 맞춰 보세요. 양호구와 쌍립이 꼭 잇는 것보다 효율적입니다.

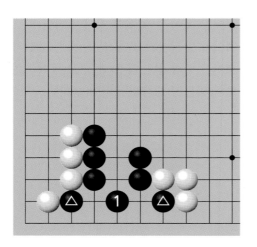

예제 01 정답

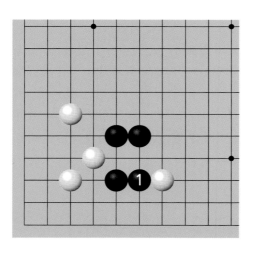

예제 02 정답

돌의 연결 응용

연결할 때 꼭 이음 외에 호구 이음, 쌍립 이음에 대해 알았습니다. 조금 더 응용으로 들어갑니다.

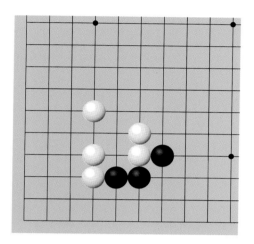

예제 01
흑의 끊어질 곳을 방비하는 연결 방법을 찾아볼까요? 몇 가지 방법이 눈에 보이나요?

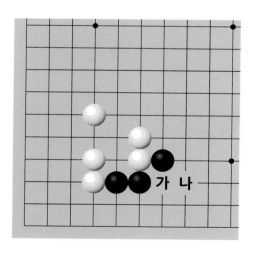

흑 '가'로 꼭 잇기, 흑 '나'로 호구 잇기가 있습니다. '나'의 호구 잇기가 꼭 잇기보다 효율적인 이유는 집의 영역이 커지기 때문입니다.

포인트 바둑은 무엇보다 집 차지가 최우선이라는 점 잊지 마세요. 내 돌을 연결할 때도 연결하면서 집을 한 집이라도 더 지을 수 있는 방법으로 이을 수 있다면 최선입니다.

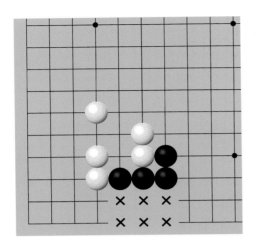

흑이 꽉 이었을 때 연결된 돌이 지키고 있는 영역은 대충 이렇습니다. 흑의 집이 될 확률이 높은 영역이라는 뜻입니다.

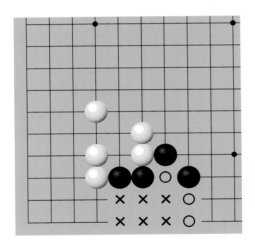

흑이 호구로 이으면 동그라미 표시만큼 집이 될 영역이 늘어납니다. 연결 방법에 따라 집이 불어날 수 있다면 당연히 더 효율적인 한 수를 찾아 두어야 합니다. 꽉 이음보다는 호구 이음이 더 효과적인 연결이라는 뜻입니다.

> 연결도 하면서 집을 더 크게 키울 수 있다면 일거양득, 이보다 좋을 순 없습니다.

호구 이음보다 더 좋은 연결 방법은 없을까요?

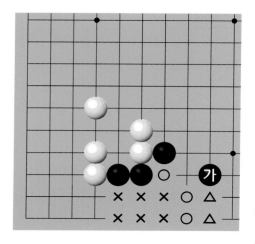

흑 '가'로 연결하는 방법입니다. 날일자 행마로 연결입니다. 벌림만큼 집의 영역이 되기 때문에 세모 표시만큼 호구 이음보다 집이 늘어났네요.

상대보다 한 집만 많으면 이기는 것이 바둑인데 꽉 이음보다 무려 다섯 집이 늘어났습니다. 이렇게 떨어져 두는데 어떻게 연결이 되냐고요?

처음 두시는 분이 이런 연결 방법을 익힌다면 상대를 깜짝 놀라게 할 수 있겠네요.

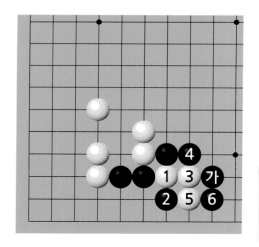

백1로 끊어오면 흑이 단수 쳐 몰아가면 백이 잡힙니다. 흑이 날일자인 흑 '가'를 미리 두어 놓았기 때문입니다. 이런 고급 기술을 사용하려면 백1로 끊어올 때 단수 치는 방향을 올바로 사용해서 백을 잡을 수 있다는 전제가 필요합니다.

기본이 탄탄하다면 그물을 넓게 치면서 내 돌을 연결할 수 있습니다. 집을 챙기면서 이을 수 있는 능률적인 연결을 익히면 상대보다 항상 한발 앞서나가는 재미를 느낄 수 있습니다.

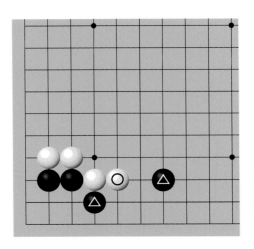

자기의 돌을 연결할 필요성이 즉각적으로 보이지 않을 때도 있습니다.

흑 세모 두 점은 눈목자 행마인데 동그라미 백이 들여다보고 있습니다. 들여다보는 것은 노림이 있는 수입니다.

끊어지는 약점을 방비하는 수를 두어야 하는데요, 흑이 어디를 두어야 할까요?

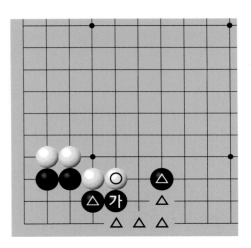

흑 '가'에 두어야 흑 세모 두 점이 연결입니다. 흑이 연결되면서 세모 표시된 곳이 흑집의 영역이 됩니다. 백에게 '가'를 뺏기면 흑돌이 끊어지는 것은 물론이고 집이 될 곳도 되지 않습니다. 돌의 연결과 끊음도 더 많은 집을 차지하기 위해서 알아가는 것입니다. 집이 되면서 내 돌이 연결되는 곳은 좋은 자리입니다.

포인트 기본 행마를 상대방이 들여다보면 다음에 끊음을 노리는 것이므로 들여다보면 연결해야 한다는 것을 잊지 마세요.

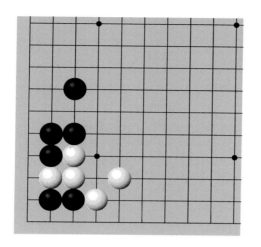

실전에서는 끊어질 위험이 있다고 누가 지적해주지 않을 겁니다. 흑으로 두고 있는데 이런 모양이 되어 있습니다. 흑은 다음에 어디에 두어야 할까요? 바로 눈에 들어오시나요?

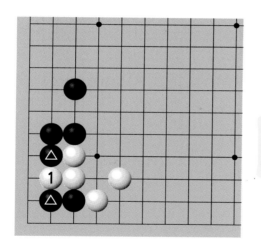

세모 흑돌끼리 한 칸 뜀 행마가 되어있는 사이를 백1로 뚫어온 모양입니다. 내 행마에 상대 돌이 가까이 왔다면 항상 끊김에 대비해야 합니다.

여기서 표시된 돌로 알려주면 다음에 어디에 두어야 할지 알겠지만 실전이라면 스스로 알아채야 하니까 충분히 주의 깊게 모양들을 익혀 주세요.

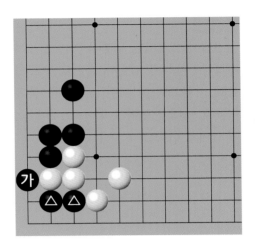

흑은 꼭 흑 '가'로 연결해야 흑 세모 두 점을 살릴 수 있습니다. 이런 모양을 흑이 '넘어간다'라고 합니다. 연결되는 모양이 백 밑으로 넘어가는 형태이기 때문입니다.

방송 해설에서는 '흑이 일선으로 넘어가서 연결했습니다'라고 말할 텐데요 용어들을 많이 익히셔서 프로들의 바둑감상을 통한 즐거움을 하루 빨리 느껴보시기 바랍니다.

이렇게 돌의 연결에는 다양한 방법들이 있습니다. 여러분의 바둑 실력이 향상될수록 더 다양한 연결 방식을 스스로 찾아낼 수 있게 될 겁니다. 상황에 맞는 더 효율적인 연결을 할 수 있는 것이 실력이니까요. 돌의 연결은 내 돌을 튼튼하게 해서 잡힐 위험을 없애는 것이면서 내 집을 늘려가는 수단도 될 수 있었습니다. 바둑을 두면서 항상 내 돌의 연결을 신경 써야 하는 이유입니다.

바둑과의 인연
아버지의 교육법

어떤 것을 배우든 기초가 튼튼해야 수확물도 풍성하다. 기초를 세울 때 폼이 안나고 재미없다고 건너뛰면 위로 갈수록 문제점이 드러난다. 아버지는 교사 생활을 하셨던 분이시라 한 개념에 대한 완전한 이해 없이는 다음으로 넘어가지 못하게 하셨다. 빨리 하자는 재촉이나 속도에 대한 질책은 없었는데, 한 가지라도 제대로 이해하지 못하면서 이해한다고 하는 것 같으면 정말로 이해하는지 철저하게 확인하셨다.

확인할 때 물어보고 제대로 답하지 못하면 정답을 바로 알려주는 것이 아니라 스스로 답을 찾아야 했다. 아버지의 물음에 만족할 만한 답을 내놓을 수 있을 때까지 내가 궁리하는 수밖에 없었다. 며칠이 걸리든 이러이러해서 그렇다는 논리적인 답을 찾아낼 때까지 아버지는 옆에서 지켜보시면서 계속 "왜 그렇게 되지?"라는 물음만을 하셨다. 어설프게 이해하고 "이래서 이럴 것이다"라고 답했을 때, 아버지가 "그럼 이런 식으로 하면?"이라고 물어보시면 말문이 막히곤 했다. 아버지는 뭔가를 이해했다는 것은 그것에 대한 모든 변화나 질문에 다 대답할 수 있는 것이라고 강조하셨다. 그런 다음에야 다음 단계로 넘어갈 수 있다고 하셨다. 분명 나로서는 아는 것 같은데도 아버지가 뭔가를 지적하면, 그럴 때는 어떻게 했어야 하는지 구멍이 생겨나곤 했다. 궁금해도 질문할 곳도 없고, 바둑책도 귀하던 시절에 교재의 도움도 받을 수 없었고 몇 날이고 바둑판을 들여다보며 이리저리 스스로 생각해볼 수밖에 없었다. 상대가 이렇게 하면, 저렇게 하면 하고 혼자 생각해보면서 모든 경우에 다 통하는구나 싶으면 아버지께 확인을 받았다. 아버지의 물음을 다 통과해서 "이제 제대로 알았네"라는 아버지의 말을 들으면 끝났다. 정해진 정답만 있는 것이 아니라 스스로 답을 만들어 갈 수 있어야 하는 바둑의 특성과 맞닿아 있는 교육법이었던 것 같다.

돌의 연결법을 살펴보면서 호구와 쌍립은 좋은 모양이라고 했습니다. 바둑에서는 이렇게 좋은 모양으로 보는 것과 나쁜 모양으로 보는 것이 있습니다. 나쁜 모양은 좋은 모양보다 효율성이 떨어지기 때문에 되도록 그 모양을 만들지 말아야 합니다.

일단 바둑에서는 연결되어 있으면 좋은 모양, 끊어져 있는 쪽은 나쁜 모양이라는 것은 기본입니다. 연결에 대해 앞에서 알아보았는데 연결된 쪽과 끊어진 쪽을 바둑판 위에서 수시로 알아볼 수 있어야 하겠죠.

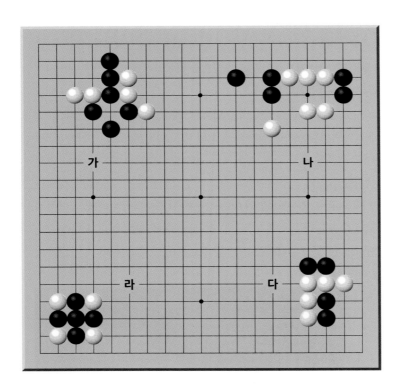

바둑판 위의 가, 나, 다, 라에서 좋은 모양과 나쁜 모양은 어느 쪽인지 판별할 수 있어야 합니다. 가장 기본은 끊겨있는 쪽이냐 연결되어 있는 쪽이냐를 살피는 것입니다.

실력이 늘어 상수가 되어도 끊긴 돌이 있으면 공격받거나 잡힐 위험이 있어 바둑 운영이 어려워집니다. 내 돌이 끊긴 돌이 되지 않고 연결된 좋은 모양이 되도록 해야죠.

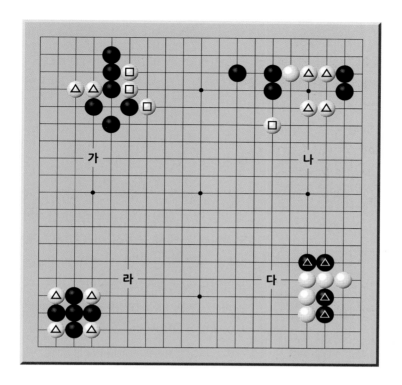

가 : 세모 백과 네모 백이 양분되어 있네요. 흑이 한가운데를 힘차게 관통했습니다. 이
정도라면 흑의 모양이 너무 좋아서 바둑을 이길 가능성이 높아 보입니다.

나 : 흑은 양쪽으로 끊어져 있는데, 가운데 백은 위쪽으로 멋지게 쌍립 모양을 만들면
서 연결되어 있네요. 튼튼한 쌍립 모양을 바탕으로 중앙으로 날일자 행마입니다.
백의 모양이 날개를 펼치면서 비상하는 독수리 같습니다.

다 : 흑을 두 동강낸 백 다섯 점이 너무 튼튼합니다. 두 점씩 끊겨서 풍전등화인 이런
모양의 흑을 바둑에서 만들면 안 됩니다. 우직하게 연결된 백 다섯 점이 나의 모양
이 될 수 있도록 두어야 합니다.

라 : 처음 바둑을 둘 때 이런 모양이 자주 나오더군요. 그런데 쌍방 서로 누가 모양이 좋
은지, 나쁜지 모르면서 두는 것 같더라고요. 흑은 모두 연결되어 있고, 백은 세모 백
네 점이 모두 끊어져 있습니다. 백으로서는 만들어서는 안 되는 바둑 모양입니다.

(1) 피해야 할 모양

상대와 실전 연습 바둑을 두면서 연결된 돌과 끊어진 돌의 모양이 어떻게 나오는지 부단히 익혀주세요. 연결과 끊어짐 외에 바둑에서 피해야 할 나쁜 모양은 또 뭐가 있을까요?

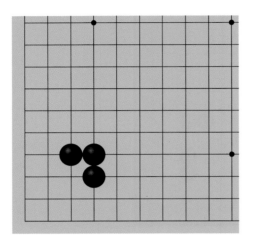

빈삼각

먼저 '빈삼각' 모양입니다. 바둑돌 세 개가 뭉쳐있는 모양이, 가운데가 빈 삼각형 모양이라고 해서 붙여진 이름입니다. '빈삼각을 두면 안 된다'라고 해서 기피하는 모양입니다. '빈삼각의 묘수'라는 말도 있는데요, 묘수가 아니라면 거의 좋지 않은 모양이라는 말입니다.

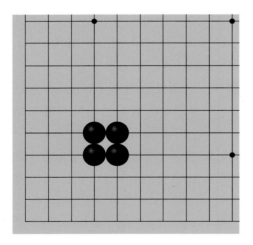

바보 4궁

'바보 4궁'이라고 부릅니다. 돌의 연결도 좋지만 효율적이어야 합니다. 이렇게 뭉쳐있는 모양을 우형이라고도 하는데요 우형은 어리석은 모양, 바보 같은 모양입니다. 튼튼하게 연결된 돌로 보일지 모르지만 바보 같을 정도로 무겁고 답답해 보이는 모양이어서 돌의 능률성이 많이 떨어집니다.

> 한 수의 가치를 찾는 바둑에서 이런 모양은 만들어지지 않도록 해야 합니다.

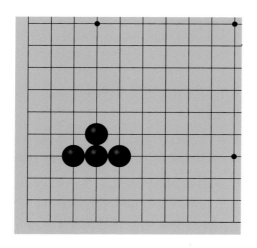

삿갓 모양

'삿갓 모양'이라고 합니다. 옛날 선비들이 쓰던 삿갓을 닮은 모양이라는 뜻입니다. 마치 빈삼각 두 개가 위아래로 겹쳐있는 모양 같지 않나요? 나쁘다는 모양이 2개나 모여 있다니 피해야겠네요.

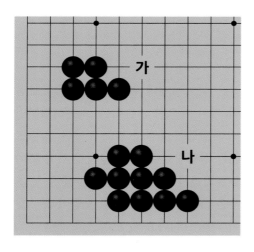

자동차 모양, 포도송이 모양

'가'를 자동차 모양이라고 하고 '나'처럼 돌이 모여 있는 것을 포도송이 모양이라고 합니다. 이렇게 돌이 뭉쳐있는 것을 바둑에서는 좋지 않은 모양으로 봅니다. 연결을 위해 필수적인 돌 외에 불필요한 돌이 덕지덕지 모여 있어서 답답해 보이는 우형입니다. 돌들이 자기 효율성을 발휘하지 못하고 이렇게 뭉쳐있게 두는 쪽은 당연히 집에서도 뒤처지겠죠.

(2) 돌이 뭉쳐있는 우형의 비능률성

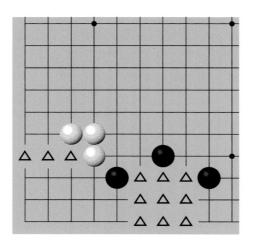

돌이 뭉쳐있는 우형의 비능률성을 살펴볼까요?

같은 세 점의 백돌과 흑돌이 놓여 있습니다. 빈삼각의 백 세 점은 집 모양을 만들지 못하고 있습니다. 반면에 흑은 세 점으로 집의 영역을 많이 만들었습니다. 같은 개수의 돌로 집을 많이 차지하는 쪽이 이기니까 백이 이런 모양을 만들어서는 이기기 어려운 것이 당연하겠습니다.

바보 사궁 흑의 모양과 백의 모양을 비교해볼까요?

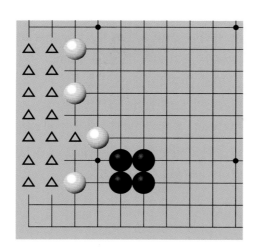

흑은 돌이 4개나 놓여있지만 집의 모양이 거의 나오지 않습니다. 백은 4점뿐인데도 벌림이 좋아서 세모 표시된 집의 크기가 상당합니다. 돌이 끊어질 위험 없이 연결되면서 집도 지어간 백은 좋은 모양, 흑은 효율성이 없는 나쁜 모양이라는 것이 와 닿으시나요?

한 집을 이기기 위해 두는 바둑에서 뭉친 돌의 모양은 최대한 기피해야 합니다.

(3) 좋은 모양

좋은 모양은 어떤 모양일까요? 앞에서 살펴봤던 기본 행마들은 좋은 모양들입니다. 일단 뭉쳐있지 않습니다. 좋은 모양들을 활용하면 적은 돌로 많은 집을 지을 수 있습니다.

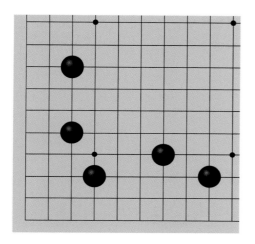

흑돌들이 완벽하게 연결되어 있는 상태는 아닙니다. 초반에 집을 지으면서 두어갈 때는 끊어질 것을 염려해서 너무 튼튼하게만 두는 것도 좋지 않습니다. 상대가 내 돌을 끊으려고 위협해올 때 잘 지키는 것으로 충분합니다.

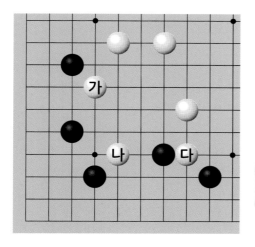

초반에는 돌이 뭉치지 않게 좋은 벌림을 통해 집의 영역을 확보해야 합니다. 바둑을 두어나가다가 흑이 벌려놓은 곳을 백이 가, 나, 다처럼 끊거나 집을 깨려고 들여다볼 때, 가까이 다가와 위협을 가할 때 방어하는 것이 효율적입니다.

> 돌의 연결을 살펴본 것은 상대의 위협에 방어를 잘 하기 위해서이기도 합니다.

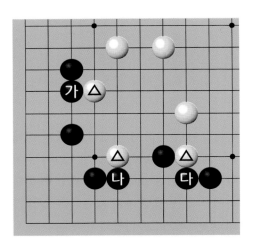

세모 표시 백돌의 위협에 흑이 가, 나, 다로 막으면 연결에도 문제가 없고 집을 지키는 데도 이상이 없습니다. 미리 겁먹지 말고 좋은 모양인 한 칸, 날일자, 두 칸, 눈목자 행마 등을 잘 활용해서 초반에는 발빠르게 집을 지으면서 연결에도 신경 쓴다면 실력이 느는 것은 시간 문제입니다.

포인트 내 돌끼리 뭉치거나, 내 돌이 끊어지는 모양을 만들지 않아야 한다는 점을 잘 알아두셔야 합니다.

기본 행마에서는 내 돌에서 내 돌이 움직여가는 모양을 살펴보았습니다. 바둑이 더 진행되면 필연적으로 상대의 돌과 부딪치면서 이루어지는 행마가 생겨납니다. 앞에서 살펴본 돌의 연결 편에서도 못 들어본 행마가 나오기도 하셨을 겁니다. 이제 나올 내용들은 프로들의 대국을 방송으로 감상할 때도 해설에서 많이 사용되기 때문에 알아두면 좋습니다.

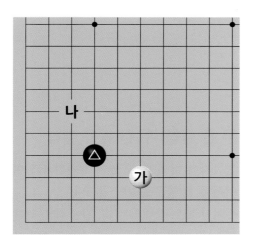

걸치다, 날일자 걸침

귀 세모 흑에 백이 날일자 모양으로 걸쳤다고 합니다. 자기 돌끼리는 날일자 모양이 되지만 상대 돌에게 날일자 모양을 만들어 가면 걸침이 됩니다. 귀를 선점한 흑이 귀에 크게 집을 짓지 못하도록 공간을 제한해가는 의미가 있습니다. '나'쪽에서 걸쳐갈 수도 있습니다.

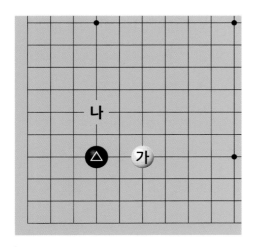

걸치다, 한 칸 걸침

한 칸 행마로 백이 흑에 걸쳤다고 합니다. 귀의 세모 흑에 대한 견제의 의미겠지요. 내 편의 상황에 따라 '나'의 방향에서 한 칸 걸쳐갈 수도 있습니다.
날일자 걸침에 비해 선이 높아서 한 칸 높은 걸침이라고도 표현합니다.

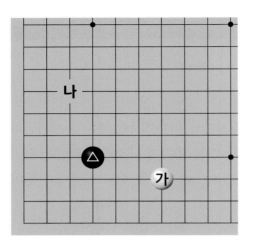

눈목자 걸침, 두 칸 낮은 걸침

백이 귀 흑돌에 눈목자 모양으로 걸쳐갔습니다. 걸쳐가는 것은 초반에 상대방이 차지한 좋은 땅에 대한 견제의 의미입니다. 전략에 따라 어떤 식으로 걸쳐가느냐를 선택합니다. '나'의 자리도 방향에 따른 눈목자 걸침 자리입니다.

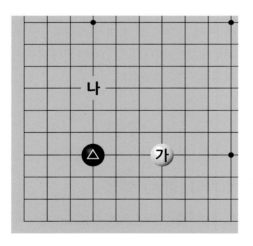

두 칸 걸침, 두 칸 높은 걸침

눈목자에 비해 한 줄 높여 걸쳐간 모양이어서 두 칸 높은 걸침이 됩니다.
걸쳐갈 때도 상대의 실리, 집에 대한 견제를 비중 있게 보느냐, 견제하면서 중앙 쪽으로의 제공권을 중요시한 세력을 고려하느냐 등의 전략 차이에 따라 낮게 걸치거나 높게 걸치거나를 선택하게 됩니다.

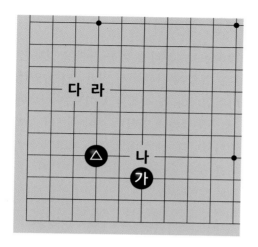

굳히다, 지키다

귀는 초반 집 차지에서 가장 중요한 곳입니다. 그래서 상대방도 초반에 귀에 걸쳐 오면서 견제하는 것입니다. 견제받기 전에 스스로 귀를 지키는 것을 귀를 '굳히다, 지키다'라고 합니다. 모양에 따라 '가'는 날일자로 지키기, '나'는 한 칸으로 지키기, '다'는 눈목자로 지키기, '라'는 두 칸으로 지키기, 혹은 각 모양별로 굳히기라고 표현합니다.

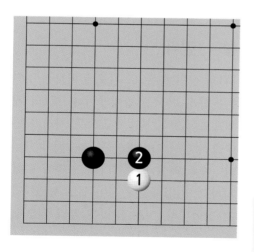

붙임, 붙이다

귀 흑돌의 집짓기를 방해하러 백이 날일자로 걸쳤습니다. 흑도 방치하면 백에게 공격당해 귀에 대한 주도권을 뺏길 수도 있습니다. 백돌 머리 위 흑 2로 두는 것을 백에 붙였다고 합니다. 가장 직접적인 육탄전입니다.

> 백은 흑 2로 강하게 제압해오면 어떻게 응수해야 할까요? 가장 기본적인 행마법, 일반적인 대응법을 알아봅시다.

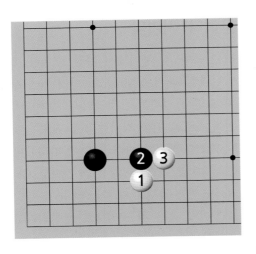

젖힘, 젖히다

'붙이면 젖혀라'라는 바둑 격언이 있을 정도로 붙임에 대한 가장 일반적인 대응 행마법입니다. 밀착해서 두어오는 상대에게 가장 강하게 맞서는 것이 백 3의 젖힘 행마입니다. 꼭 상대의 뺨을 때리면서 머리를 젖혀 올리는 느낌이 듭니다. 백 3은 위로 젖힌다라고 하고 방향이 아래로 향하면 아래로 젖힌다라고 합니다.

백의 강수에 흑의 다음 응수는 어떻게 받아야 할까요?

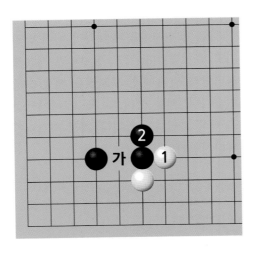

늘다, 뻗다

백1의 젖힘에 흑2로 위로 늘어두는 것이 튼튼하게 맞서는 방법입니다. 백1의 젖힘으로 흑은 '가'와 흑2로 둔 자리가 단수를 당하는 자리여서 꼭 응수해야 합니다. 대국 해설 방송이라면 방향이 위를 향하고 있기 때문에 흑이 위로 늘었다라고 말합니다. 느는 방향에 따라 위로 늘다, 옆으로 늘다, 아래로 늘다가 있습니다. '붙이면 젖히고, 젖히면 는다'라고 기억하시면 좋습니다.

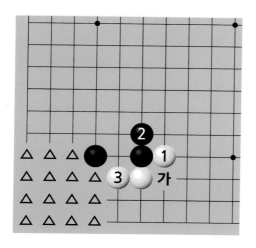

들어가다, 파고 들다

흑2로 위로 늘자 백3으로 귀 안쪽으로 파고 들었습니다. 세모 표시된 흑집의 영역을 백이 줄이러 들어가는 모양입니다. '백 한 점에서 늘다'라는 모양인데 상대의 집 자리로 늘어갈 때는 들어가다, 파고 들다라고 합니다. 흑이 귀에 집을 넓게 짓지 못하도록 상대의 집이 될 자리를 줄이고, 백은 '가'로 끊기는 약점도 보완하면서 백집을 한 집이라도 넓혀가는 의미입니다.

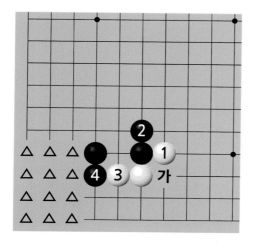

막음, 막다

상대 돌이 내가 집을 지으려는 쪽으로 밀고 들어오면 막아야 합니다. 막아야 집이 지어지기 때문에 바둑은 처음부터 끝까지 집을 짓고 막는 게임이기도 합니다. 막을 때는 방향이 중요합니다. 상대 돌이 들어오는 방향으로 막아야 합니다. 백3에 흑 4로 막는 것은 절대 자리입니다. 이 수로 귀의 흑집 모양은 표시된 영역만큼 지킬 수 있습니다. 또 하나 튼튼하게 막음으로써 백은 '가'의 자리에 약점이 생겼습니다.

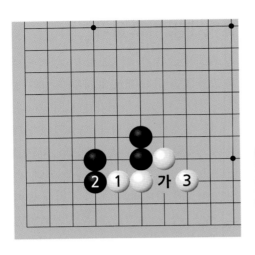

흑2로 튼튼하게 막으면 백은 '가'의 약점을 보강해야 합니다. '가'의 자리는 흑에게 여러 방법으로 괴롭힘 당할 수 있습니다. 백은 '가'로 꽉 잇기보다는 한 집이라도 더 효율적인 호구로 이어두어야 합니다.

이렇게 상대의 행마와 나의 행마가 부딪쳐 가면 앞에서 나왔던 돌의 연결과 끊음에 대해서도 잘 알고 있어야 합니다.

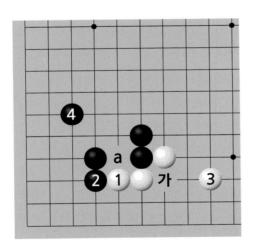

백 '가'의 단점을 보강하기 위해 백3의 날일자로 이어도 됩니다. 꽉 이음보다는 호구, 호구보다는 날일자가 백집의 영역을 넓히니까 능률적이죠.
흑도 자기 돌이 백 a로 끊어지는 약점에 대해 흑4로 두어 지키는 것으로 일단락됩니다.

백3의 날일자로 지키는 것이 어떻게 잇는 것이 되는지, 흑은 왜 흑 4를 두어야만 하는 것인지 아직은 이해가 안 될 수도 있습니다. 지금부터 알아 갈 부분이니 서두르지 마세요.

여기까지 내 돌과 상대 돌의 접촉으로 생기는 행마들 몇 가지를 살펴보았습니다. 바둑판 위에서 돌이 움직이는 모양은 다양하기 때문에 더 많은 행마의 모습들이 있을 수 있습니다. 바둑의 이론을 더 익혀가면서 자연스럽게 다른 행마들을 살펴보게 될 것입니다. 여기까지는 초반 포석에서 집을 짓는 데 사용할 수 있는 자기 쪽 돌의 벌림과 기본 행마들을 익힌 다음, 상대 돌과 얽힐 때 나올 수 있는 행마까지 알아보았습니다. 나온 행마들의 용어만 익혀도 바둑 방송에서 중계되는 프로기사들의 주요 대국 해설 방송을 따라가는데 큰 도움이 될 것입니다. 아직은 프로가 둔 한 수를 이해할 수는 없지만 앞으로 나올 내용을 익히면 바둑 내용에 대한 이해도 금방 따라갈 수 있을 겁니다. 바둑은 순탄하게 서로 집만 지으면서 진행되지 않습니다. 바둑은 한정된 영토를 더 많이 차지하려는 경쟁이기 때문에 필연적으로 상대 돌과 내 돌이 충돌하고, 잡히고 잡아야 하는 싸움이 일어나게 되어 있습니다. 생명력을 가진 돌의 특성을 잘 알아야 싸움에 승리해서 유리하게 이끌어나갈 수 있겠지요. 상대와 내 돌이 부딪혔을 때 돌을 잡거나 살리는 방법에 대해서 더 다루어 보겠습니다.

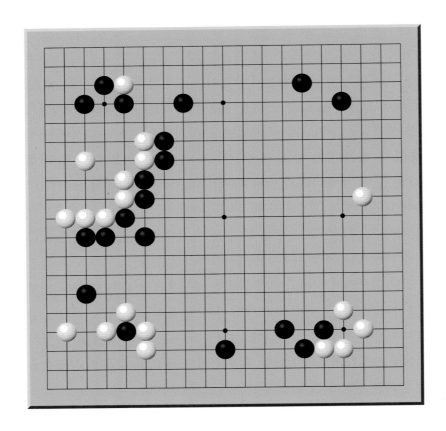

여기까지 나왔던 내용들을 총정리해서 대국 진행 장면의 포석을 보시면 처음보다 많이 눈에 익으신가요? 귀와 변의 차지, 3선과 4선 위주의 벌림을 기본으로 입구자, 날일자, 두 칸 뛰기, 한 칸 뛰기 같은 기본 행마들의 모습과 접촉 시 행마에서 나왔던 젖힘과 늘기, 막기 등이 보이네요. 좋은 모양인 호구 모양 연결도 많이 보이고요.

이렇게 지금까지 나온 내용들은 따로따로가 아니라 모두 연결되어 한 판의 바둑을 만들어 갑니다. 초반에 어디에 두어 갈지에 대한 대충의 감은 잡을 수 있을 겁니다.

앞으로도 익혀야 할 것들이 남아있으니 조급해 마시고 하나씩 배워 가면 어떻게 이런 모양들이 나오도록 두는지 이해하면서 멋진 실전 대국을 하게 될 것입니다.

바둑과 명절

옛말에 바둑을 두면 얻을 수 있는 다섯 가지로 좋은 벗, 마음의 이치, 사람들과의 화합, 인생의 교훈, 이 네 가지를 얻은 사람에게 자연스럽게 따라오는 천수를 누리는 삶이라고 했다 한다. 나에게도 바둑을 통해 얻을 수 있었던 개인적 추억이 있다. 오형제 모두 아버지께 바둑을 배웠던 우리집은 누나며 형들, 나까지 바둑공부와 학업으로 각자 다른 도시로 흩어져 일찍 떨어져 지낸 탓에 명절이나 되어야 온 식구가 모일 수 있었다. 명절날이면 어머니가 부엌에서 장만하시는 맛있는 음식냄새가 집안에 가득차고 아침 겸 점심을 후딱 먹은 아버지를 비롯한 우리 모두는 안방에서 바둑판을 늘어놓고 가족 토너먼트를 벌였다. 아버지가 당시로는 거금이던 이만원을 상금으로 걸고 각자 실력에 맞게 치수를 정해주신 다음, 이긴 사람이 계속 뒤가면서 마지막으로 아버지와 두어 이기면 상금을 받았다. 시간가는 줄 모르고 두다보면 벌써 어두워져서 어머니는 바둑이 언제 끝나 저녁을 먹냐고 재촉하셨다. 누군가 최종승자가 되고 온 가족이 모여 앉아 맛있는 저녁을 먹던 그 분위기가 지금도 그리워지는 명절의 분위기다. 그때는 어렸을 때라 상금이 탐났지만, 돌이켜보니 온 가족이 공통의 관심사로 함께 시간을 보냈던 그 즐거움이 명절을 특별하게 만들었고 행복한 추억으로 기억된다. 이기면 다음 판을 두게 되어 기뻤고, 지면 진대로 나를 이긴 형이나 누나가 두는 바둑을 구경하면서 바둑판에 온 식구가 머리를 맞대며 옹기종기 둘러앉았다. 수정과에 부침개가 간식으로 나오기도 하고 아버지도 막걸리 한잔을 옆에 두시고 우리들 바둑을 지켜보셨다. 수다스럽게 많은 말을 하지 않아도 온 가족이 같이 보내는 명절의 따스함과 즐거움을 느낄 수 있었다. 명절이라고 해도 공통의 관심사가 없으면 영화를 본다거나 각자의 오락을 즐기는 시대가 되다보니 온 식구가 바둑으로 시간가는 줄 모르고 보냈던 명절 하루에 대한 감회가 새록새록 깊어진다. 특별한 장소에 가지 않아도 되고, 날씨에 구애받지 않고 도구가 복잡한 것도 아닌 바둑은 가족이 같이 배워두면 말없이도 수담을 나누면서 가족끼리의 정을 나눌 수 있다. 현대사회에서 부족한 가족 간의 소통을 위해서도 바둑은 좋은 공통의 가족 취미가 될 수 있지 않을까 싶다.

| 제4강 |

돌을 잡는 다양한 방법

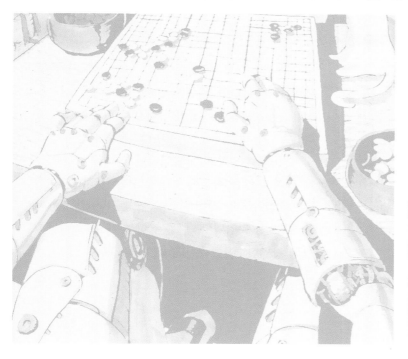

앞에서 살펴본 집 짓는 2가지 방법 중 하나가 상대 돌을 잡으면서 집을 만드는 것이었습니다. 단수 쳐서 따낸 개수만큼 집이 생기고, 포로로 잡은 상대 돌 개수만큼 상대 집을 메워서 줄일 수 있기 때문에 잡은 돌 개수의 2배가 집이 되는 효과가 있다는 사실 기억하시죠. 그렇다면 상대의 돌을 잡는 것도 좋지만 내 돌을 상대에게 잡히지 않는 것 또한 중요하겠습니다. 돌을 잡는 방법 그리고 잡히지 않게 탈출하는 방법이 무엇인지 알아보겠습니다.

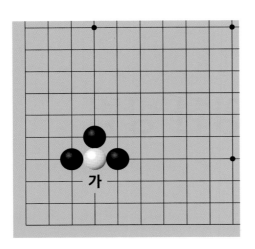

활로가 막혀서 단 하나의 활로만 남은 상태를 '단수'라고 했습니다. 여기에서는 백 한 점이 흑에게 단수 당해 있습니다. '가'의 자리에 흑이 두면 백 한 점을 따낸다, 잡는다가 됩니다. 그런데 지금 백이 둘 차례여서 '가'의 자리를 백이 두면 어떻게 될까요?

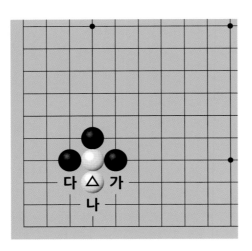

백이 둘 순서라면 단수 당한 백 한 점을 남은 활로 방향으로 움직여 나오게 됩니다. 활로가 하나에서 가, 나, 다 세 개로 늘어났습니다. 활로가 늘어나면 상대에게 잡히지 않을 확률이 높아집니다. 단수 당한 돌을 살리는 길은 활로를 늘리는 쪽으로 움직이는 것입니다. '나를 잡아 가세요' 하고 가만히 두 손 놓고 있을 수는 없지요.

단수로 돌 잡기, 벗어나기

앞에서 단순히 '단수'의 개념만을 익혔다면 이제 본격적으로 단수 쳐서 상대 돌을 잘 잡는 방법, 내 돌이 단수에서 벗어나는 방법을 자세히 살펴보겠습니다.

단수를 당해도 도망칠 수 있습니다. 도망쳐도 잡히는가 하면, 탈출에 성공하기도 합니다. 문제는 단수로 잡을 수 있는 상대의 돌을 잡지 못하고 살려주는 경우가 생겨서는 안 되죠. 단수 치는 기술을 익혀서 잡을 수 있는 상대의 돌은 꼭 잡아야 합니다.

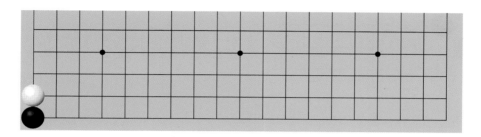

1선에서 흑 한 점이 백에게 단수 당해 있습니다. 단수에서 벗어나는 방법은 남은 활로로 도망쳐서 활로를 늘려가는 것입니다. 흑 한 점이 단수에서 벗어나도록 움직여볼까요.

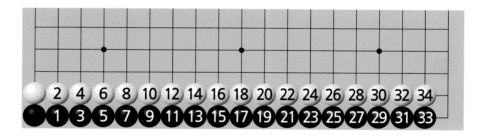

흑이 하나 남은 활로로 계속 도망쳐도 백이 계속해서 따라가며 단수 치게 됩니다. 막다른 골목이라 더 도망칠 곳이 없어 결국 백이 흑을 따내게 됩니다. 1선에서 단수 당한 돌은 어떻게 해도 잡힐 수밖에 없습니다. 그래서 1선을 죽음으로 이어지는 선, '사망선'이라고 합니다. 이 선의 특징을 활용해 잡고 싶은 돌을 1선으로 단수 쳐 몰아가면 잡을 수 있다는 뜻이 됩니다.

단수 치는 방향

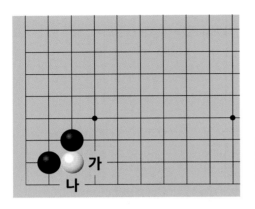

예제 01

이제 2선에서 흑이 백 한 점을 단수치려 고 합니다. 단수를 만들려면 활로를 하나만 남기고 막아야 합니다. 백의 활로를 막는 수로는 '가'와 '나' 두 군데가 있습니다.

어느 쪽으로 막아서 단수 치는 것이 좋을까요? 단수 쳤다고 무조건 돌을 잡는 것은 아니거든요.

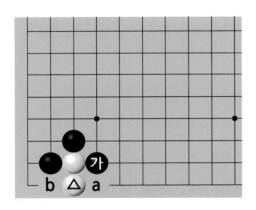

먼저 흑 '가'로 위쪽에서 단수 쳐 보겠습 니다. 백이 1선으로 도망 나와도 활로가 두 개, 다시 흑이 a나 b로 단수 치면 백은 1선으로 쫓겼기 때문에 잡아먹히게 됩니 다.

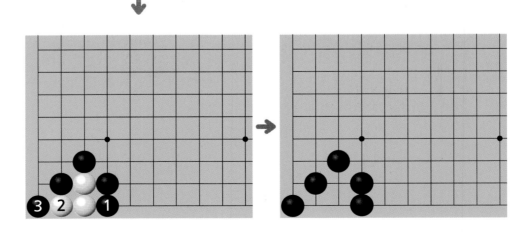

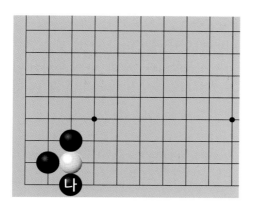

앞서처럼 흑이 백 한 점을 '가'로 단수 쳐서 아래로 몰아가지 않고, 아래 방향인 '나'에서 단수 쳐도 같은 결과가 나오는지 살펴보겠습니다.

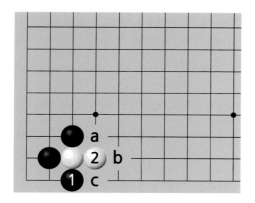

흑이 '나'의 방향 흑1로 단수 치면 백은 당연히 하나 남은 활로로 도망쳐 나오겠죠. 그런데 백이 움직여 나오니 활로가 a, b, c 세 개로 늘어나버렸습니다. 활로가 2개 이상으로 늘어나면 단수 쳐서 잡기 힘들어집니다. 백이 도망치면서 1선이 아닌 2선으로 움직이게 되니까 개방성이 좋아서 활로의 개수가 더 늘어나는 것입니다.

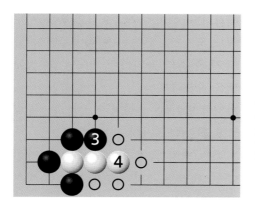

흑이 계속해서 3으로 백의 활로를 줄여가도 백4로 슬슬 움직이면 활로가 4개로 더 늘어납니다. 백이 탈출에 성공한 거죠.

어느 쪽으로 단수 치냐에 따라 백을 잡을 수도, 못 잡을 수도 있네요. 2선에서 단수 칠 때는 돌을 1선으로 몰아가면 잡을 수 있습니다.

포인트 단수 방향은 사망선인 1선으로 상대 돌을 움직이게 하는 쪽으로 조여가야 합니다.

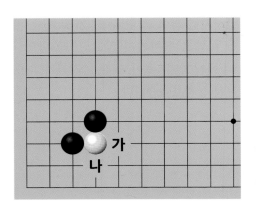

이번에는 3선에서 흑이 백 한 점을 단수 치는 상황입니다. '가'와 '나'의 방향이 있습니다. 어느 쪽으로 단수 쳐야 백 한 점을 잡기 좋을까요?

상대 돌을 잡으려면 활로의 개수가 줄어드는 쪽으로 몰아가야 한다는 점 기억하시죠?

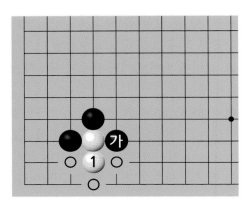

위쪽 방향 '가'에서 단수 쳐 볼까요? 당연히 백은 백1로 나와 도망칩니다. 백의 활로가 3개로 늘어났네요.

활로가 많아져서 흑은 물고기를 또 잡지 못하는 걸까요?

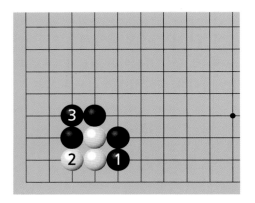

흑1로 막아 백을 가장자리 쪽으로 포위해갑니다. 백이 아래쪽으로 탈출을 시도해도 흑3으로 튼튼하게 이어두면 어차피 백은 흑의 울타리를 벗어날 수 없어 백을 잡습니다.

이처럼 단수치는 방향이 두 곳일 때는 상대 돌을 좁은 쪽으로 몰아가야 합니다.

지금은 백이 흑에게 잡혔습니다. '잡힌다'는 개념은 적의 울타리 밖으로 빠져나갈 수 없는 상태를 말합니다.

 포인트 첫째, 잡고 싶은 돌을 일선이나 이선처럼 낮은 선 방향, 막힌 쪽으로 몰아가야 합니다. 상대 돌을 위쪽 활로가 아닌 아래쪽 활로 방향으로 단수 치세요.

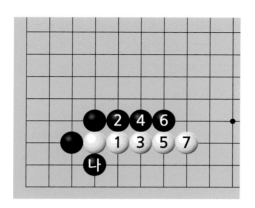

처음에 흑이 '가'가 아닌 아래 방향 '나'
쪽에서 단수 쳤다면 결과는 어떨까요?
백1로 빠져나갈 때 흑이 위쪽을 막아가
도 백의 활로가 개방되면서 탈출에 성공
합니다.

같은 상황에서 단수 치는 방향에 따라 큰 차이가
생기네요.

포인트 상대 돌을 사망선, 패망선인 1, 2선으로 몰아가면 잡을 확률이 높아진다는 것을 기
억하세요.

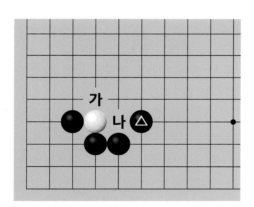

예제 03

이런 모양에서 흑이 둘 차례입니다. 백
한 점을 잡고 싶네요. 활로를 막는 방법
은 '가'와 '나'가 있습니다.

어느 쪽으로 단수 치든 같은 결과일까요? 세모 표
시된 같은 편 흑 한 점의 역할이 있을 것 같습니다.

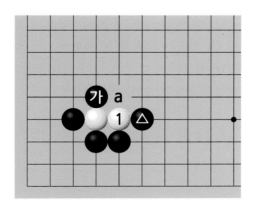

흑 '가'로 막아 단수 치면 백1로 움직여
나와도 숨통이 트이지 않고 계속 단수가
되네요. 다음에 흑이 a에 두고 따냅니다.
세모 흑돌이 막고 있어서 백돌이 도망 나
와도 활로가 늘어나지 않습니다.

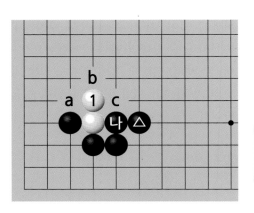

첫 장면에서 '나'의 자리로 흑이 단수 쳤다면 백1로 도망칩니다. 활로가 늘어나면서 시원하게 뻥 트인 곳으로 탈출한 느낌입니다.

쉽게 잡을 수 있었던 돌이 지금은 그림 속의 떡입니다. 나를 도와줄 내편 세모 흑돌을 이용하지 않았기 때문입니다.

포인트 둘째, 되도록 내 돌이 있는 쪽, 내 돌이 막고 있는 쪽, 내 돌이 강한 쪽으로 상대를 몰아가야 합니다.

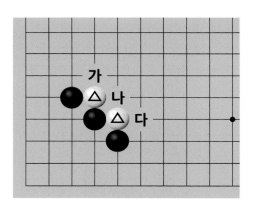

예제 04

흑이 둘 차례입니다.
백 두 점의 약점을 어떻게 하면 잡을 수 있을지 생각해볼까요.
'가', '나', '다'의 선택지별로 흑이 두었을 때 백이 어떻게 도망 나갈 수 있을지, 어느 쪽이 활로가 늘어나고 줄어드는 쪽인지 따져보세요.

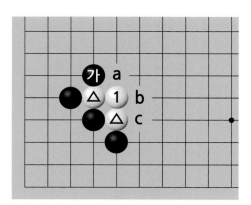

흑이 '가'로 단수 쳐 볼까요? 백1로 도망 나오면서 자연스럽게 두 백돌이 연결됩니다. 활로도 a, b, c 로 늘어나서 약했던 백돌이 튼튼한 돌이 되었습니다.

흑은 닭 쫓던 개가 지붕 쳐다보는 격입니다.

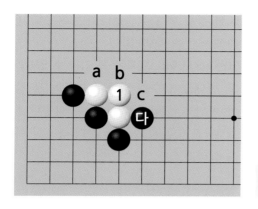

다음으로 '다'로 단수 쳤을 때를 볼까요? 방향만 다를 뿐 '가'로 단수 치는 것과 같은 모양입니다. 백은 1로 도망 나가면서 백 두 점이 이어집니다. 백의 활로 a, b, c 중 하나를 막아도 단수로 잡을 수는 없어 보입니다.

그렇다면 이 백돌은 잡을 수가없는 돌인 걸까요?

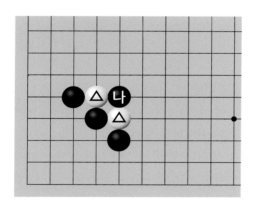

마지막으로 흑이 '나'로 단수 쳐 보겠습니다. 백 두 점을 끊어놓으면서 둘 다 단수 모양이네요.

동시에 두 군데가 단수일 때 양단수라고 합니다. 양단수 모양은 눈에 잘 익혀 두어야 합니다.

바둑은 한 수씩 번갈아 두니까 두 곳이 단수라면 상대가 한쪽을 도망 나가도 한쪽은 내가 둘 차례에 꼭 잡을 수가 있습니다.

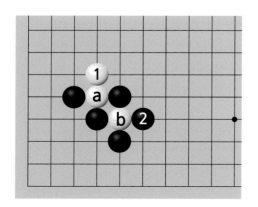

백이 단수된 a 한 점을 백 1로 살려나가면 흑 2로 백 b 한 점을 따냅니다.

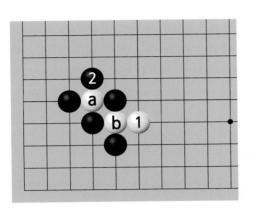

b 한 점을 백 1로 살려나가면 흑 2로 반대쪽 백돌을 따냅니다.

양단수에서 어느 한쪽은 꼭 잡을 수 있습니다. 반대로 단수를 당한 쪽에서는 둘 중 한 쪽만을 도망쳐서 살릴 수 있습니다. 둘 다 포기할 필요는 없고 더 중요한 쪽을 살리겠죠.

포인트 셋째, 양단수 칠 수 있는 자리를 빨리 알아보는 것입니다. 양단수를 치면 둘 중 한쪽은 반드시 잡을 수 있으니까요.

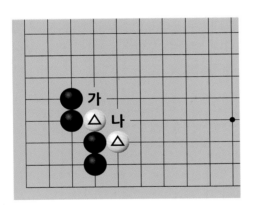

예제 05

흑이 둘 차례입니다. 어디에 두어야 백에 대한 최대한의 압박이 될까요?

내 돌이 강한 곳에 상대방의 돌이 가까이 있다면 위협할 수단이 있는지, 잡는 방법이 있는지 생각해 봐야 합니다.

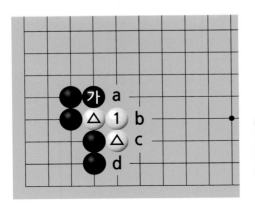

흑 '가'로 단수 치면 백1의 활로로 빠져나오면서 백돌끼리 연결되어 튼튼한 모양이 되어버립니다. 활로도 4개나 되어서 잡기 어렵습니다.

내 돌은 튼튼하게 연결하고 상대 돌은 끊어서 약하게 만들어야 하는데 상대 돌을 오히려 튼튼하게 해줬네요.

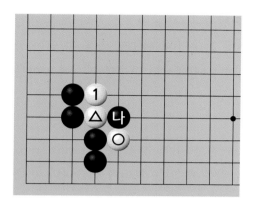

단수 치는 자리가 또 있었습니다. 흑 '나'로 단수 치면 어떤가요? 세모 백과 동그라미 백으로 백 두 점이 끊어졌습니다. 연결되면 강한 돌, 끊어지면 약한 돌입니다. 백 두 점이 다 약해졌기 때문에 백이 1로 도망 나가도 흑은 여유만만입니다.

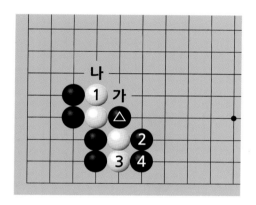

백 1로 단수된 돌이 도망쳐도 흑은 아래 백 한 점을 단수 쳐서 1선으로 몰아가 잡습니다. 도망친 백도 여전히 '가', '나'의 단수 되는 약점이 있습니다. 세모 흑돌로 백을 끊으면서 단수 쳤기 때문에 약해진 백돌의 약점으로 유리하게 바둑을 이끌어갈 수 있습니다.

이처럼 단수 치는 방법은 다양합니다. 단수도 무심코 치는 것이 아니라 더 나은 한 수가 없는지 찾아보려고 노력해야 합니다.

포인트 넷째, 상대 돌을 끊으면서 단수 치는 것입니다. 끊어서 약해지게 만들어 단수로 몰 수 있다면 금상첨화겠죠.

'단수'라는 개념은 바둑 입문에서 아주 중요합니다. 처음 바둑을 두다 보면 개념을 알고 있는데도 내가 단수 당한 것을 잘 못 본다거나, 단수로 잡을 수 있는 상대의 돌을 빨리 눈치 채지 못하거든요. 복잡한 상황에서도 단수를 한눈에 알아볼 수 있도록 많은 반복이 필요합니다.

다음 장면도에서 어떤 돌이 단수가 되어 있는지, 어디에 돌을 놓으면 잡을 수 있는지 살펴보세요. 흑이 둘 차례라면 백돌을 잡을 수 있는 자리가 있습니다. 반대로 백이 둘 차례라면 자기 돌을 살릴 수 있는 자리를 찾아야 합니다.

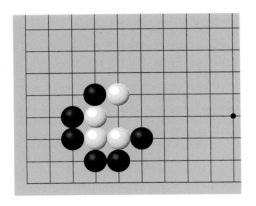
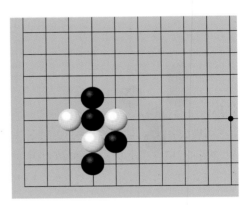

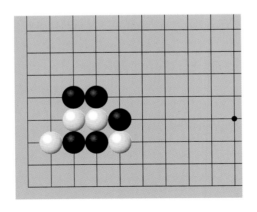
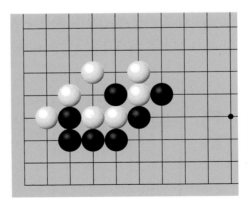

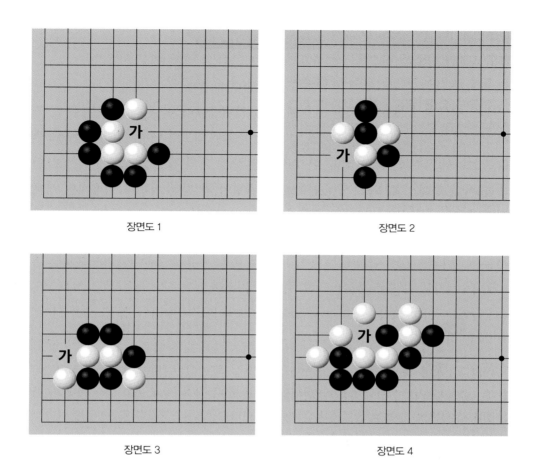

장면도 1   장면도 2

장면도 3   장면도 4

각각 '가'의 자리에 흑이 두면 백돌을 잡을 수 있습니다. 백이 둘 차례여서 백이
'가'의 자리에 둔다면 단수였던 자신의 돌을 연결하면서 활로를 늘려 살릴 수 있
습니다. 상대의 돌은 잡고, 내 돌은 살리는 자리가 되는 곳은 흑백 어느 쪽이든 먼
저 알아보고 꼭 두고 싶은 자리입니다.

이제 단수의 개념은 확실히 알아 볼 수 있으시죠? 단수 칠 때도 방향
이 맞아야 잡을 수 있다는 것과 단수된 곳을 한눈에 알아보는 연습을
했습니다.

2. 축으로 잡기

앞에서 상대의 돌을 단수치는 요령에 대해 익혔습니다. 단수 치는 요령은 ① 막히고 좁은 쪽, 아래쪽으로 단수치고, ② 내 돌이 강한 쪽으로 단수치고, ③ 상대의 돌을 끊으면서 단수치는 것입니다. 이 요령들은 상대 돌의 활로를 줄이는 쪽으로 단수를 쳐야 한다는 한 가지 공통점이 있습니다. 이와 같은 원리를 이용하여 상대의 돌을 잡는 재미있는 모양이 생겨나는데 이에 대해 살펴보겠습니다.

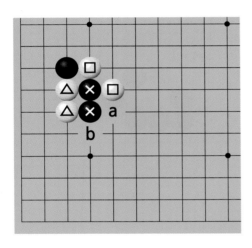

예제 01

백이 세모 돌과 네모 돌로 끊겨 있습니다. 하지만 표시된 흑 두 점을 잡을 수 있다면 백돌이 모두 연결됩니다. 흑×처럼 내 돌을 끊고 있는 돌을 잡으면 내 돌이 모두 연결되는데 이렇게 끊고 있는 돌을 '요석'이라고 합니다. 중요한 돌이라는 뜻이죠.

> × 표시된 흑 두 점은 요석입니다. 무조건 잡고 싶은데 방법이 있을까요? a, b의 자리 아무 곳이나 단수 치면 잡을 수 있을까요?

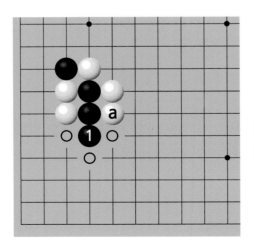

백 a로 단수 치면 흑은 당연히 흑1로 도망쳐 살리려고 움직여야 합니다. 활로가 세 개로 늘어났죠. 활로가 2개 이상으로 늘어나면 잡기 힘들어집니다.

> 꼭 잡아야만 하는 돌인데 활로를 줄이려면 다른 방법을 찾아봐야겠네요.

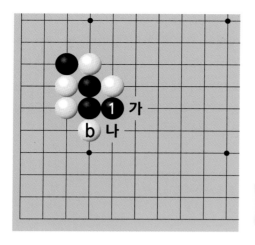

처음에 백 b로 단수 쳤으면 어떨까요? 흑1로 흑이 도망쳐도 활로가 계속 '가', '나' 2개네요. 활로가 2개인 돌은 계속 활로를 막아가면서 단수로 몰아갈 수 있습니다. 백 b의 단수 방향은 맞았습니다. 그런데 여기서 흑을 잡으려면 또 단수 방향을 '가'와 '나'에서 선택해야 합니다.

이번에도 단수 방향에 따라 달라질까요? 어떻게 몰아가야 할까요?

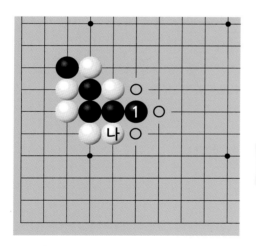

먼저 백 '나' 로 단수 쳤을 때를 보겠습니다. 흑1로 나오는 것은 당연하고 활로가 바깥 쪽으로 트여서 3개로 늘어났습니다. 흑이 시원하게 탈출한 것 같네요. 흑을 잡기는 글러서 실패입니다.

이런 진행이 된다는 것을 머리로 그려보면서 단수의 방향을 결정해야 합니다.

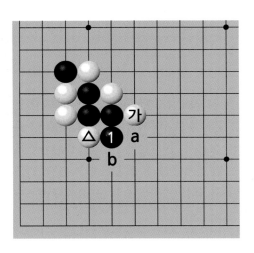

백 '가'로 단수 치면 흑1로 도망 나와도 여전히 활로가 2개뿐입니다. 백 세모 한 점이 흑의 활로 하나를 미리 막고 있는 모양이기 때문입니다. 이처럼 내돌이 있는 쪽으로 단수 치면 상대 돌의 활로를 줄이는 효과가 있습니다.

이제 감 잡으셨겠지요. 다시 a, b 방향 어느 쪽으로 몰아가야 할까요?

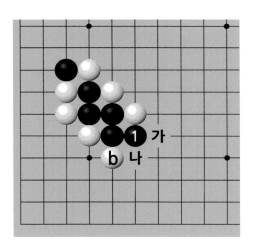

백 b로 단수 쳐야 흑1로 나가도 활로가 다시 두 개뿐입니다. 이런 식으로 다시 '가'와 '나' 중에서 흑의 활로를 줄이는 쪽으로 단수를 계속 쳐가는 것입니다.

 포인트 바둑은 단 한 수라도 생각하지 않고 두면 실력이 늘지 않습니다. 내가 둔 수에 대해 상대가 어떻게 나올지 다음 수 정도는 예측하면서 머릿속으로 모양을 그리며 두어야 합니다.

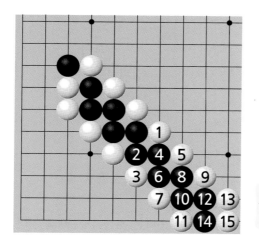

흑이 단수 당한 모양에서 아무리 도망 나와도 활로가 두 개 이상 늘어나지 않아 바둑판 끝인 1선에까지 이르러 잡히게 되는 것을 '축'이라고 합니다. 진행 과정은 '축을 몰다'라고 표현합니다. 몰아놓고 나니 단수 쳐나간 모양이 지그재그로 되어있습니다.

축은 항상 이런 모양을 나타냅니다. 재미있는 모양이지요?

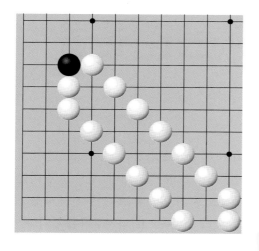

백이 따낸 흑돌을 들어낸 모양입니다. 큰 집과 포로가 생겼습니다. 흑이 축을 끝까지 끌고나와 당했다면 손해가 너무 커서 이 바둑은 백이 이기겠네요. 이처럼 상대에게 2번 이상 연속해서 단수로 몰리는 돌이 생기면 혹시 축이 아닌지를 따져봐야 합니다. 축이 성립할 것 같으면 그 돌을 깨끗이 빨리 포기하고 다른 곳을 두러 가는 것이 현명합니다.

그림과 같이 진행되어 잡히게 된다면 더 이상 집으로 따라가기 힘듭니다.

바둑을 처음 배울 때는 축이 되는지 알아보기 어렵습니다. 상대 돌을 단수 칠 때는 단수 치는 방향에 따라 활로가 어떻게 달라지는지 항상 따져보아야 합니다. 바둑은 더 큰 값어치가 있는 한 수를 찾아내는 것이기 때문입니다.

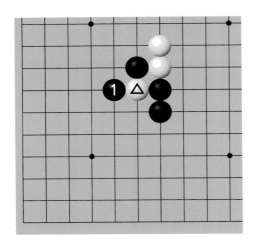

예제 02

흑이 백 세모돌을 잡으려고 흑1로 단수 쳤습니다.
상대 돌을 잡는다는 것은 한 수씩 번갈아 두는 바둑에서 쉬운 일이 아닙니다. 백이 도망쳐 나올 때 잡을 수 있는 방법이 있는지 이후 진행을 머릿속으로 그려보며 단수 쳐야 합니다.

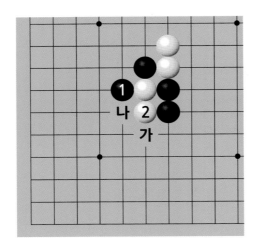

내가 흑이라고 가정할 때, 흑1로 단수 치면, 백이 도망칠 겁니다. 활로를 줄이는 방법으로 가, 나 어디를 선택하면 좋을까를 미리 머릿속으로 따져보아야 합니다. 이것을 '수읽기'라고 하는데요. 상대방의 다음 수까지 예측하면서 그 다음 내가 둘 곳은 어디가 좋을지 생각하는 것입니다.

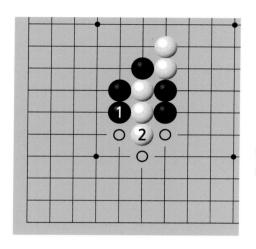

흑1로 단수 쳐서 백2로 빠져나오게 만들면 이 백돌은 잡기 어렵습니다. 흑1의 방향으로 단수 치면 이런 모양이 되니까 흑1로는 백돌을 잡을 수 없겠다는 것을 머릿속으로 수읽기 해야 합니다.

그렇다면 다른 방법은 없는지 찾아봐야죠.

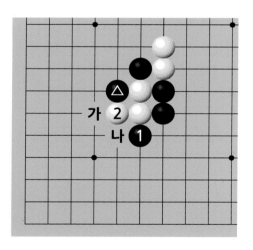

흑1의 방향에서 단수 치면 어떤가요? 백2로 빠져 나가도 활로가 여전히 2개뿐이네요. 세모 흑돌이 백돌의 활로를 하나 줄이고 있는 것이 보이시죠.

활로가 2개만 남도록 계속 몰아가는 것이 축입니다. 따라서 돌이 단수 모양일 때는 혹시 축이 될 수도 있는지 떠올려야 하는 거죠.

'가'와 '나' 어느 쪽으로 단수 쳐야 좋을까요? 잡는 과정에서 한 수만 실수해도 잡을 돌을 잡지 못하거든요.

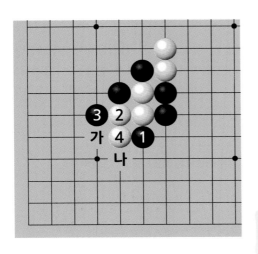

흑3으로 단수 몰아가면 백4로 도망칠 때 활로가 또 2개뿐입니다. 이제 확실히 축이 된다는 걸 알아채셔야죠.

내가 흑이라면 백을 계속 올바른 방향으로 단수 쳐서 축으로 잡아야 하고, 내가 백이라면 이쯤에서라도 축이 되기 때문에 이 백돌은 포기하고 다른 곳에 두어야 합니다.

> 덩치가 작을 때 포기하면 손해가 크지 않아서 또 다른 기회를 엿볼 수 있습니다.

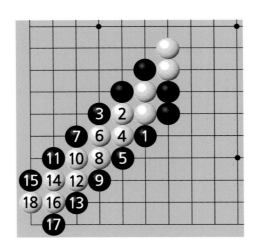

계속해서 활로가 적어지는 쪽으로 단수 쳐가면 백을 축으로 잡습니다.

처음의 문제로 돌아가서 백 한 점을 축으로 잡을 수 있겠다고 간파하실 수 있나요?

> 병사를 보내면 잡을 수 있는 돌인지 잡을 수 없는 돌인지는 알아낼 수 있어야 합니다.

 포인트 올바른 방향으로 단수 쳐서 축을 만들어 가면 상대방도 끝까지 도망가지 않고 포기하게 됩니다. 내 돌이 축이 되는 것을 알았다면 최대한 빨리 포기하고 끌고나오지 말아야 합니다.

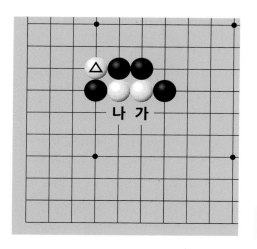

예제 03

여러분이 흑입니다. 먼저 백 두 점을 잡을 수 있는 돌인지 아닌지 따져봐야겠네요. 잡고 싶다고 해서 아무 곳이나 덜컥 활로를 줄여 단수 친다고 잡을 수는 없다고 했죠? '가'와 '나'의 자리에 각각 흑돌을 두면 다음 진행은 어떻게 될지 머릿속으로 시뮬레이션 해보세요.

세모 백돌이 놓여 있는 자리가 의미심장합니다.

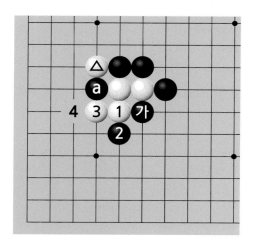

흑 '가'의 방향으로 단수 치면 어떻게 진행될지 볼까요?
백1로 도망가면 흑2로 단수, 백3으로 도망 나가면 흑4로 계속 몰아갈 수가 없습니다.
놓여있던 세모 백돌 때문에 백3으로 내쪽 흑a 한 점이 먼저 단수가 되었네요. 내 돌이 위험해졌는데 적을 잡으러 갈 수는 없으니까요.

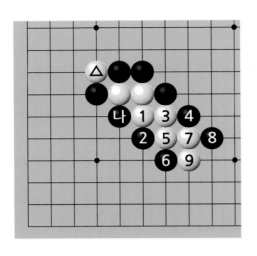

처음에 흑 '나'의 방향으로 단수 쳤다면 아무 문제없이 백돌을 축으로 잡을 수 있습니다. 백도 중간에서 살리는 것을 포기할 겁니다.

단수 칠 때는 내 돌이 있는 쪽, 내 돌이 강한 쪽으로 몰아야 합니다. 또한 상대 돌이 없는 쪽으로 단수 치는 것이 좋습니다. '가', '나' 두 곳 중에서 세모 백돌이 없는 쪽으로 단수 쳐야만 잡을 수 있네요.

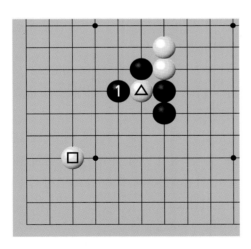

예제 04

축으로 돌을 잡는다는 것은 쉬운 일이 아닙니다. 신경 쓸 게 많거든요.

축이 된다고 생각해서 흑1로 세모 백돌을 자신만만하게 단수 쳤습니다.

멀리 귀 쪽에 백 네모 한 점이 놓여 있는데 상관이 있을까요?

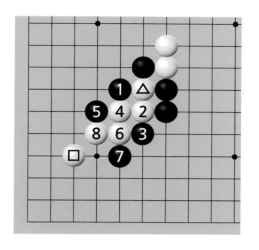

흑이 백을 축으로 몰고 갔는데요 백 8까지 진행되니 네모 백돌과 연결되어버렸습니다. 네모 백돌이 축이 진행되는 방향에 버티고 있어서 우리 편이네 하면서 손을 잡아줬습니다.

축의 진행 방향에 상대 돌이 있을 경우 축이 완성되지 않습니다. 이것을 '축머리'라고 하는데 아주 중요합니다. 단수 쳐서 축이 될 것 같아도 상대방 축머리가 있으면 실패합니다.

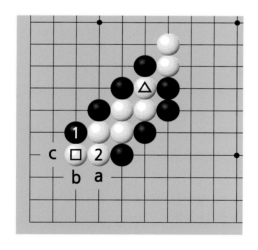

흑1로 단수 쳐 봐도 백2로 나가면서 네모 백돌과 튼튼하게 연결됩니다. 활로도 a, b, c 세 개가 되었습니다. 축은 활로가 계속 2개가 남도록 몰아가는 것이므로 더 이상 축은 안 됩니다.

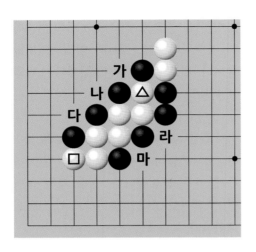

축이 되는 줄 알고 몰고 가다 실패하면 타격이 큽니다. 오히려 내 돌의 약점이 여러 개 생겨서 만신창이가 됩니다.

가, 나, 다로 양단수 될 곳에 라, 마로 끊어지는 약점까지 생겼습니다. 이렇게 축에 한번 실패하면 큰 손해를 보기 쉽습니다.

포인트 축으로 잡고 싶다면 축의 진행 방향에 적군이 있는지 축머리를 꼭 확인해야 합니다.

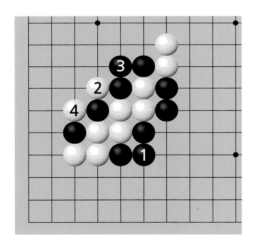

축에 실패해서 수습해야 한다면 흑은 최선을 찾아야죠. 흑1로 꼭 이어두면 오른쪽 흑 모양은 튼튼해집니다.

하지만 안타깝게도 백2로 반대쪽 흑은 난리가 납니다.

입문 과정에서 한번쯤 해볼 수 있는 실수지만 두 번은 안 되겠죠?

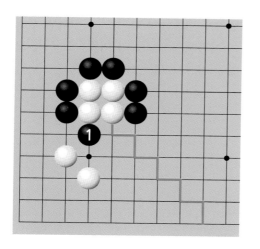

축머리를 확인한다는 것은, 축이 항상 지그재그 모양으로 움직인다는 것을 알고 머릿속으로 축을 진행시킬 방향을 따라 진행선을 그려보면서 그 안에 상대방 돌이 있는지 확인하는 것입니다.

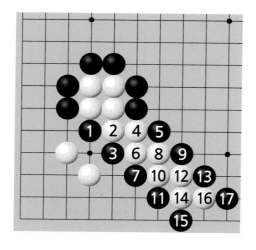

이 진행 과정을 바둑판 위에서 눈으로 그려보는 것입니다. 다음 과정을 눈이나 머릿속으로 그려보는 것은 바둑을 잘 두기 위해서 필수적이므로 자꾸 연습하시는 것이 좋습니다.

축이 성립하네요. 축이 되는 것을 확인하고 흑은 백 네 점을 단수 치면서 잡으러 가야 합니다.

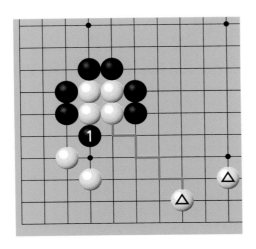

밑쪽에 백돌들이 더 두어져 있다면 상황이 어떻게 달라지는지 머릿속으로 축 모양인 지그재그를 그려보세요.

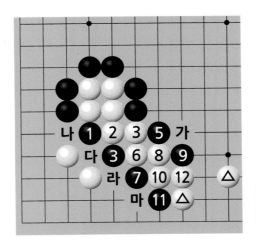

백을 축으로 몰면 백이 세모 백돌과 연결되면서 흑이 망합니다. 축으로 몰아가다 실패하면 회복불능입니다. 흑은 가~마의 약점 투성이입니다. 지금같은 자리에 아래쪽으로 백돌이 놓여있어 축을 방해하는 축머리가 된다면 절대 흑1로 백을 축으로 잡으러 가면 안 됩니다.

머릿속으로 미리 이런 진행을 해 본 후 안 된다는 판단을 내릴 수 있도록 연습해야 합니다.

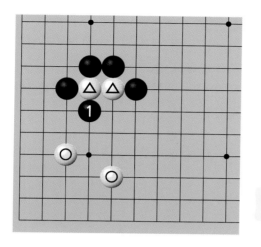

흑1로 백 세모 두 점을 축으로 몰아 잡고 싶습니다. 아래 귀 쪽에 백돌 두 점이 있는데 영향이 있을까요?

축머리를 따져봐야 한다는 걸 눈치 채셨나요? 축이 안 된다면 처음부터 흑1로 단수치지 말아야 하니까요.

이후 진행될 과정을 그려보세요.

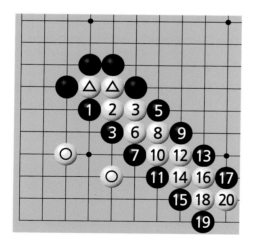

축이 멋지게 성립합니다. 상대 돌이 놓여 있다고 해서 항상 축이 안 되는 건 아니거든요. 축의 진행 방향에 놓여있어야 축머리 역할을 합니다. 축의 진행 범위 안에 놓여있지 않다면 돌이 몇 개 놓여 있든 아무 상관없습니다. 머릿속에 지그재그 축의 진행을 그려본 다음 직접적으로 해당되는 돌이 없다면 무조건 축을 실행해야 합니다.

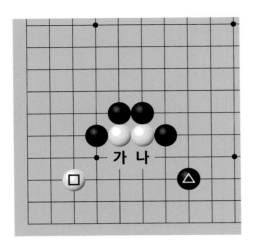

자, 마무리를 해볼까요. 흑이 백 두 점을 축으로 몰아 잡고 싶습니다. '가', '나' 아무 쪽이나 단수 치면 된다고 생각했다면 섭섭합니다.

올바른 단수 방향은 어디일까요?

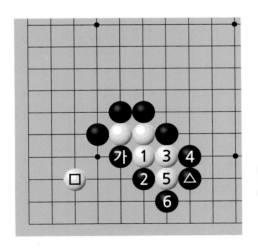

흑 '가'로 단수 쳤을 때를 볼까요? 백이 꼼짝없이 잡히네요. 세모 흑돌이 올가미 역할을 해줍니다.
자신의 돌이 있는 쪽으로 단수를 몰아가야 하는 이유입니다. 너무 쉬웠다고요? 정말 그런가요.

흑 '나'의 방향으로 단수 쳐도 똑같은 결과일까요?

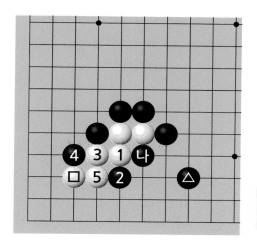

처음에 흑 '나'의 방향에서 단수 쳤다면 축이 진행되면서 백 두 점이 네모 백돌과 연결되어 튼튼해져버립니다. 상대의 돌이 놓여 있는 쪽으로 단수를 몰아가는 것은 거의 좋은 결과가 나오기 힘듭니다. 네모 백돌이 축머리 역할을 해서 백을 잡을 수 없네요.

그래도 백의 활로를 계속 막아 가면 2선으로 몰아서 잡을 수 있어 보인다고요?

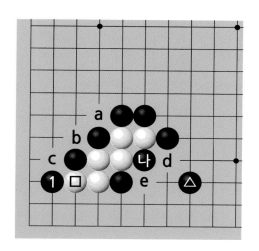

흑1로 계속 막아 가면 백을 잡을 수도 있을 것 같은가요? 백돌 전체가 흑의 울타리에 갇혀 2선으로 쫓겨 가는 모양처럼 보이기는 합니다.
그렇지만 a~e 로 흑의 약점이 많이 생겼습니다. 먼저 내 돌이 튼튼해야 상대 돌을 잡을 수 있지 지금은 백이 b나 e에 두면 양단수라 흑이 곤란합니다.

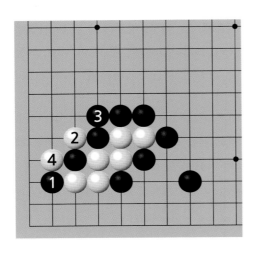

흑1 이후 백2로 끊어 양단수일 때 흑이 한쪽을 이어도 백4로 흑 한 점을 잡아 귀가 백의 집이 됩니다.

축 실패의 대가가 혹독합니다.

이 진행까지 그려본 다음 처음에 '가'의 방향으로 단수 치는 것을 선택하셨나요? 이 수읽기를 하지 않은 '가'의 단수 선택은 반쪽짜리 정답입니다.

3. 장문으로 잡기

지금까지는 단수로 몰아서 잡는 방법을 살펴보았습니다. 단수는 활로를 하나만 남도록 숨통을 조여가는 방법이었는데 바둑 실력이 늘어갈수록 상대 돌을 꼭 단수로만 잡지는 않습니다. 그물을 넓게 쳐서 잡는 방법도 있거든요. 고수가 될수록 포위망을 넓게 쳐갑니다. 상대 돌 몇 점을 잡는 것이 목적이 아니라 결국 집을 많이 얻는 것이 최종 목표라는 것을 생각해보세요. 돌을 잡을 때도 널찍하게 잡을수록 내 집이 되는 크기가 커지겠죠. 실력에 비례해서 점점 그물을 넓게 쳐서 잡을 수 있는 기술을 익히게 됩니다. 프로들의 대국에서는 그물이 어찌나 넓은지 어디서부터 그물이 쳐져있는지 알아보는 것부터 쉽지 않을 때도 있습니다. 여기서는 우선 단수 이외의 돌을 잡는 기초 기술에 대해 알아보겠습니다. 돌을 잡을 때도 여러 방법이 있을 수 있는데 주변에 내 돌과 상대 돌이 놓인 상황에 따라 알맞은 방법을 선택해야 합니다. 그렇게 되려면 돌을 잡는 기본적인 방법들에 대해서는 당연히 잘 알고 있어야만 하겠죠?

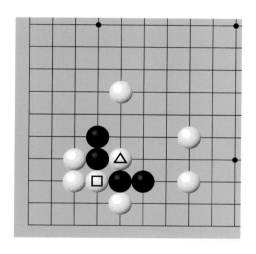

예제 01

세모 백돌이 흑돌들을 끊어놓고 있다는 것이 이제 눈에 바로 보이시나요? 입구자 행마의 대각선 두 곳에 상대 돌이 있으면 끊어진다고 했습니다. 네모 백돌과 세모 백돌이 흑을 양쪽으로 끊으면서 약한 돌로 만들었습니다. 흑이 강한 돌이 되려면 끊고 있는 상대 돌을 필사적으로 잡아야만 합니다. 세모 백돌처럼 상대 돌을 끊어놓는 중요한 자리에 있는 돌을 요석이라고 합니다.

포인트 요석은 내 입장에서는 꼭 잡아야 할 돌, 상대 쪽에서는 절대 잡히지 말아야 할 돌이 되는 핵심 병력입니다.

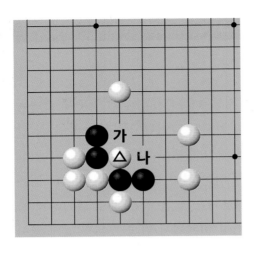

끊어진 네모 흑돌이 연결되려면 세모 백돌을 어떻게든 잡아야 하는데요. 활로를 줄인다면 '가', '나'의 방향이 있네요. 지금까지 배운 잡는 방법으로는 단수와 축이 있습니다.

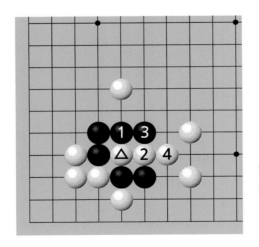

흑1로 단수 치면 백도 중요한 돌이라 포기하지 않고 백2로 도망 나갑니다. 흑3으로 계속 단수 쳤더니 어떤가요? 백4로 움직이면서 자기편 돌과 연결이 딱!
백을 잡기는커녕 양분된 흑이 두 곳 다 위험해보이네요.

그럼 다른 쪽으로 단수 쳤어야 하나봅니다.

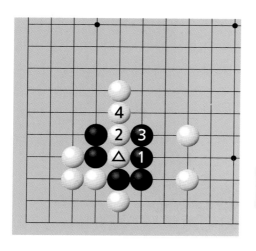

방향을 바꿔 흑1로 단수 쳤습니다.
백2로 나가고 흑3으로 따라붙어 단수 쳐
도 백4로 나가면서 역시 백은 자기편 돌
과 연결되어 튼튼한 기둥이 되어버렸네
요. 양쪽으로 끊어진 흑돌들이 너무 약한
돌이 되어서 이렇게 둘 수는 없습니다.

흑으로서는 꼭 세모 백돌을 잡아야 하는데 축이
되는 모양 지그재그로 단수 치면 어떨까요?

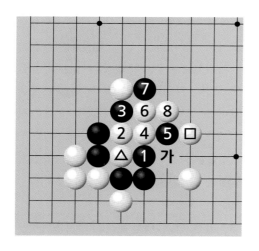

지그재그 모양으로 활로를 줄여가면서
백을 축으로 몰았습니다. 흑7로 몰자 백
8로 나가면서 흑5가 먼저 백에게 단수가
되었습니다.
네모 백돌이 축머리 역할도 하고요.
축도 성립하지 않네요.

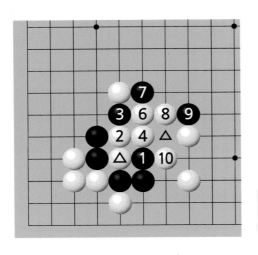

더 진행을 해보면 이렇게 됩니다. 흑9로 축을 몰면서 단수 칠 때 백10으로 세모 자리에 있던 흑5를 따먹습니다. 따먹은 돌을 바둑판 밖으로 들어낸 모습입니다. 어떤가요? 백은 자기편과 다 연결되었고 흑은 이제 양분이 아니라 사분오열로 나뉘어 있네요.

좋은 모양, 강한 돌의 모양으로 바둑을 두어가야 하는데 흑의 지금 모양은 처참합니다.

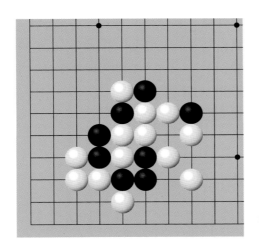

숫자를 지우고 자세히 살펴볼까요? 축으로 몰다 실패하고 난 모양입니다. 입문 단계에서는 흑백의 모양 중 어떤 것이 좋은 모양인지 구별하는 것부터 쉽지 않을 겁니다. 그러나 바둑돌의 개수가 많아져도 연결되어 있고 튼튼한 돌이 어느 쪽인지, 끊어지거나 약한 돌은 어느 쪽인지 알아볼 수 있어야 합니다.

백은 연결되어 강해졌고 흑은 조각조각 끊겨서 모든 돌이 약한 돌이 된 상태라는 것이 파악되시나요?

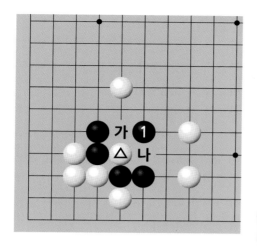

흑은 세모 백돌을 잡지 못하면 망합니다. '가'와 '나'로 단수나 축이 통하지 않을 때 흑1로 한발 떨어져 포위망을 씌우면 어떨까요?

이런 모양을 장문이라고 합니다. 직접적으로 활로를 막아 숨통을 조이는 단수와 달리 조금 떨어져서 울타리에 가두어 잡는 기술입니다.

이렇게 하면 세모 백이 정말 잡힐까요?

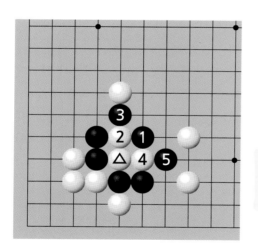

백은 뚫린 곳으로 나가보겠지요. 백2로 나가면 흑3으로 막습니다. 백4로 나가도 흑5로 막으면서 따냅니다. 흑은 백이 나오면 무조건 막아야 합니다. 백이 어느 쪽 틈으로 나오든 결과는 같습니다.

단순하게 단수 쳐서는 어떻게 해도 잡을 수 없던 돌인데 장문으로는 쉽게 잡힙니다. 오묘하지 않나요?

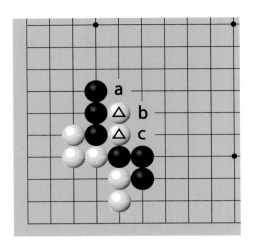

잡으려는 돌이 꼭 한 점이지만은 않죠. 흑을 두 개로 끊어놓고 있는 세모 백 두 점을 잡고 싶습니다.

활로가 세 개라서 단수는 안 되네요. 축으로 몰려고 해도 축은 항상 활로가 두 개 남아 있을 때 지그재그로 몰아서 잡는 기술이므로 축도 안 됩니다. 그래도 꼭 잡아야만 하는 중요한 돌이라 흑은 방법을 찾고 싶습니다.

어떤 수가 있을지 생각해 보세요.

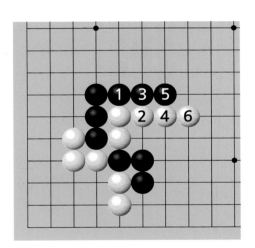

일단 활로를 막고 보자고 흑1로 막으면 백은 슬슬 빠져나갑니다. 흑이 계속 위에서 막아가도 백도 따라 나가면서 활로의 개수가 점점 늘어납니다. 백은 잡을 수 없는 돌이 되면서 더구나 네모 흑돌 세 점이 백의 울타리에 둘러싸이면서 위험해지네요.

상대방의 다음 대응을 예측하면서 두어야지 한번 이렇게 두어보자는 수는 무책임한 수가 됩니다.

포인트 기초일 때부터 수읽기를 전제로 예상을 하면서 한 수를 두어 가면 빠르게 실력이 늘어날 겁니다.

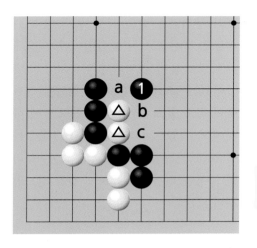

a, b, c로 활로를 막는 수를 머릿속에서 그려보고 잡히지 않는다는 것을 알아냈다면 흑1이 장문이 되는 멋진 자리라는 것도 알아낼 수 있습니다.

구멍이 송송 뚫리고 활로도 하나도 줄이지 않았는데 백 두 점이 잡히겠냐고요?

백이 도망 나가면 어떻게 될까요? 머릿속으로 따라가 보세요.

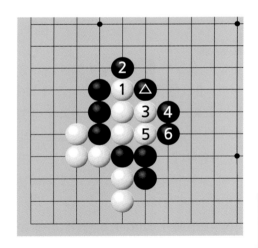

백이 틈이란 틈으로 다 나와 봐도 흑이 탁, 탁 막아 가면 결국 잡힙니다.

장문으로 잡힌 것을 알았다면 탈출을 시도하지 않습니다. 더 키워서 잡혀 먹히면 상대방의 집이 커지니까요. 축과 마찬가지로 상대에게 장문을 당했다면 포기하고 다른 곳을 두세요.

장문을 익히는 이유는 장문으로 상대 돌을 잡기 위해서이기도 하지만 내 돌이 장문으로 잡히지 않도록 방지하기 위해서이기도 합니다.

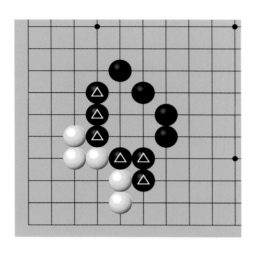

백의 부질없는 탈출 시도 후 흑이 따낸 백돌을 들어내고 난 모습입니다. 처음에 세모 흑돌들이 끊어져서 양분되어 약한 돌이었는데요. 지금은 다 연결되어 강한 돌이 되고 집도 지어지면서 포로로 백 다섯 점을 잡았으니 대성공입니다. 자기 돌을 끊고 있는 상대 돌을 잡는 것은 불리한 바둑을 뒤집어 유리하게 만들 정도입니다.

꼭 잡아야 할 돌을 잡는 것이 승패를 좌우합니다. 장문이 되는 모양을 눈에 잘 익혀주세요.

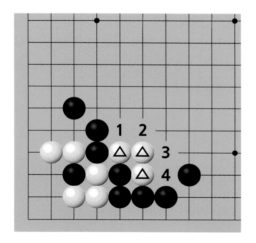

예제 03

장문의 모양이 항상 정해져 있지는 않습니다. 잡아야 할 돌의 개수도 그때그때 다르고요. 보통 상대 돌의 두 방향에 내 돌이 벽을 만들고 있을 때 장문으로 잡는 모양이 나옵니다. 이런 모양일 때 장문이 가능하겠다는 감이 잡히도록 눈에 익히는 것이 지름길입니다.

지금 모양에서 흑이 세모 백 세 점에 눈독들이고 있는데요. 활로가 네 개나 있는 백 세 점을 잡을 수 있을까요?

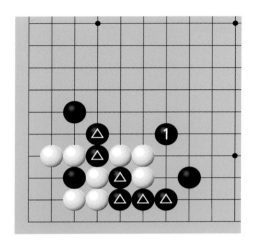

흑1의 자리가 백 세 점에 대한 장문이 되는 자리입니다. 직접적으로 활로를 막는 것이 아닌 자리가 돌을 잡는 급소 자리라는 것이 특이합니다. 세모 흑돌들이 두 방향에서 벽을 만들어 세운 모양이지 않나요?

지금까지 나온 장문 모양을 다시 살펴보세요. 두 방향의 튀어나온 내 돌의 장벽이 있을 때 가능해지는 장문의 특성이 보일 거예요.

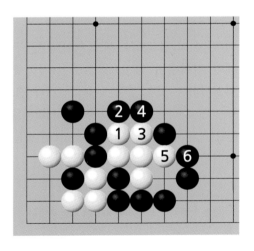

그물이 촘촘하지 않아서 활로가 많은 백이 빠져나갈 수 있을 것처럼 보입니다. 백이 나오는 곳만 흑이 착착 막아 가는데도 백이 잡혔습니다. 백도 부질없는 저항을 하지 말고 세 점으로 작게 잡혀야 합니다.

지금처럼 백이 어디로 나와도 흑이 자기 돌이 먼저 단수되거나 끊기는 약점이 생기지 않고 백을 잡을 수 있어야 장문이 성립되는 것입니다.

이렇게 두어도 문제가 없는지 진행을 머릿속에서 따져본 다음 장문을 씌워야 합니다.

 포인트 장문으로 잡을 수 있는 돌이라는 것을 알아보는 것이 중요하므로 장문이 만들어지는 모양을 잘 익혀두셔야 합니다.

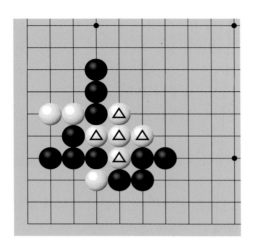

마지막으로 덩치를 조금 더 키워볼까요?
무려 세모 백 다섯 점을 잡아보고 싶은
데요. 어떻게 두면 잡을 수 있을지 수읽
기를 해보세요.

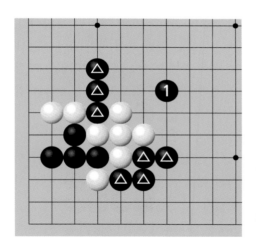

백 다섯 점 양쪽으로 세모 흑돌 기둥 두
개가 튀어나와 있지요? 장문이 가능한
모양이라는 것을 잡아내셔야 합니다. 또
한 장문 자리는 거의 그 기둥에서 사각형을
만드는 자리입니다. 흑1이 바로 그런 장문
자리입니다.

> 흑1의 장문 역시 열린 곳이 많아 보이죠? 그러나
> 이 백을 탈출시킬 수 있다면 바둑의 새로운 역사
> 를 쓰실 수 있습니다.

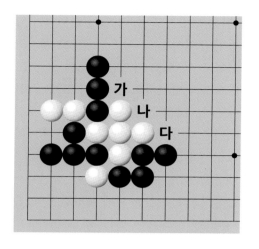

이제 반대로 지금 백이 둘 차례라고 해보죠. 백돌 다섯 점이 장문으로 잡힐 수 있다는 것을 알았습니다. 내가 둘 차례라면 다음 수에 상대에게 장문을 당하지 않도록 피해야 합니다.

내 돌이 장문이 되지 않도록 둘 수 있어야 장문에 대해 다 알았다고 할 수 있을 텐데요. 백은 어디로 두어야 할까요? 활로 '가', '나', '다'로 도망쳐야하나요?

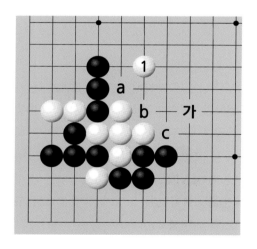

위험을 피해 도망칠 때는 발이 빠른 편이 좋겠지요. 행마 편에서 보았듯이 a, b, c로 단순히 활로를 따라 늘어 나오는 것은 발도 느리고 다시 잡힐 위험이 있습니다. 백1의 날일자로 뛰어나가면 끊어지지 않고 연결되면서 더 멀리 도망칠 수 있습니다. 내 편이 어디 있느냐에 따라 '가' 쪽 날일자로 뛰어나갈 수 있고요. 내 편 돌이 가까이 있는 방향으로 발 빠르게 움직여 도망간다면 장문을 당하지 않습니다.

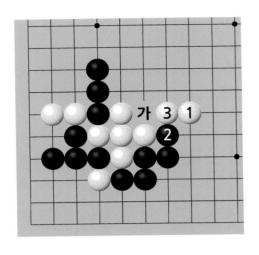

백1의 날일자로 둘 때 끊어질 위험이 있
다면 두어서는 안 되겠죠. 흑2로 끊자고
나와도 백3으로 막으면서 백이 호구 모
양으로 연결되네요. 흑이 '가'로 호구 안
에 두는 것은 잡힐 자리에 두는 바보짓
이니까요. 앞에서 알아본 날일자 행마와
호구는 돌을 연결하는 좋은 모양이라는
내용을 모두 알아야 지금 이 장면에서
능률적으로 위험을 피해 도망갈 수 있습
니다.

익힌 내용들을 종합해서 응용하는 능력을 키우
는 것이 실력을 쌓는 것입니다.

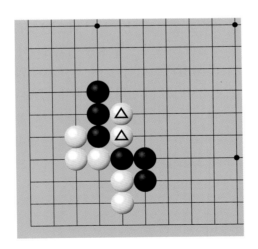

※예제 02 장면

앞서 나왔던 장면에서도 지금 백이 둘 차
례라면 어떻게 두어야 할까요? 흑이 둘
차례면 백 두 점을 장문으로 잡겠지만 백
이 둘 차례여서 장문이 될 위험을 알았다
면 피하는 법도 알아야겠죠. 잡히는 것이
눈앞에 보이는데 도망가는 법을 모른다
면 안 되니까요.

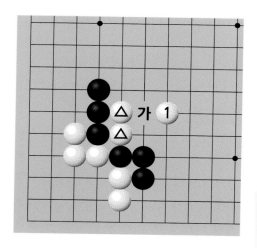

백1로 한 칸 뛰어나가는 것이 좋습니다. 활로를 따라 딱 붙여 움직이는 것은 비능률적입니다. 두 칸 뜀이나 눈목자처럼 간격이 넓으면 연결이 끊어질 위험이 있고요. 날일자나 한 칸 뜀 행마는 위험을 피해 탈출할 때 돌을 연결하면서 발 빠르게 앞서 나가는 좋은 행마입니다.

주위에 상대편 돌이 어디 있느냐에 따라 날일자나 한칸 뜀이라도 끊어질 위험이 있을 수 있습니다. 단지 그림과 같은 이런 상황에서는 좋은 행마라는 뜻입니다.

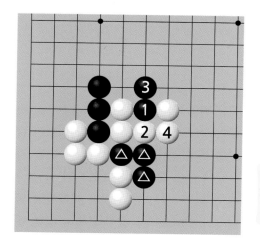

흑1로 끊으려고 한다면 백2로 흑1이 먼저 단수가 됩니다. 흑3으로 단수된 한 점을 살리려고 나갈 때 백4로 꽉 이으면 백돌은 연결되어 튼튼한 모양이네요. 오히려 세모 흑돌 세 점이 끊어진 상태로 약한 돌이 되어서 잡힐 위험이 있어 보입니다.

이렇게 내 돌의 위험을 피해 뛰어나가거나 도망칠 때 날일자나 한 칸 뛰기 행마가 좋은 행마가 될 수 있다는 것, 이해되셨나요?

이제 이 모든 것이 종합된 내용을 응용해서 여러분이 다음 문제를 잘 생각해 보세요.

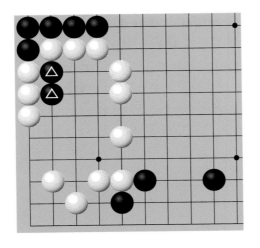

예제 05

백이 집 모양을 만들었습니다. 세모 흑돌 2점이 백의 집 안에 갇혔네요. 밖으로 빠져나가서 자기 편 돌과 연결될 수 없다면 단수로 따내지 않아도 잡혔다고 봅니다. 백이 바둑이 끝난 후 집 계산할 때 잡은 흑 두 점을 들어내서 흑집을 메워 줄이는 데 씁니다. 이 부분은 뒤에서 더 익힐 내용이니까 지금은 세모 흑 두 점에 집중해 주세요.

흑 두 점이 잡혔다고 포기해야 할까요? 흑 두 점이 잡혔다고 보는 이유는 이해되시나요?

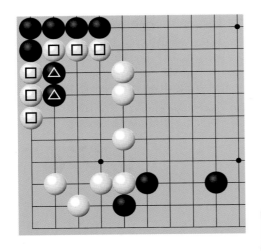

네모 백돌들이 흑 두 점을 자기편 흑돌과 끊어 놓고 있기 때문입니다. 자기편과 끊어진 돌이 상대의 집 안에 갇혀 탈출 가능성이 없을 때 잡혔다고 봅니다.

세모 흑 두 점이 잡힌 것만 이해하고 넘어가면 될까요? 살 길이 없어서 잡힌 돌이 되는 경우가 많지만 사는 수가 있는데도 잡힌다면 억울하겠지요.

수가 없을 것 같은데도 수가 나거나 숨어있는 수가 있다는 것 또한 바둑의 묘미입니다.

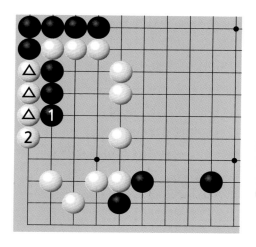

살 길이 있는데 잡혀있는 것은 아닌지 살펴봐야 합니다.

먼저 떠올려볼 것이 단수입니다. 돌을 일선이나 이선으로 단수 치면 잡을 수 있다고 했거든요.

세모 백 세 점이 일선에서 단수되는 모양이라는 거 알아채셨겠죠? 흑이 백돌을 잡는 거 아닌가요?

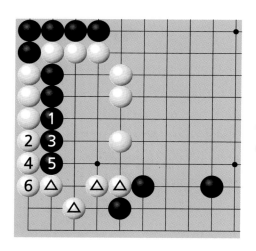

흑이 일선에서 쭉쭉 단수로 몰아가는데 백6으로 나가면 백돌 아군들이 많아서 자기편 세모 백돌과 연결되어버립니다. 흑은 더 튼튼해진 감옥에 갇혔습니다.

역시 흑돌이 살아나는 방법은 없는 걸까요?

 포인트 일선 단수라고 하더라도 자기편 돌과 연결될 수 있다면 무조건 잡히지는 않습니다. 지금은 일선으로 단수 쳐도 백돌이 잡히지 않는다는 것을 수읽기로 알았다면 배운 것을 벌써 응용하고 있으신 겁니다.

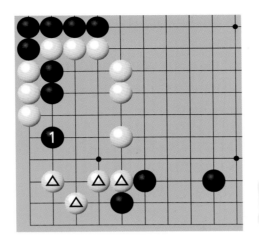

흑1의 자리, 여기서 백 세 점을 장문으로
잡을 수 있다는 것을 알아내셨다면 훌륭
합니다! 이렇게 장문으로 잡으면 백돌이
자기편 세모 백돌들의 도움을 받을 수 없
습니다.

일선에서의 장문이라는 특수성이 있어서
알아보기 어려웠을 수 있습니다.

바둑에서 장문이 나올 수 있는 형태는 이렇게 다양
한 모양이기 때문에 많이 눈에 익히셔야합니다.

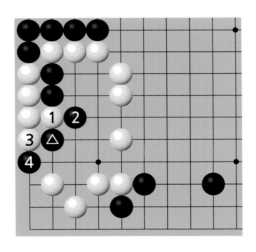

백이 몸부림 쳐봐도 흑이 막아 가면 잡힙
니다. 세모 흑 장문 자리를 보지 못했을
때와 비교해보면 너무나 큰 차이입니다.
흑이 백을 잡고 자기편과 연결되면서 백
집이라고 생각했던 곳이 다 깨져버렸습
니다.

밑으로 울타리가 뚫렸으니 집이라고 볼
수 없으니까요. 내 돌만 살린 것이 아니
라 20집이나 되던 상대편 집을 없앴다면
한 집을 다투는 바둑에서 얼마나 큰 성과
인지 짐작이 가시겠죠.

 포인트 돌을 잡는 기술은 내 집은 얻고 상대방 집은 줄이기 위한 바둑의 큰 목적과 연결됩니다.

단수에 이어 축과 장문으로 돌 잡는 법을 살펴보았습니다. 지금은 어렵게 느껴져도 구구단을 9단까지 익히고 나면 3단이나 4단은 쉬워 보이는 것처럼 바둑도 더 알아갈수록 이전의 내용들이 반복, 응용되기 때문에 익숙해지고 쉬워집니다. 완벽하게 이해하지 못한 것이 아닌가 걱정하지 말고 이런 개념들이 있다는 정도로 따라오시면 될 것 같습니다. 지금 배워나가는 개념들은 따로따로 사용되는 것이 아니라 종합적으로 사용되어 한 판의 바둑을 만듭니다. 멀리 보면서 새로운 개념을 하나씩 익혀가면 됩니다. 돌을 잡는 기술로 또 하나의 재미있는 모양을 살펴보겠습니다. 내 돌 한 개를 미끼로 던져 일부러 희생한 다음에 상대의 몸집을 더 크게 만들어 잡는 공격 기술입니다. 알아갈수록 더 흥미진진하지 않으신가요?

지금 배우는 기술에서는 잡을 수 있는 돌인지 알아보는 것이 우선입니다. 개념을 익히셨더라도 그런 모양이 나왔을 때 알아보지 못하면 소용없으니까요. 설명을 따라오시면서 돌의 모양을 천천히 시간을 들여서 눈에 잘 익혀주세요. 실제 바둑을 둘 때는 지금처럼 '잡을 수 있는 돌이니 방법을 찾아 보세요'라고 알려주지 않잖아요.

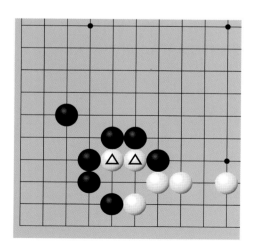

예제 01

지금 백 두 점을 잡으려면 방법이 있을까요? 활로가 두 개 뿐이라 쉽게 잡힐 것 같아 보이기도 하네요.

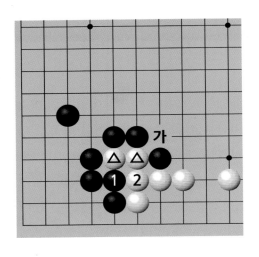

흑1로 덜컥 단수치면 백2로 이어지는 모양입니다. 백돌이 전부 연결되어 튼튼합니다.

바둑에서 상대편 돌은 끊어 놓아야지 일부러 연결시켜줄 필요는 없습니다. 연결되고 나니 흑은 '가'로 끊어지는 자기 약점만 남게 되었습니다.

말 그대로 흑1은 상대만 좋게 만들고 나에게는 득 될 것이 없는 손해수입니다. 더 좋은 방법을 찾아볼까요?

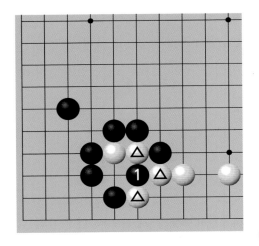

흑1로 호랑이 입, 호구 속에 두는 방법입니다. 세모 백돌들의 연결 모양이 호구 모양이라는 것은 알아보시겠죠? 호구 속으로 들어가는 것은 죽으러 가는 것과 마찬가지라 바보짓이라고 했지요. 바둑은 바로 이렇게 상황에 따라 예외가 생기기도 합니다. 그만큼 바둑은 변화가 많고 배운 것을 그대로 사용하는 것이 아니라 응용이 필요한 분야입니다.

백이 다음에 둘 수는 당연한 한 수인데요. 과연 백이 잡힐까요?

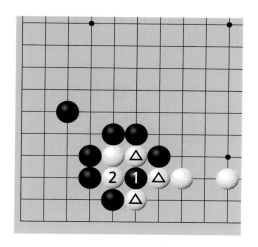

호구에 들어온 먹잇감을 잡지 않는 것도
말이 안 되니 백2로 흑1을 따냅니다.

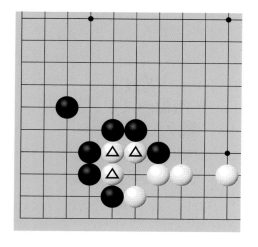

백이 호구에 들어온 흑 한 점을 따내고
돌을 들어낸 상태입니다. 흑돌을 잡아먹
었는데 세모 백 세 점의 모양이 뭔가 이
상하지 않나요?
흑을 잡고 따냈는데 자기가 단수 되는 모
양이 되어 있네요. 이것이 환격의 마법입
니다.

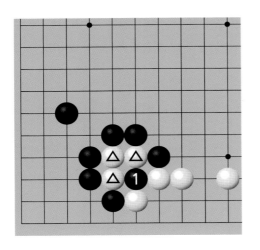

흑1로 백 세 점을 시원하게 따냅니다. 이
처럼 자기 돌을 일부러 호구에 넣어 희생시
켜 상대 돌을 단수로 만들어 잡는 것을 환격
이라고 합니다. 돌 한 개를 버리는 대신
다시 돌아와서 공격한다고 해서 환격이
라 부르는 것이죠.

 포인트 환격은 더 큰 물고기로 만들어 낚기 위해서 미끼를 던지는 전략입니다. 환격이 아니라도
바둑에서는 작은 미끼를 던져서 덩치 큰 먹잇감을 잡는 것을 고급 기술로 보기 때문에 작은 희생이
필요하다는 전략을 눈여겨봐주세요.

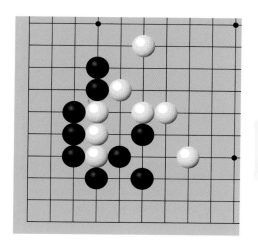

흑백이 이런 장면으로 진행된 모습이라고 할 때 지금 흑이 둘 차례라고 하면 눈에 보이는 곳이 있나요?

어떤 돌을 잡을 수 있으니 잡아 보라고 지적하지 않아도 스스로 알아채야 합니다. 한눈에 들어오는 곳이 있어야 이해가 된 것입니다.

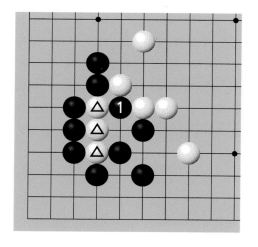

먼저 전체 모양에서 세모 백 세 점이 잡을 수 있는 돌이라는 것을 캐치하는 것이 전제가 되어야겠죠. 잡을 돌이 있다는 것 자체를 모른다면 잡기 위한 방법을 생각해보지도 않을 테니까요.

백 세 점을 잡기 위한 수는 흑1의 환격이 되는 자리입니다. 호구 속에 일부러 들여보내는 것을 먹여침이라고 표현합니다. 여기에서는 '흑1로 먹여치다'라고 하죠.

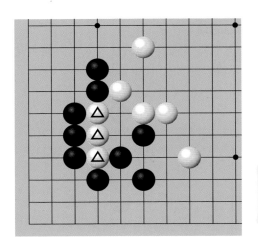

환격으로 잡을 수 있는 돌을 알아볼 수 있게 되었다면 다음은 내 돌이 환격을 당하지 않게 피하는 법을 알아야겠네요. 내가 백이고 지금 백이 둘 차례라면 환격을 당하지 않기 위해 백은 어떻게 하면 좋을까요?

바둑 격언에 '상대가 두고 싶은 자리에 내 돌을 두어라'라는 말이 있습니다. 흑이 두고 싶은 자리가 내가 두어야 할 자리라면 어디일까요?

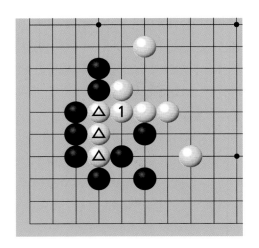

환격에서는 먹여치는 자리가 서로가 두고 싶은 중요한 자리, 급소 자리입니다. 장문을 당하지 않기 위해 달아날 때 꼭 장문이 되는 자리에 두어야 하는 것은 아니었는데요, 환격에서는 환격이 되는 자리에 꼭 두어야만 환격을 당하지 않습니다. 환격이 되는 자리를 꽉 이으면 잡히지 않습니다. 따라서 백1로 호구를 꽉 잇는 곳이 정답입니다. 흑도 그 곳 호구 모양에 일부러 먹여쳐야만 백을 잡을 수 있고요. 이런 자리를 쌍방급소 자리라고 합니다.

 포인트 쌍방급소 | 같은 곳이 흑, 백 양쪽에 모두 급소가 되는 중요한 자리

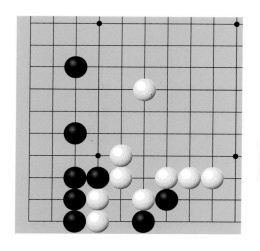

예제 03

흑, 백이 서로 벌리고 막으면서 집 모양을 만들었네요. 지금 흑이 둘 차례입니다. 흑이 급하게 두어야 할 자리로 눈에 보이는 곳이 있나요?

놓여진 바둑돌이 늘어날수록 모양을 빨리 파악하는 것이 중요합니다.

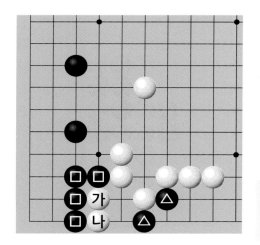

세모 흑 두 점이 백집 안에 갇혀 있네요. 자기편 네모 흑돌들과 연결되지 않는다면 이대로는 백에게 잡혀서 죽은 돌이 됩니다. 백 '가', '나' 두 점이 막아서 흑을 끊어놓고 있다고 볼 수 있습니다. 이 백 두 점을 잡는다면 흑은 연결되면서 백집을 부술 수 있습니다.

이런 급소를 알아볼 수 있다면 돌 두 점을 잡느냐의 문제가 아니라 집을 짓느냐 못 짓느냐로 승패에 큰 영향을 미칠 겁니다.

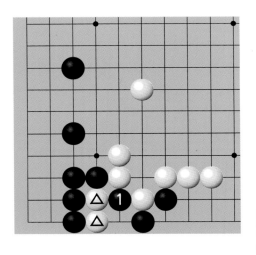

모양 파악이 된 후 백 두 점을 잡을 수 있는 방법으로 흑1의 환격을 정확하게 보셨다면 성공입니다.

반대로 백이 둘 차례라면 흑1이 둔 곳을 두어 꽉 이어야 환격을 피해서 흑 두 점을 잡고 집을 지켜낼 수 있습니다. 이 자리를 흑이 두느냐, 백이 두느냐에 따라 이 부분에서만 10집 정도의 차이가 생깁니다.

한 집만 이기면 되는 바둑에서 이 수 하나를 알아보는 것으로 10집 차이를 만든다면 값어치가 크죠.

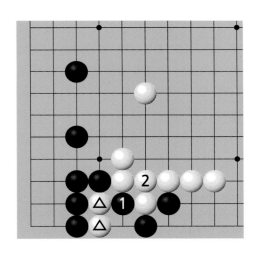

이미 흑1로 환격을 당했다면 백은 흑1을 따낼 필요도 없습니다. 백2로 바깥쪽 단수된 돌을 이어서 외부 약점을 없애거나 다른 곳에 두어야죠. 따내고 다시 잡히는 환격에서 도망칠 수 없으니 백 두 점은 빨리 포기하고 새로운 집 될 곳을 찾아가야 합니다.

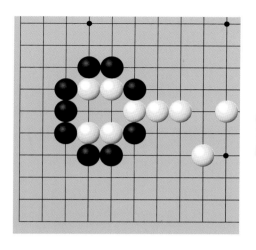

이 모양에서 흑이 잡을 수 있는 백돌이 있나요? 잡을 수 있는 백돌이 몇 점이고 어디에 두면 잡을 수 있는지 생각해볼게요.

스스로 알아보는 눈을 키워야 해서 표시를 하지 않았습니다.

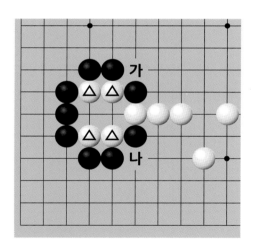

잡을 수 있는 백돌은 세모 백돌 네 점입니다. 흑도 '가'와 '나', 끊기면서 단수되는 약점이 두 곳이어서 이 백돌을 잡아야 약점이 해결됩니다. 이렇게 세모 백 네 점이 위아래로 두 개씩 나란히 서있는 모양을 쌍립이라고 했죠. 쌍립은 튼튼하게 연결되는 좋은 모양이라고 했는데 아무리 좋은 모양도 이렇게 적에게 둘러싸이면 잡히는 돌이 될 수도 있습니다.

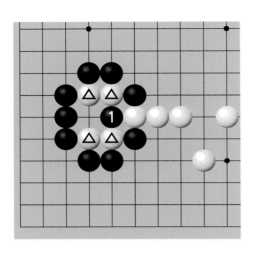

흑1의 자리가 보이셨나요? 환격이 되어 세모 백 네 점을 잡습니다.

내 쪽이 백이라면 쌍립의 좋은 모양으로 연결했어도 그 주위를 상대편 돌이 다 둘러쌌다면 흑1 자리에 백이 두어 확실하게 자기편과 연결시켜두었어야 합니다.

 포인트 상황에 따라 강한 돌도 약한 돌이 될 위험이 있다는 것을 주의하세요..

 처음에 장문이나 환격을 바로 알아보는 것은 쉽지 않습니다. 모양을 많이 익혀가다보면 어느 순간 쉽게 보입니다. 되도록 자주 반복을 통해 눈에 익혀가야 합니다.

5. 촉촉수(연단수)로 잡기

바둑의 돌 잡는 기술들이 여러 가지라 어려우신가요? 그래서 더 재밌는 게임이지 않을까요? 바둑 두는 순서대로 내용을 하나 하나 적는 '기보'라는 형태로 기록되어 남겨지게 된 이래로 바둑에서 똑같은 대국이 나온 적이 한 번도 없다고 합니다. 둘 때마다 매번 다르게 둘 수 있다는 것이죠. 바둑은 인간에게 있어서 거의 무한에 가까운 경우의 수를 가지고 있습니다. 그 경우의 수를 만들어내는 것이 바로 이런 다양한 기술들입니다. 또한 기술들이 쌓이고 어떤 기술을 써야 할지 선택해야 하기 때문에 더욱 다양한 경우의 수가 나옵니다. 바둑이 어렵다는 생각을 바꾸고 자신이 무궁무진한 오묘함의 세계를 탐험하는 탐험가가 되었다고 생각하면서 더 넓은 미지의 세계를 접수하러 떠나봅시다.

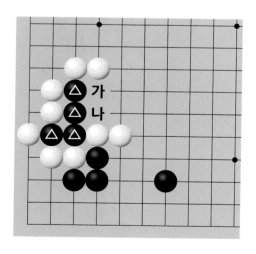

예제 01

흑이 둘 차례입니다. 먼저 침착하게 모양 파악을 해볼까요? 세모 흑 네 점이 끊어져 있네요. 활로가 두 개 뿐이고 도망쳐도 백이 막으면 단수로 잡히는데요, 벗어나는 방법이 있을까요?

환격에서도 그랬지만 여기에서는 잡을 수 있는 돌을 알아보는 것이 더 어렵습니다. 흑 네 점이 살기 위해 백돌을 잡으면 되는데 어떤 백돌이 잡힐 돌일까요?

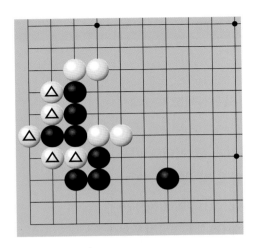

세모 백돌들이 잡을 수 있는 백돌입니다. 백돌끼리 모두 연결되어 있는 것처럼 보이는데 활로가 2개 남은 흑 네 점이 먼저 잡히는 것이 아니라 세모 백돌들이 잡힌다니 어찌된 일일까요?

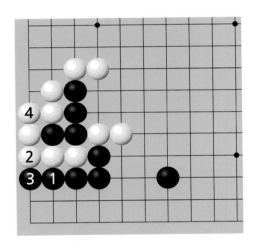

제일 먼저 흑1로 백을 단수로 조여 가는 수가 보입니다. 백2로 연결하면서 도망 가면 흑3으로 또 단수, 백4로 이으면 백돌이 전부 연결되어버렸네요. 이래서는 잡을 수가 없나 봅니다.

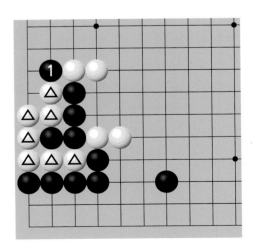

아직 못 잡는다고 포기하기는 이릅니다. 단수를 피해 도망간 세모 백돌 전체가 흑1로 단수입니다. 앞에서 나왔던 끊으면서 단수 치기 자리입니다. 입구자 모양의 대각선 두 곳을 상대가 다 두면 끊어진다고 했는데 흑1이 절묘하게 백돌을 끊어가는 자리라는 것이 보이셔야 합니다.

이렇게 앞에서 배운 내용들이 잘 뒷받침되어야 더 어려운 기술들을 사용할 수 있습니다.

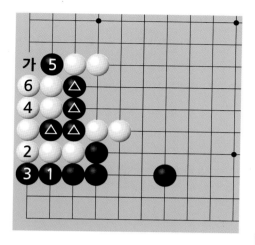

이렇게 돌을 잡을 때 단수, 단수, 단수로 연속해서 몰아 잡는 기술을 촉촉수라고 합니다. 연단수라고도 하는데 말 그대로 연속해서 단수를 당한다는 말이지요. 연결되어 있어서 잡힐 것 같지 않던 돌을 연속적으로 단수로 몰아가면서 잡았네요. 백이 6에 두면 흑이 '가'에 두면서 따냅니다. 세모 흑 네 점은 백돌을 잡으면 자동으로 살았습니다.

'공격이 최선의 방어'라는 바둑 속담이 있습니다. 상대편 돌을 잡는 것도 내 돌을 살리는 방법이 됩니다.

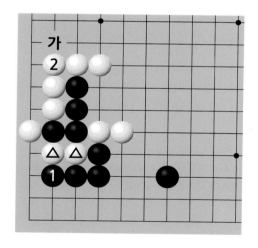

촉촉수에 대해 알고 있다면 백은 흑1로 단수 쳤을 때 어떻게 응수해야 할까요? 흑이 단수 치는 대로 다 이어서 통째로 크게 잡히지 말고 손해를 최소한으로 줄여야겠네요.

백은 두 점을 살리지 말고 다른 곳을 두는것이 현명한 선택입니다. 만약 끝내기 단계라면 백2로 잇거나 '가'의 호구로 이어 나머지 돌들을 살려야 합니다.

결과적으로 촉촉수에 걸렸다면 세모 백 두 점을 포기하고 흑 네 점은 살려주는 수밖에 없습니다.

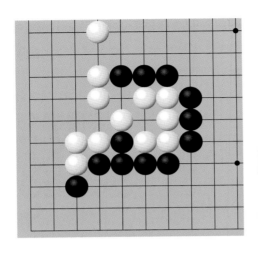

흑이 둘 차례입니다. 여러분이 흑이라면 지금 장면에서 보이시나요? 뭐가 보이냐고요? 바로 '그것'을 알아 볼 수 있기 위해서 돌을 잡는 기술을 익히고 있답니다.

스스로 알아보기까지 시간은 걸리겠지만 한 번 알아보는 데 익숙해지면 그 뒤로는 노력 없이도 쉽게 눈에 쏙쏙 들어올 테니 걱정 마시고 천천히 살펴보세요.

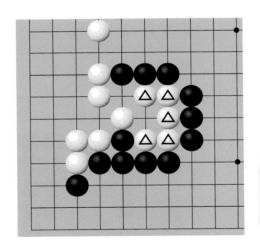

세모 백 다섯 점이 잡을 수 있는 돌이라는 것이 보이나요? 아직은 빨리 알아보기가 어렵지 않을까 싶네요.
잡을 수 있는 돌은 보통 자기편과 끊어져 있는 돌인데요 지금은 백돌이 모두 연결되어 있는 것처럼 보입니다.

연결된 돌처럼 보여도 잡는 수가 있다는 것이 더 묘미지 않을까요? 흑이 세모 백 다섯 점을 잡을 수 있는 급소는 어디일까요?

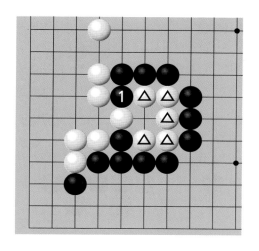

흑1이 급소입니다. 흑1로 두니까 세모 백 다섯 점이 단수가 되네요.

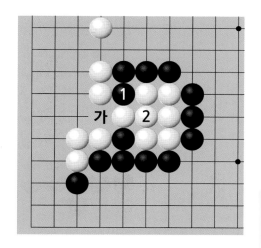

흑1로 단수 치자 백2로 이어봤습니다만 오히려 백돌 일곱 점이 통째로 다시 단수 입니다. 다음에 흑이 '가'의 자리에 두고 백 일곱 점을 따내겠죠.

흑1을 당하면 백2로 잇지 않고 백 다섯 점을 포기하는 게 낫습니다. 한 점이라도 보태서 잡히게 할 필요는 없으니까요.

이렇게 단수 치고 또 단수 쳐서 잡는 모양을 촉촉 수라고 했죠. 처음에 바둑을 두면 촉촉수로 잡히 는 모양이 자주 나오는데 서로 모르고 두는 경우 가 참 많습니다.

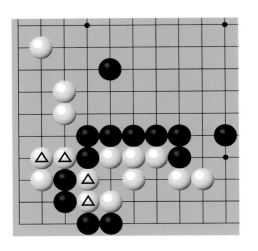

예제 03

돌이 많아지니까 모양이 복잡해 보이죠. 천천히 흑백 모양을 구별하면서 살펴보세요. 잡혀있는 돌이 어느 쪽인지, 약한 돌이 어느 쪽인지 알아보는 것이 우선입니다. 세모 백돌들이 위아래 흑을 끊어놓고 있네요. 흑 4점이 자기편과 끊겨서 백집 안에 포로로 잡혀 있습니다.

포인트 상대편 집 안에서 자기편 쪽으로 도망칠 길이 없을 때 단수가 아니어도 잡혔다고 본다고 했습니다.

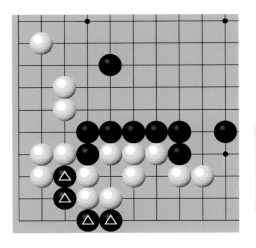

세모 흑 네 점이 끊어진 상태로 백집 안에 갇혀서 잡혔다고 봐야 할까요? 여기서 흑 네 점이 자기편과 연결되면서 살아나가는 수가 있습니다.

입문 초기에 한눈에 알아보기에는 당연히 어렵습니다. 배운 내용을 돌이켜보면서 백돌을 잡을 수 있는 비장의 급소를 찾아보세요. 이런 자리가 보이게 된다면 실력이 확실하게 한 단계 올라갑니다.

포인트 단수를 연속해서 쳐가면 잡을 수 있는 '연단수', 일명 '촉촉수'가 힌트입니다.

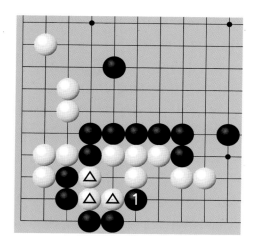

흑1의 자리가 세모 백 세 점을 단수 치는 자리입니다. 단수여도 연결하면서 도망치면 잡히지 않았는데 어떨까요?

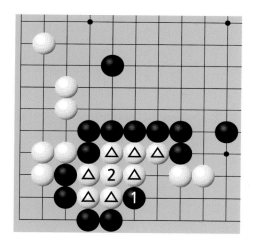

흑1의 단수에 백2로 이으면 백 세 점이 아니라 백 여덟 점이 통째로 다시 단수네요. 백으로서는 세 점을 살리려고 하는 순간 어쩔 수 없이 다시 단수로 몰리게 됩니다.

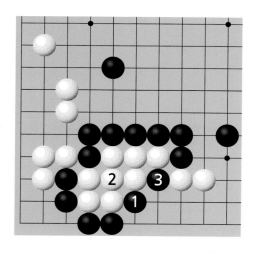

백 2로 이었더니 통째로 단수가 되어 흑 3으로 따냅니다. 잡힌 돌이 여덟 점이니 따낸 자리는 집이 되고, 상대편 집을 줄이는 포로가 8명 생겨서 흑이 16집을 얻었습니다.

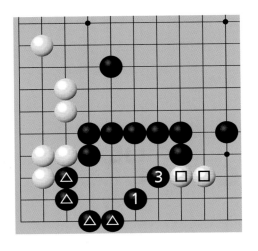

흑3으로 따내고 잡은 돌을 들어냈습니다. 처음 모양과 비교해보세요. 세모 흑 네 점이 끊겨서 잡혔다고 봤는데 흑집을 만들면서 보기 좋게 연결되었네요. 오히려 네모 백 두 점이 흑에게 둘러싸여 금방 잡힐 듯이 위험해졌습니다. 잡을 수 있는 돌을 알아보는 것으로 엄청난 변화가 생겨나네요. 백집이었던 곳이 흑집이 되고, 약했던 흑돌은 강해지고 강했던 백돌은 약한 돌이 되어 도망 다니게 되었습니다.

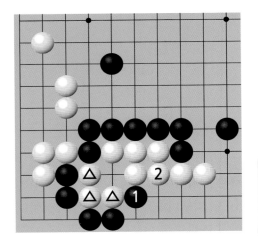

흑1로 단수 칠 때 세모 백 세 점을 잇지 않고 백2로 백돌 네 점을 이어서 살리는 것이 피해를 줄이는 최선의 수입니다. 여덟 점으로 키워 잡히는 것보다는 세 점만 잡히는 것이 낫죠. 다 살리려는 것은 과욕입니다.

작은 피해는 복구할 수 있지만 큰 피해는 한번만으로도 승패가 결정 날 수 있으니 이런 상황에서 백은 최대한 냉정하고 침착한 대응을 해야 합니다.

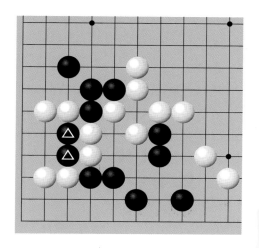

흑이 둘 차례입니다. 바둑은 흑백이 서로 모양을 만들어간다고도 합니다. 프로 바둑 해설에서도 흑백 어느 한편의 모양이 좋다, 모양이 나쁘다는 말을 자주 씁니다. 모양을 보고 흑백의 유리함과 불리함을 따질 만큼 모양을 파악해가는 것이 중요하다는 말이죠.

지금은 흑이 세 편으로 끊어져 곤경에 처해 있는데 방법이 없을까요?

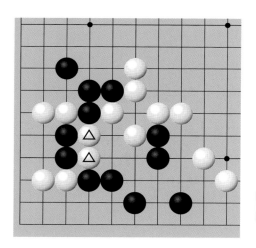

방법을 찾아보면 없는 것처럼 보이던 길이 보이기도 하는 것이 바둑이죠. 세모 백 두 점이 흑을 갈래갈래 찢어 놓는 중요한 역할을 하는 요석이네요. 세모 백 두 점을 잡을 수 있다면 모든 문제가 해결되는데 자기편과 호구로 모양 좋게 연결된 세모 백 두 점을 잡는 수가 있을까요?

호구 연결에서 떠오르는 수가 없나요?

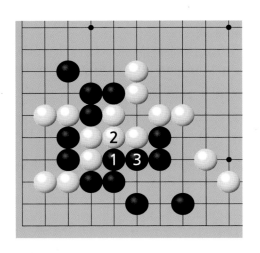

단수 치고 또 단수 쳐 잡는 연단수, 촉촉수를 생각하고 흑1로 단수 치면 백2로 잇고 흑3으로 또 단수! 잡히나요? 백이 둘차례인데 이어버리면 아무 것도 안 되네요. 단수 치고 또 단수 쳤는데 왜 안 되냐고요? 돌을 잡는 데는 여러 기술들이 있었습니다.

 포인트 호구 연결에서 떠오르는 앞에 나온 개념까지 기술 두 개가 뭉쳐야 잡을 수 있다는 것이 힌트입니다.

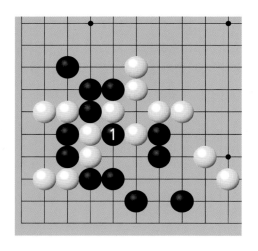

해결의 포인트는 흑1로 호구 자리에 먹여치는 것입니다. 더 큰 물고기를 낚기 위해 미끼로 자기 돌 한 점을 희생하는 것을 환격에서 배웠죠. 지금도 마찬가지로 희생양이 필요합니다. 이후 진행을 볼까요?

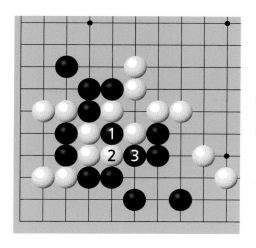

흑1로 먹여치면 백2로 따내는 것은 당연하고요. 흑3으로 백 세 점이 다시 단수가 됩니다.

모양이 복잡하니 아래 그림에서 자세히 살펴보세요.

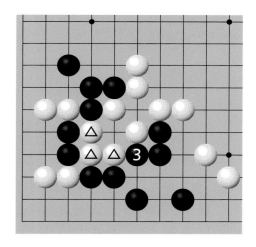

백이 흑 한 점을 따낸 자리가 흑3으로 다시 단수되는 모양입니다. 세모 백 세 점의 단수 모양이 보이나요?
백은 단수니까 단수된 돌을 살리려면 연결해야겠죠?

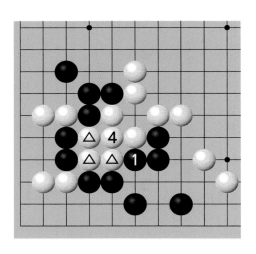

백4로 세모 백 세 점을 살리기 위해 이었습니다. 어떤가요?

세 점 단수를 잇는 순간 여섯 점으로 늘어난 백이 통째로 또 단수네요.

단수에서 또 단수가 되어 잡히는 촉촉수가 성립합니다.

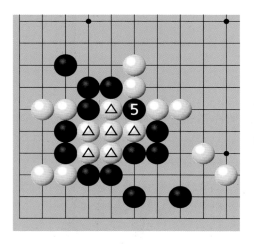

백이 단수된 세 점을 이은 후 세모 백 전체가 단수 모양이라 흑5로 따내는 모양입니다.

단수된 모양을 알아보지 못해서 흑이 따내지 못하는 경우는 없겠죠?

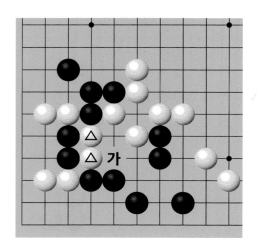

처음으로 돌아가서 자세히 볼까요? 여기저기 끊어진 흑돌들이 위기를 벗어나려면 세모 백 두 점을 잡아야만 합니다. 그냥 흑 '가'로 단수 치면 백을 따낼 수 없고, 백이 단수된 전체 돌을 연결해버렸습니다. 그래서 흑이 백을 따내기 위한 준비 과정이 필요했던 것입니다. 호구에 돌한 점을 일부러 집어넣어 희생한 다음 연단수로 단수 쳐 가면 흑이 백을 따낼 수 있었죠.

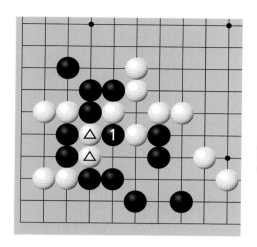

먹여치기와 촉촉수 두 가지 돌 잡는 기술
이 동시에 사용되었는데요, 이렇게 기술
들은 종합적으로 사용되기도 합니다. 어떤
기술을 써야 하는지 판단하려면 여러 기
술을 이해하고 있는 것이 기본이겠죠.

> 흑1의 수를 깊이 음미해 보세요.

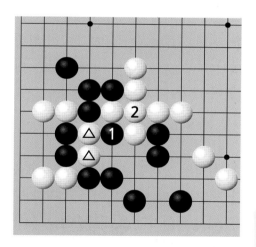

내가 백의 입장이라면 흑1로 두어올 때
피해를 최소화해야죠. 세모 백 두 점은
포기하고 백2로 바깥쪽 단수된 돌이라도
연결해서 살려야 합니다. 상대방이 내 호
구에 일부러 잡히러 들어온다면 낌새를
알아채셔야 합니다. 촉촉수가 되는지 아
닌지 따져보고 촉촉수이면 내 몸집을 키
워서 죽이지 말아야 합니다.

> 이런 모든 과정을 계산해 보는 것이 수읽기입니
> 다. 바둑은 한 수 한 수 수읽기의 힘이므로 머릿
> 속으로 수읽기를 꼭 해보세요.

포인트 바둑은 모든 것을 하나하나 다 알려주기에는 너무 방대합니다. 익힌 기술들을 창의적
으로 융합하고 응용하는 것은 본인에게 달려 있습니다. 이 능력을 키워나가는 것이 실력 향상입
니다.

지금까지 상대의 돌을 잡는 여러 기술들을 알아보았습니다. 입문 때는 실제 바둑을 둘 때 배운 내용을 쓸 상황이 나와도 바로 알아보지 못하고 상대에게 기회를 뺏기고서야 깨닫는 일이 많을 겁니다. 자전거 타는 법을 처음 익힐 때처럼 시행착오와 반복을 통해 익혀가다 보면 어느 순간 저절로 모양이 눈에 들어오게 될 테니 한 번에 다 이해하지 않으셔도 좋습니다.

이런 기술들을 익히고 프로나 상수의 바둑을 감상할 때 의문이 들 수 있습니다. 고수들의 바둑에서는 막상 이런 기술로 돌을 잡는 장면이 자주 나오지 않거든요. 거의 나오지 않는다고 볼 수도 있고요. 그럴 때 '이렇게 자주 사용하지 않는 기술을 왜 어렵게 익혀야 하지'라고 생각할 수 있습니다. 앞에서 익힌 돌 잡는 기술들이 프로들의 대국에서 자주 나오지 않는 이유는 두 대국자가 서로 이런 기술들을 너무나 잘 알고 있기 때문입니다. 잘 알고 있어서 미리 방지하기 때문에 단순한 기술을 써서 돌을 잡는 경우가 드문 거죠. 위험을 피하려면 어떤 것들이 위험한지 알아야 피할 수가 있습니다. 자주 일어나지 않는다고 해서 아예 모르는 채 지낼 수는 없잖아요. 또 알고 있는 사냥 기술이 많아야 먹잇감이 깜박하고 실수하면 한 순간에 낚아챌 수 있습니다.

일정 수준의 실력에 이르기 전까지는 비슷한 실력의 상대랑 바둑을 두면서 서로의 돌을 잡는 것이 통과해야 할 관문입니다. 두 사람 다 빨리 알아보고 미리 방지하지 못하기 때문에 잡고 잡히는 바둑을 두면서 익혀가다 보면 단순한 기술이 아니라 더 넓은 그물망을 쳐가는 '공격'의 기술에 대해서도 자연스럽게 관심이 미치게 됩니다. 입문 과정에서는 지금까지 나온 돌 잡는 기술들을 써야 할 때 쓸 수 있고, 내가 당하기 전에 피할 수 있는 것만으로도 충분합니다.

까다로운 입맛 아닌데요?

음식을 여간해서 가리지 않는 식성이라 스스로는 입맛이 까다롭지 않다고 생각하는데 주변 사람들은 그렇게 생각하지 않는 듯하다. 주로 매운탕이나 육개장처럼 얼큰하고 짭짤한 탕류나 회 등 해산물을 즐긴다. 대체로 매운 음식을 좋아하는 것이 집안의 특성인 것 같다. 아버지가 원체 매운 음식을 좋아하셔서 우리집 음식은 김치든 국이든 밑반찬이든 고춧가루를 팍팍 넣어 맵게 하셨다고 한다. 사람들이 맛보면 매워서 눈물 흘릴 정도인데도 우리집에서는 딱 좋은 것으로 쳤다. 여전히 농사를 지으시는 어머니는 고추모종도 매운 고추로만 심으신다. 집에서 쓰는 고춧가루도 청양고추로만 빻아서 일반적으로 쓰는 고춧가루보다 훨씬 맵다. 고춧가루를 좀 나누어주면 너무 매워 그대로는 음식에 넣을 수 없어 덜 매운 고춧가루와 섞었더니 쓸 수 있었다는 말을 주변으로부터 듣기도 한다. 입맛은 타고난다기보다 어린 시절에 결정되는 것이라고 한다. 그래서인지 나는 보통 사람들이 조금 맵다고 하는 음식이 딱 맛있게 느껴진다. 라면을 끓일 때도 매운 고추를 송송 썰어넣고, 거기다 매운 고춧가루를 또 뿌려먹는다. 매운 음식을 시원하다고 느끼는 것은 한국 사람뿐일 거라는데 나는 그런 점에서 토종 한국인 입맛이다. 요즘 매운 맛 열풍으로 무슨 음식이든지 매운 음식이 유행하는데 먹어보면 맵기는 하지만 맛있다고 느껴지지 않을 때가 있다. 매운 맛 내는 소스를 사용해서 너무 매운 맛만을 내려고 하기 때문에 혀가 얼얼해지고 콧물이 나올 만큼 매워도 내가 생각하는 매운 맛과는 다르게 느껴진다. 매운 음식이라고 해서 내가 다 좋아하는 건 아니라는 것도 알게 됐다. '맛있게 매운' 맛이라는 말이 딱 맞다. 나는 맵고 맛있는 음식을 좋아한다.

| 제5강 |

바둑의 규칙

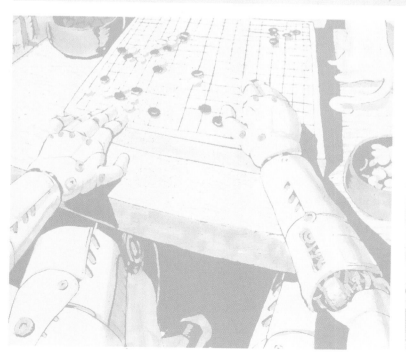

지금까지는 상대의 돌을 잡는 여러 기술들을 살펴보았습니다. 이렇게 돌을 잡거나 따내는 개념을 먼저 익혀야 이해할 수 있는 바둑의 규칙이 있어서 짚어보고 가겠습니다. 바둑 실력에 따라 자유롭게 선택해서 사용하는 바둑 기술과 달리 바둑 규칙은 바둑을 두는 사람이라면 누구나 지켜야 하는 강제성을 지닌 약속이니까 꼭 익히셔야 합니다. 몰라서 못 지켜도 반칙패가 되어 바둑을 진 것으로 처리되거든요. 기본 규칙을 지켜야 바둑 자체가 성립하기도 하고요.

바둑판 위의 선과 선이 만나는 곳, 총 361로에 자유롭게 돌을 놓는 것을 착수라고 표현합니다. 단, 상황에 따라 두어서는 안 되는 곳을 정해 놓았는데 그런 자리를 착수금지점이라고 합니다. 착수금지인 곳에 두면 반칙패가 되니까 주의해야 합니다. 그럼 어떤 곳이 착수금지인지 살펴보겠습니다.

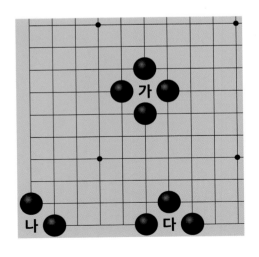

지금 흑의 형태들은 백돌을 따내고 난 모양들입니다. 이런 모양에서 백은 '가', '나', '다'의 자리에 둘 수 없습니다.

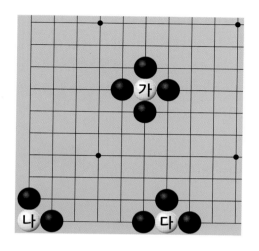

만약 백돌을 두었다고 생각해볼까요? 활로가 상대에게 모두 막혀 있습니다. 활로가 모두 막힌 돌은 바둑판 밖으로 들어내기 때문에 백이 이 자리에 두면 백은 자동으로 죽은 돌이 되어 바둑판 위에서 치워집니다. 이런 자리에 구태여 백이 두지도 않아야겠지만 바둑에서 미리 활로가 모두 막힌 곳에는 착수를 하지 못한다고 정해놓은 것입니다. 가, 나, 다의 자리는 착수금지점이 되는 것이죠.

백이 두었다면 반칙패로 바둑 자체를 졌다고 봅니다.

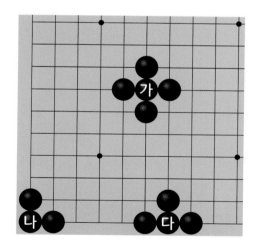

착수금지의 자리라고 해서 흑백 모두 못 두는 것은 아닙니다. 자기편이라면 돌을 연결하는 모양이 되니까 둘 수 있습니다. 하지만 나쁜 모양에서 나왔던 뭉친 우형의 모양이라 효율성도 떨어지고, 자기 집인 곳을 스스로 없애는 것이 되므로 흑이라면 구태여 두지 않을 겁니다.

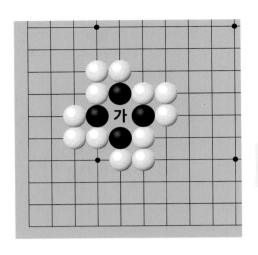

그런데 내 돌끼리 연결하는 모양이 되어
도 둘 수 없을 때가 있습니다. 지금 '가'
의 자리는 흑이 두면 흑돌끼리 연결되는
자리 같지만 바깥쪽이 백돌에게 둘러싸
여 잡혀 있습니다.

이 모양에서는 흑이라도 '가'의 자리에 둘 수 없
다는 것이 이해되시나요?

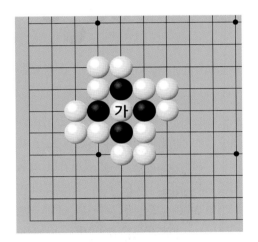

먼저 백은 '가'에 둘 수 있습니다. 착수금
지의 곳으로 보이지만 그 자리를 두면서
상대방 돌을 따낼 수 있을 때는 둘 수 있습
니다. 그 자리에 두어야 돌을 다 잡으니
까요.

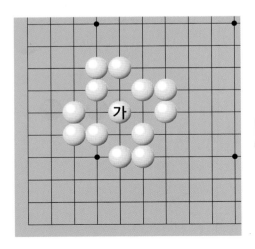

백이 '가'에 두어 흑을 따낸 모양입니다.
잡은 흑돌을 들어내고 나면 이렇게 정리
되니까 착수금지처럼 보이는 '가'의 자리
에 둘 수 있었던 것입니다.

그렇다면 흑도 '가'의 자리에 둘 수 있을까요?

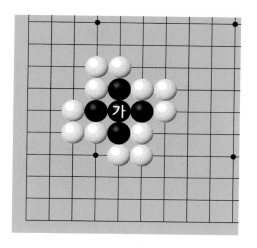

흑 '가'로 두면 스스로 모든 활로를 막은 모습입니다. 외부가 막혀있으니 흑돌끼리 연결하기 위해 둔 수라고 볼 수도 없고 '자살골'에 해당하는데 바둑에서는 자살골을 인정하지 않습니다.

흑 '가'로 두면 다음에 백은 아무 수도 두지 않고 흑을 저절로 따내는 모양이라 흑돌을 바둑판에서 들어내야 합니다. 따라서 '가'의 자리는 백은 둘 수 있지만 흑은 착수금지 자리로 규칙으로 정해놓았습니다.

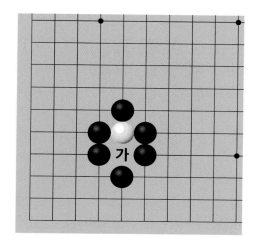

간단한 것 같지만 처음에는 착수금지 자리를 헷갈려하는 경우가 많더군요. 지금 '가'의 자리는 흑백 어느 쪽에게 착수금지의 자리일까요?

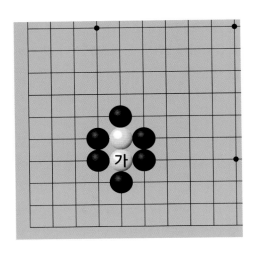

'가'의 자리에 백돌을 두면 백 두 점의 활로가 모두 막힌 모양입니다. 돌의 개수가 몇 개이든 상대방에게 활로가 모두 막혀 더 이상 움직일 수 없게 되는 자리는 둘 수 없습니다. 백은 '가'의 자리에 착수금지입니다. 흑은 어떤가요?

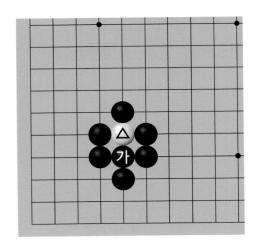

흑은 둘 수 있습니다. 세모 백 한 점을 따내는 모양이네요. 이런 모양에서 백을 따내려고 '가'의 자리에 일부러 두는 경우도 있는데요. 흑은 둘 수 있어도 두지 않을 겁니다. 왜일까요?

흑 '가'로 두지 않아도 백 한 점은 도망칠 수 없어서 잡혀있습니다. 이미 잡은 돌을 따겠다고 '가'의 자리에 두면 흑집인 내 집이 한 집 줄어들 뿐만 아니라 다른 곳에 둘 수 있는 한 수를 낭비하는 셈이거든요.

 포인트 상대방에게 활로가 모두 막혀 더 이상 움직일 수 없는 자리에는 둘 수 없고, 이미 잡은 돌을 따내려고 일부러 두지 않는 것을 기억하세요.

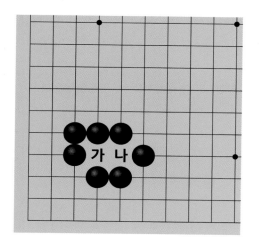

정리해 볼까요? 이런 모양에서라면 가, 나의 자리에 흑과 백이 각각 둘 수 있는 자리인지 생각해보세요.

백은 '가'에 둘 수 있습니다. '나'에 활로가 하나 남은 상태이니까요. 그렇지만 두면 손해수라는 것은 아시겠죠? 백이 '가'에 두고 흑이 다른 곳을 둘 때 또 '나'에 둔다면 백 두점이 활로가 모두 막혀 착수 금지 위반으로 반칙패입니다.

흑은 '가', '나' 어디든 둘 수 있습니다. 자기 집을 스스로 줄이는 바보짓이겠지만요.

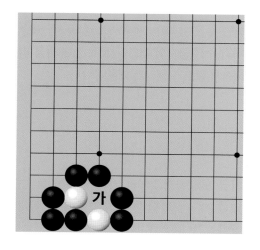

이런 모양에서 백이 자기 돌을 연결하겠다고 '가'의 자리에 둘 수 있나요?

둘 수 없는 자리라고 바로 알아볼 수 있겠죠? 세 점이 되는 순간 활로가 하나도 없이 막히니까요. 그럼 어떻게 하냐고요? 백 두 점은 이미 흑에게 잡혔습니다. 살릴 수 없는 돌이 되었을 때는 포기하고 건드리지 않는 것이 최선입니다. 다른 자리에 두어야지요.

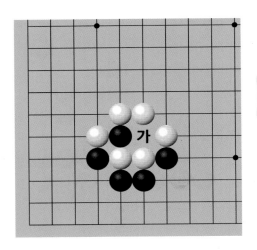

여기서는 어떤가요? 지금 흑이 둘 차례인데 흑이 '가'의 자리에 둘 수 있나요?

> 흑백의 모양을 잘 살펴보세요. 같은 듯 달라 보이는데요.

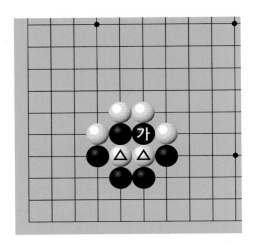

흑이 '가'의 자리에 두면 원래는 활로가 백에게 다 막혀서 둘 수 없는 착수금지의 자리이죠. 그런데 지금은 흑 '가'에 두어야만 세모 백 두 점을 따내는 자리가 됩니다. 이렇게 착수금지 자리에 두어서 상대 돌을 따낼 수 있을 때는 예외적으로 둘 수 있습니다. 착수금지의 예외인데요, 상대 돌을 따내면서 활로가 생기기 때문입니다.

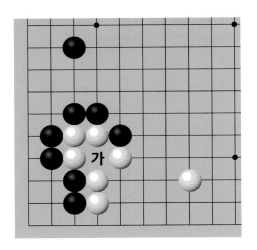

지금 모양에서 '가'의 자리에 흑이 둘 수 있나요? 너무 단순한 모양이어서 쉽게 알아볼 것 같은데요.

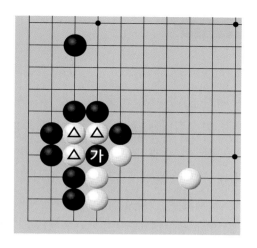

흑이 '가'로 두면서 세모 백 세 점을 따내는 자리라 둘 수 있습니다. 그림으로 나왔을 때는 바로 보이지만 실제 바둑을 둘 때는 이런 모양에서 눈치 채지 못하고 백 세 점을 따내지 않는 경우도 많습니다.

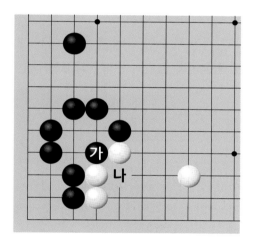

흑이 '가'에 두어 백 세 점을 따낸 모양입니다. 흑이 백돌을 따내자 백은 '나'의 끊어지는 약점까지 생겨서 '나'에 이어야 합니다.

이렇게 상대 돌을 잡게 되면 내 돌은 튼튼해지고 상대 돌은 약해지니 단수된 돌의 모양을 바로바로 알아보고 따낼 수 있어야겠죠.

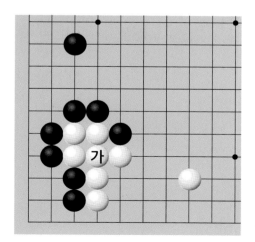

흑이 눈치 채지 못하고 '가'에 두지 않는다면 백이 먼저 '가'에 두어 백 세 점을 살릴 수 있습니다. 이런 모양에서는 백 '가'가 세 점도 살려가면서 자기편끼리 연결되어 튼튼한 모양을 만드는 좋은 자리가 됩니다.

착수금지 자리 같아 보여도 둘 수 있는 자리와, 둘 수 있어 보이는데 착수금지인 자리를 잘 구분하세요.

또 하나의 바둑 규칙으로 패가 있습니다. 바둑의 고수일수록 패를 잘 이용한다고 할 만큼 활용이나 효용 면에서 바둑 규칙의 꽃에 해당하는, 아주 중요하면서도 재미있는 개념입니다. 방송 해설이나 상수들의 바둑에서 자주 듣게 될 용어기도 합니다. '패를 만들었다', '졌던 바둑을 패로 이겼다', '꽃놀이 패라 여유 있다', '패가 나서 살아날 희망이 생겼다' 등 정말 자주 나오는데요. 패가 무엇인지 알고 있다면 더욱 흥미롭겠지요? 프로들의 실전에서도 패가 나오면 긴장감이 높아져 두는 프로들도 손에 땀을 쥡니다. 이제 바둑의 가장 특수한 규칙인 패에 대해 자세히 살펴보겠습니다. 패를 동형반복 금지의 원칙이라고도 하는데 무슨 뜻일까요?

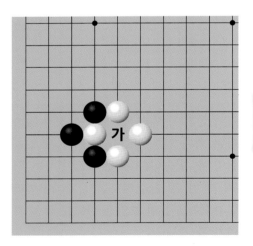

이런 모양으로 바둑이 진행되고 있습니다. 흑이 둘 차례인데요, 흑이 '가'의 자리에 둘 수 있나요?

착수금지의 규칙과 연관되어 있기도 하니까 먼저 모양을 자세히 보면서 '가'의 자리에 흑이 두면 어떻게 되는지 생각해 보세요.

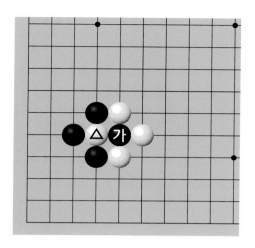

흑이 '가'에 둘 수 있는 자리네요. 활로가 다 막힌 자리여서 착수금지에 해당하지만 상대 돌을 따내면서 바로 활로가 생겨나면 둘 수 있다고 했으니까요. 문제는 흑이 백 한 점을 따내고 난 다음 모양입니다.

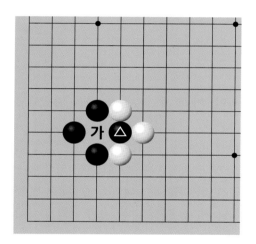

흑이 백 한 점을 따내고 났는데 흑 한 점이 다시 백에게 단수되는 모양이네요. 이제 백이 둘 차례이니까 백은 '가'의 자리에 두고 흑 한 점을 따내려고 하겠죠.

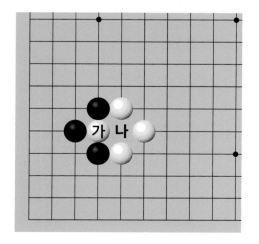

백이 '가'로 흑 한 점을 따냈는데 다시 백한 점이 흑에게 단수된 모양입니다. 이제 흑이 '나'에 두고 백 한 점을 따내겠네요. 이렇게 흑이 따내고, 다시 백이 따내는 모양이 무한 반복되는 모양을 패라고 부릅니다. 무한 반복이니 1년이고 10년이고 계속 될 텐데 이래서는 바둑 한 판이 끝나지 않을 수도 있습니다. 그래서 이런 문제를 해결하기 위한 별도의 규칙을 정했습니다.

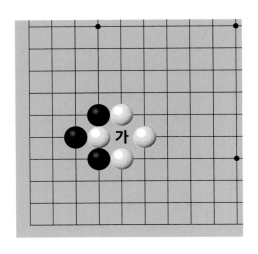

일단 단수 당한 돌을 한 쪽이 먼저 따내고 나면, 다음에 두는 사람은 바로 다시 따낼 수 없다는 규칙입니다. 그래서 동형반복 금지의 원칙이라고도 합니다. 같은 모양을 바로 반복할 수는 없다는 뜻이죠. 먼저 따낸 쪽에게 권리가 있기 때문에 바로 되따낼 수 없고 상대방이 어기면 반칙패가 되는 것으로 처리합니다.

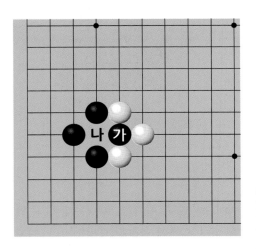

흑이 '가'에 두고 백 한 점을 따냈다고 볼까요? 다음 둘 차례인 백은 '나'의 자리에 바로 둘 수 없습니다. 다른 곳에 한 수 두고 와서 다음 번에 둘 수 있습니다. 먼저 따낸 쪽에게 상대의 따냄에서 한 번 벗어날 권리를 인정해주는 것이 패의 규칙이니까요.

그런데 백이 어딘가 다른 곳에 두고 이 곳을 두러 올 때까지 흑이 기다려줄까요? 흑이 기다려 주지 않는다는 건 무슨 뜻일까요?

포인트 패(동형반복 금지) | 일단 단수 당한 돌을 한 쪽이 먼저 따내고 나면, 다음에 두는 사람은 바로 다시 따낼 수 없다는 규칙. 먼저 따낸 쪽에게 상대의 따냄에서 한 번 벗어날 권리를 인정해 주는 것.

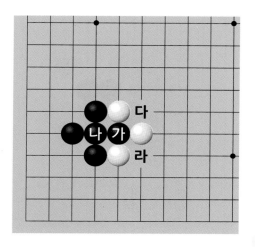

백이 바로 '나'에 둘 수 없는 규칙 때문에 다른 곳을 두자 흑이 '나'로 이어버렸습니다. 이것을 '패를 해소하다', '패를 이겼다'라고 합니다. 따낸 다음 단수된 돌을 잇는 쪽이 패를 이기게 됩니다. 패를 이긴 쪽은 모양이 튼튼해져서 좋습니다. 패를 진 쪽은 돌들이 연결된 모양이 아니어서 '다', '라'처럼 단점이 많이 남아 불리해지기 쉽습니다.

백도 패를 이기고 싶은데 먼저 따낸 흑이 이어버리면 아쉽겠지요. 백은 방법이 없나요?

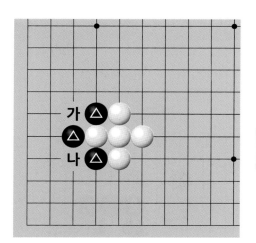

반대로 백이 패에 이겨서 이었을 때와 비교해보세요. 백은 튼튼한 모양이고 흑돌은 가, 나로 끊기는 약점을 가진 약한 돌 모양입니다.

흑백 모두 자기가 패의 자리를 잇고 싶을 텐데 어떤 방법이 있을까요?

흑이 따낸 다음 백이 '패'의 자리에 바로 두지 못하기 때문에 다른 곳에 두면서 되따낼 기회를 엿보는 것을 '팻감을 쓴다'라고 합니다. 패의 백미는 바로 이 팻감입니다. 팻감을 쓸 때 자신이 둔 수에 상대가 반드시 응수해야만 하는 급한 자리에 두어야 상대에게 단수당한 돌을 이어 패를 해소할 기회를 주지 않기 때문입니다.

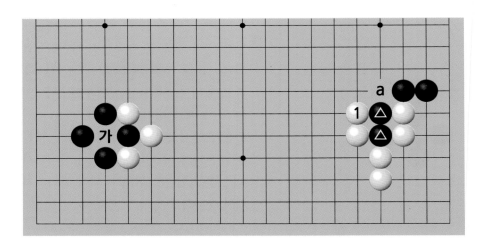

백이 '가'의 자리를 바로 둘 수 없어서 '팻감'으로 백1을 두어 흑 두 점을 단수쳤습니다. 흑이 '가'에 이으면 패를 이기지만 흑 두 점은 백a로 잡히겠죠. 흑은 선택해야 합니다. 바둑에서 돌을 잡든 패를 하는 최종 목적은 집을 많이 남겨 이기는 것이므로, 집으로 손해를 덜 보고 이득이 더 큰 쪽을 선택해야죠. 패를 이길 것인지, 단수 당한 흑 두 점을 살릴 것인지는 주변 상황에 따라 다릅니다. 흑a로 잇는 자리가 커 보여서 흑이 패를 잇지 못하면 백에게 기회가 돌아와 '가'에 두어 패를 따냅니다.

이렇게 상대가 둘 수밖에 없는 자리에 팻감을 써야 합니다.

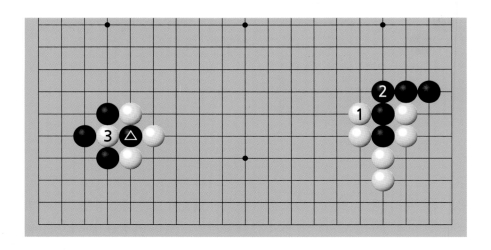

백1로 단수 치자 흑2로 잇고 백3으로 다시 패를 따냈습니다.

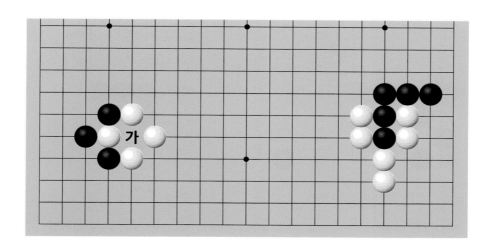

백이 패를 따내면 이런 모양입니다. 흑도 바로 '가'의 자리에 바로 두지 못하니까 다른 곳에 두어야 합니다. 팻감을 써야 한다는 말이죠. 팻감을 쓰는 것에서 실력의 차이가 드러납니다. 그만큼 팻감을 잘 쓰기는 어렵습니다. 상대가 꼭 둘 수밖에 없는 자리를 매번 찾는다는 것이 힘들거든요. 또 팻감을 어디에 쓸지는 실제 두는 바둑 한판 한판의 모양에 따라서 항상 다르고요.

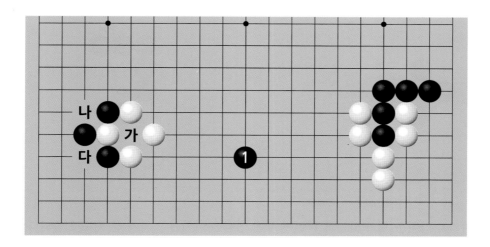

흑이 팻감으로 흑1로 두었습니다. 이제 다시 백의 선택입니다. 백이 두면 백집이 크게 될 것 같은 공간이라 흑1로 방해하려고 뒀는데, 흑1이 별로 위협적이지 않다면 백은 '가'에 두어 패를 해소하면 됩니다. 백이 패를 이기고 튼튼한 모양이 되면 '나', '다'의 흑 모양 단점도 노릴 수 있는 이점이 있습니다. 이런 가치를 집으로 몇 집 이득인지 따져서 얻을 수 있는 이득이 큰 쪽으로 선택하면 됩니다.

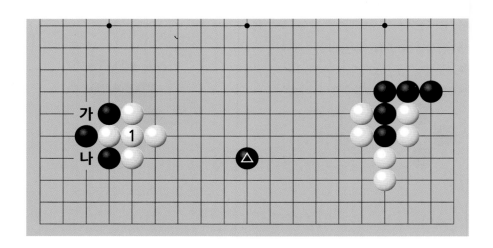

백은 백1로 이어서 패를 해소해버렸네요. 세모 흑돌이 직접적으로 위협하는 돌은 없어서 손 빼도 무방하다고 봤습니다. 이럴 때 흑은 느슨한 팻감을 써서 패를 진 겁니다. 물론 꼭 패를 이겨야 하는 것은 아닙니다만 꼭 이기고 싶은 패라면 어떨까요?

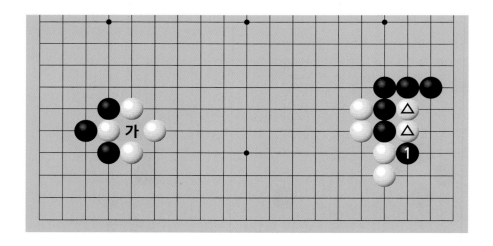

져도 피해가 가벼운 패가 있는가 하면 승부에 영향을 미치는 가치가 큰 패도 있습니다. 꼭 이겨야 하는 중요한 패라면 느슨한 팻감을 쓰면 안 됩니다. 팻감의 역할은 패에 져도 패에 져서 손해 본 만큼 팻감에서 이득을 본다는 것입니다.

흑1로 백 두 점을 끊으면서 팻감을 썼다면 백의 입장에서 응수하기 어떤가요?

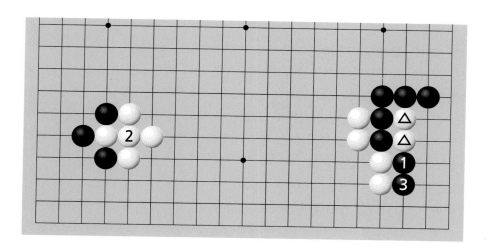

백이 그냥 백2로 이어 패를 이기면 흑은 3으로 막아 백 두 점을 잡습니다. 백이 패는 이겼지만 흑도 백돌을 잡고 귀에 집이 상당히 생겼네요. 흑도 얻

이런 자리를 알아보는 것은 실력에 비례합니다. 바둑 전체의 큰 그림에서 어느 곳의 가치가 얼마 큼인지 알아보는 눈이 실력이니까요.

은 이득이 큽니다. 이렇게 팻감은 상대가 패를 이어도 내가 이득을 볼 수 있는 곳을 찾아야 합니다.

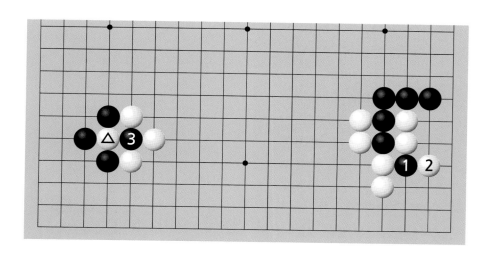

백이 두 점 잡히는 것이 집으로 더 크다고 본다면 패를 잇고 있을 여유가 없이 백2로 방어에 나섭니다. 이때 흑은 흑3으로 원하던 패를 따낼 수 있습니다. 흑1이 팻감으로 성공했다는 뜻이죠.

이렇게 주거니 받거니 팻감을 쓰면서 패를 진행하게 됩니다. 계속 이렇게 꼭 두어야 하는 자리에 팻감을 잘 써나가면 패는 언제까지고 끝나지 않는 건가요?

흑백 모두 팻감이 무궁무진하지는 않을 겁니다. 프로 대국 해설을 보면 흑의 팻감이 몇 개 남았고 백의 팻감이 몇 개라서 누가 유리하다, 불리하다 하는 얘기를 자주 듣게 됩니다. 고수들의 눈으로 보면 전체 바둑에서 패가 난 곳의 가치와 비슷한 둘 자리가 몇 개로 거의 정해져 있답니다. 그래서 어느 정도 정확하게 흑이 몇 개, 백이 몇 개의 팻감이 남아있는지 알아볼 수 있는 거죠.

입문 과정에서 그런 정도로 팻감을 써야 한다고 무리하지 않으셔도 됩니다. 이 역시 바둑의 기본을 잘 익히고 실전 경험이 쌓여가면 자연스레 팻감을 보는 안목이 늘어나거든요. 지금으로서는 최선의 팻감을 알아보는 눈이 부족해서 보고 싶어도 보이지 않는 팻감들도 있습니다. 지금은 집으로 이득을 가장 크게 볼 수 있는 자리를 찾는다는 팻감에 대한 기본 개념만 익히면 되겠습니다. 결론적으로 팻감이 한 개라도 더 많은 쪽이 패를 이기게 됩니다.

아마바둑 대회 나가기

바둑을 배워서 어느 정도 기본을 닦으면 초급 실력에서라도 바둑대회에 나갈 수가 있습니다. 프로뿐 아니라 아마추어 바둑인들을 위한 각종 바둑대회도 많거든요. 지역별 대회도 있고, 기업체 후원 대회도 있고, 각종 행사별 아마 대회도 있습니다. 대회에 나갈 실력이 안된다고요? 아마바둑대회나 어린이 대회는 실력별로 여러 단계가 나뉘어 있어서 자기 실력에 맞게 도전해볼 수 있습니다. 또한 가족팀이나 단체전 신청을 받는 대회도 있어서 가족끼리 팀을 이뤄 나가거나 바둑 두는 동료, 친구와 함께 인원수를 맞춰 단체전에 참가할 기회도 있습니다. 아마 바둑대회에 따라 소정의 상금이나 기념품도 지급되고, 지방 대회라면 여행가는 기분도 낼 수 있으니 가족끼리, 친구끼리 바둑을 함께 익혀서 다양한 아마 대회에 함께 참가해본다면 재미가 배가 될 것입니다.

한해에 벌어지는 크고 작은 아마대회가 백여개를 훌쩍 넘는다고 합니다. 어린이대회만 해도 한화생명배 어린이 국수전, 이창호배 어린이 바둑대회, 조남철국수배 어린이 바둑대회, 국수산맥배 국제어린이 바둑 대축제, 티브로드배 어린이바둑대회 등 수십개가 있습니다.

어린이 바둑 대회뿐 아니라 전 연령, 남녀노소에 상관없이 참가할 수 있는 아마추어 바둑 대회가 많기 때문에 바둑 입문을 지나 바둑의 재미를 느끼게 되셨다면 경험 삼아 참가해보거나, 계속 바둑을 익혀가면서 자신의 실력이 얼마나 늘었는지 알아보기 위해 참가해보아도 좋을 것 같습니다. 또한 바둑대회에서 만난 다양한 사람들과 교류도 하고 친구도 될 수 있으니 바둑을 배워서 좋은 점이 한두가지가 아니지요.

| 제6강 |

돌의 사활
(돌을 살리는 법)

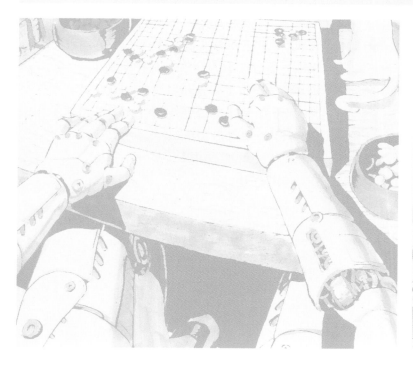

지금까지는 돌을 잡는 기술과 바둑을 두기 위한 약속으로서의 바둑 규칙을 익혔습니다. 돌을 잡는 법 말고 돌을 살리는 법은 어떤가요? 단수된 돌이 도망 나가거나 잡힐 돌 몇 점을 미리 잇거나, 한 칸이나 날일자 행마로 뛰어서 위험을 피하는 법은 아실 텐데요. 여기 돌을 살리는 법에서는 대마는 죽지 않는다라든가 전체 흑돌이 위험하다고 할 때의 큰 규모의 돌들의 생사를 말합니다. 해설에서 자주 '두 집을 내야 산다', '아직 두 집이 없어서 위험하네요'라는 말을 듣게 됩니다. 도대체 그깟 '두 집'이 무엇인지 궁금하지 않으세요? 돌을 잡기 위해 고수가 될수록 그물을 넓게 쳐서 포위한다고 했습니다. 그렇다면 내 돌 전체가 상대에게 포위되었을 때 살아날 수 있는 방법은 어떤 것일까요? 바로 그런 궁금증을 여기서 살펴보겠습니다.

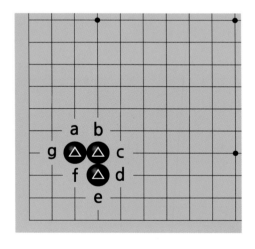

세모 흑 세 점은 완전히 살아있는 돌일까요? 활로가 이렇게 많으니 당연히 살아있는 돌입니다. 지금은요. 하지만 백이 a~g를 모두 막게 되면 잡힐 수도 있습니다. 바둑을 두다가 그런 상황이 생기지 않으리라는 보장은 없지요. 바둑이 끝날 때까지 완전하게 살아있는 돌이라는 보장은 없다는 뜻이죠.

바둑에서 완전히 살아있는 돌이란 상대가 결코 따낼 수 없는 모양을 하고 있는 돌입니다. 결코 따낼 수 없는 모양이란 어떤 모양일까요?

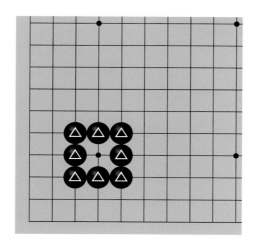

예제 01

이 여덟 점의 흑돌은 완전히 살아있는 돌일까요? 지금은 당연히 살아있습니다만 바둑이 진행되다가 백에게 둘러싸이면 어떻게 되는지 생각해보세요.

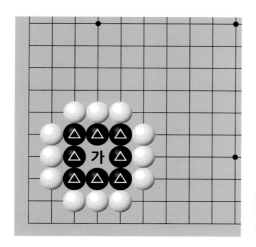

이런 상황이 되었다면 흑 여덟 점의 운명은 어떤가요? '가'는 백에게 원래는 착수금지 자리이지만 그곳을 두면서 상대 돌을 따낼 수 있을 때는 둘 수 있다고 했습니다. 따라서 한 집을 가진 덩치가 큰 흑이어도 백에게 밖이 모두 둘러싸이면 죽습니다.

항상 살아있다는 보장은 없고, 경우에 따라 상대에게 따내질 가능성은 있다는 뜻입니다.

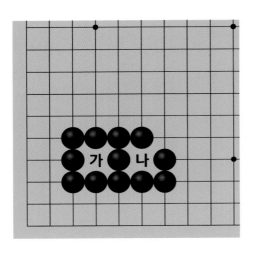

그렇다면 여기서 흑 12점은 완전히 살아 있는 돌일까요? 백이 흑을 따낼 수 있는 지 생각하면 됩니다.

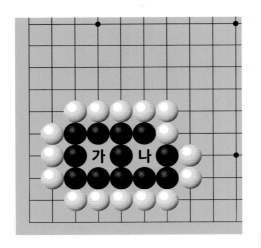

바둑을 두다가 백이 흑을 다 둘러싸게 되었습니다. 어떤가요? 흑은 잡혔나요? 백이 흑을 따내려면 남아있는 활로 '가'와 '나' 두 곳을 막아야 합니다. 그런데 '가'와 '나'는 두 곳 다 착수금지의 자리입니다. 착수금지 자리가 한 곳일 때는 백이 두면서 따내는 자리라 둘 수 있었는데 착수금지가 두 곳이면 동시에 두 번 두지 않는 이상 흑을 따낼 수가 없네요.

백이 따낼 수 있는 가능성이 전혀 없으므로 이 흑은 완전히 살아있는 돌입니다.

착수금지점도 집 모양을 하고 있기 때문에 착수금지점이 두 곳이면 돌이 완전히 산다는 말을 '두 집 내고 산다'라고 자주 표현합니다.

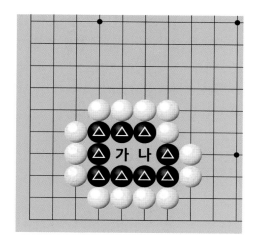

이 세모 흑 아홉 점은 살아있는 돌인가요 아닌가요?

착수금지점이 두 곳이면 돌이 완전히 산다는 말을 '두 집 내고 산다'라고 한다고 했는데요. 이 흑 아홉 점은 두 집 내고 살아있는 돌인가요?

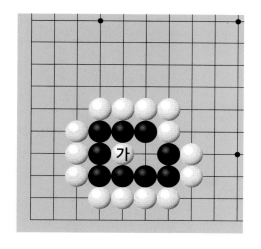

백이 흑을 다 둘러싼 후 백 '가'로 두면 흑이 단수입니다. 백 '가'는 아직 활로 하나가 남아 있어서 둘 수 있는 곳이죠.

흑이 두 집이었지만 착수금지의 자리가 아니었기 때문에 백이 '가'로 두어서 흑이 위험해졌습니다.

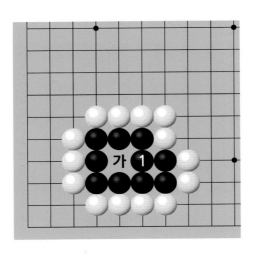

흑이 단수 당해서 백 한 점을 흑1로 급하게 따냈습니다. 따냈는데 전체 모양이 또 단수네요. '가'는 백이 따내는 자리라 둘 수 있다는 것은 아시겠죠? 결국 백 '가'로 흑은 잡힙니다.

흑이 두 집을 가졌는데도 완전히 사는 모양이 되지 못했네요.

 포인트 돌이 살기 위한 '두 집'은 단순히 집으로 두 집이 아니라 독립된 두 개의 착수금지점을 가져야 한다는 말입니다.

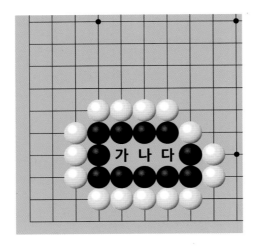

예제 04

독립된 두 개의 착수금지점을 가져야 죽은 돌이 아니라고 했습니다. 착수금지점 한 개를 포함한 집을 한 눈이라고도 합니다. 두 눈을 가져야 완전히 살아있는 돌이 되는 것이죠. '눈'과 '집'의 개념 차이를 주의해주세요.
지금 흑의 모양은 '집'으로 세 집입니다. 그렇지만 '눈'으로 보자면 어떨까요? 몇 개의 착수금지점을 가지고 있나요?

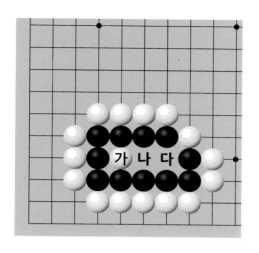

흑이 일단 집으로는 3집이라는 것은 아시겠죠? 그럼 착수금지점은 몇 개인가요?

백 '가'로 둘 수 있으니 '가'는 착수금지 자리가 아니네요. '가'의 자리는 아직 활로가 1개 남아 있어서 둘 수 있는 자리입니다.

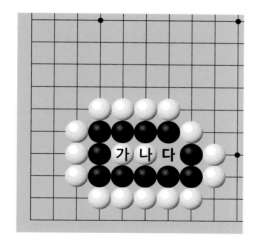

백 '나'도 활로가 아직 1개 남아서 둘 수 있는 자리네요. 착수금지점이 아닙니다. 그럼 '다'는 어떤가요?

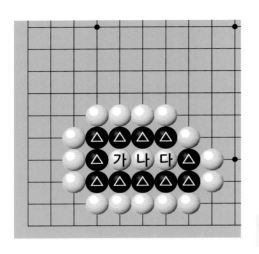

백 '다'는 원래는 활로가 없는 착수금지점입니다. 지금은 두면서 세모 흑돌 전체를 따내는 자리라 둘 수 있지만요.

흑이 집으로는 세 집을 가지고 있었지만 착수금지점은 한 개만 가지고 있는 셈입니다. 그래서 한 눈만 낸 상태라 살아있는 돌이 되지 못하고 상대에게 둘러싸이면 죽을 수 있습니다.

집과 눈의 차이가 이해되시나요?

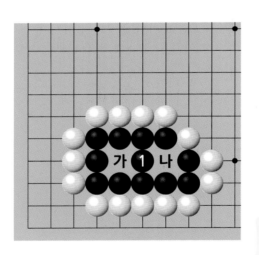

처음과 같은 상황에서 흑이 둘 차례라 흑1로 두었습니다. 흑1을 두기 전에는 흑이 세 집이지만 한 눈만 가져서 죽은 돌이 될 수 있었는데요 지금은 어떤가요?

착수금지점이 '가'와 '나' 두 개네요. 두 눈이 났습니다. 바둑에서 착수금지점 두 곳을 동시에 두는 방법은 없으니 이 흑은 완전히 살아있는 돌입니다.

집 수로는 3집에서 2집으로 줄었는데 오히려 살아있는 모양이 되었습니다. 신기하지 않나요?

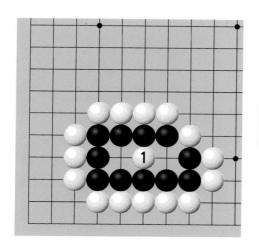

그런데 처음에 백이 둘 차례여서 백1로 두면 어떻게 되나요?
전체 흑은 살아있나요? 죽었나요?

전체 돌이 살아있는 기준이 무엇인지 이해하셨으면 쉬운 모양입니다.

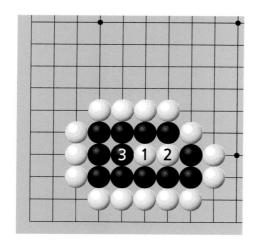

다음에 백2로 두면 흑 전체가 단수 모양이네요. 흑3으로 따내는 수밖에 없습니다.

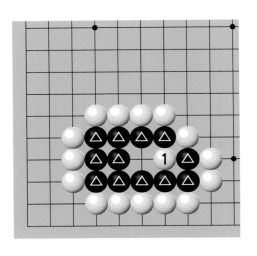

흑이 따내면 다시 백1로 두어 흑돌 전체가 단수 모양입니다. 흑은 잡힌 돌, 죽은 돌입니다. 흑이 세 집을 가진 모양에서 가운데를 흑이 두면 살고, 백이 먼저 두면 죽습니다. 이것을 돌의 사활이라고 합니다. 사활은 돌을 죽이고 살리는 법입니다. 바둑 규칙의 꽃이 '패'라면 바둑의 꽃은 '사활'이 아닐까 싶네요. 그만큼 사활을 모르고서는 실력이 늘지 않습니다.

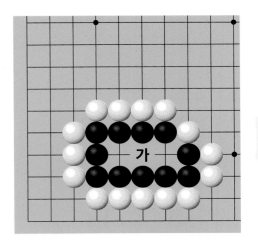

이런 모양에서 '가'의 자리는 흑이 두면 돌을 살리고, 백이 두면 흑돌을 죽이는 자리라는 것을 다음으로 넘어가기 전에 잘 음미해주세요.

꼭 '가'의 자리만이 그렇습니다. 그 이유가 무엇인지 잘 생각해주세요.

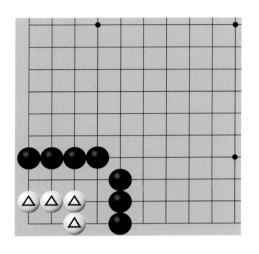

예제 05

지금 흑백의 모양을 먼저 살펴볼까요?
막아진 흑집 안에 백이 들어가 있네요.
이것도 백이 흑에게 둘러싸여 있는 모습
입니다. 지금까지는 편의상 백돌의 활로
가 흑에게 꽉 막힌 진행도를 봤습니다.
하지만 보통 돌의 사활은 이렇게 공간을
두고 둘러싸이거나 상대편 집이 커서 침
입해 들어갈 때 문제가 됩니다. 둘러막힌
상대방 집에서는 밖으로 탈출할 수 없기
때문에 그 안에서 두 눈을 내고 살아야
하는 거죠.

지금 백 네 점은 살아있는 모양인가요?

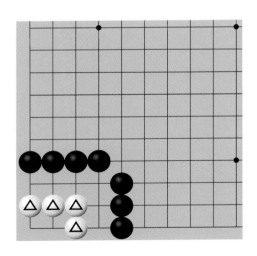

이 백이 두 눈을 내지 못했다는 것은 알
아보시겠죠? 백 네 점은 흑에게 잡혀있
습니다. 흑의 포로로 인정해서 바둑이 끝
나고 집 계산을 할 때, 흑은 백 네 점을
그냥 들어내서 상대방 집을 메워 줄이는
데 쓰면 됩니다.
어떻게 해도 흑집 안에서 백이 사는 방법
이 없다고 보기 때문입니다.

백 네 점을 잡은 이 흑집이 총 몇 집인지 계산해
볼까요?

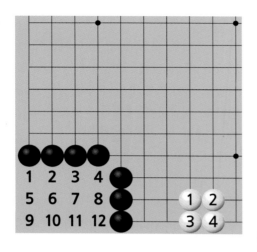

흑집을 계산해보면, 백 네 점은 죽은 돌이라 들어내고 집의 수를 셉니다. 총 12집이네요. 거기에 포로로 백 네 점이 생겼으니까 상대의 집 수에서 빼거나 내 집 수에 보태거나 하면 되죠.

이 모양의 흑집은 12집에 포로 4명, 합산 16집의 가치입니다. 이렇게 상대의 돌을 따내지 않고 가두기만 해서 잡아도 집이 늘어나는 효과가 있습니다.

가령 백 네 점이 이미 죽은 돌이라는 것을 모르고 잡으러 가면 어떨까요?

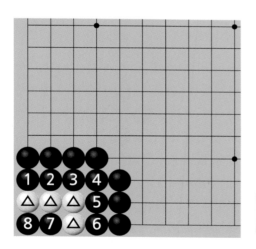

활로를 막아 단수 쳐서 따내야만 잡는다고 생각해서 세모 백 네 점을 전부 메워서 따냈습니다. 물론 백 네 점을 확실하게 잡았습니다. 그런데 돌을 잡는 목적은 집을 얻기 위해서입니다. 백 네 점을 잡은 것은 똑같은데 잡는 방법이 달라졌죠. 흑집의 크기가 똑같은가요?

이렇게 백 네 점을 잡았을 때 흑집이 몇 집인지 계산해보세요.

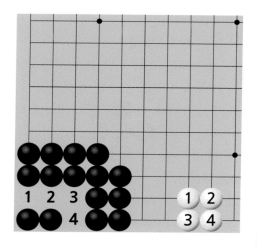

백 네 점을 따내고 난 상태입니다. 따낸 자리 집이 4집, 포로로 잡은 백돌 네 점, 총 8집입니다.

어떤가요? 백 네 점을 잡은 것은 똑같은데 흑집이 16집에서 8집으로 줄었네요. 바로 상대 돌을 따내기 위해 활로를 줄이려고 둔 돌들이 내 집을 메우는 셈이었던 거죠. 이미 죽어있는 돌을 확실하게 따내려다 집으로 손해가 커졌습니다.

> 돌의 사활을 정확히 알면 집을 최대한으로 얻을 수 있습니다. 그만큼 사활을 알아보는 것이 중요합니다.

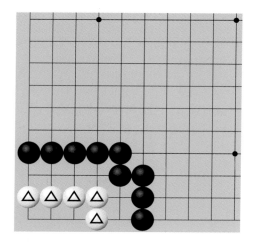

삼궁도 예제 01

흑돌이 백돌을 둘러싸고 있네요. 흑집에 백이 들어갔다고 봐도 됩니다.

지금 모양의 세모 백돌들은 살아있는 돌인가요, 죽어있는 돌인가요?

흑의 입장에서는 백돌이 죽었다면 더 이상 자기 집을 건드리지 않고 다른 곳으로 집을 지으러 가야겠죠. 만약 백이 아직 살아있다면 확실하게 잡아야 이익이 크고요. 돌의 사활을 알아보는 눈이 중요하네요.

> 과연 백 다섯 점은 어떤 상태인가요?

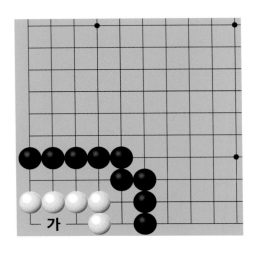

이런 모양에서는 지금 누가 둘 차례인지가 아주, 아주 중요합니다.

'가'의 자리를 흑이 두면 백은 죽었습니다. 아무리 바둑의 고수가 와도 절대 살릴 수 없습니다. 반대로 '가'의 자리를 백이 두면 두 눈을 내고 사는 모양입니다. 백 '가'로 두면 바둑의 신이 와도 잡을 수 없습니다.

그만큼 '가'의 자리는 누가 두느냐에 따라 돌을 살리고 죽이는 중요한 자리입니다. 사활에서 적에게 둘러싸인 돌이 가진 집 수를 궁도라고 합니다. 여기서는 백의 궁도가 3이라고 합니다.

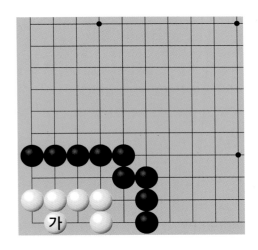

돌의 사활에서는 몇 궁도인지를 따집니다. 궁도가 1이나 2일 경우에는 절대 두 개의 눈 모양을 갖출 수 없기 때문에 죽은 돌이 됩니다.

여기서처럼 궁도가 3일 경우에는 '가'의 자리처럼 누가 둘 차례이냐에 따라 죽고 사는 것이 결정됩니다.

 포인트 궁도 | 사활에서 적에게 둘러싸인 돌이 가진 집수

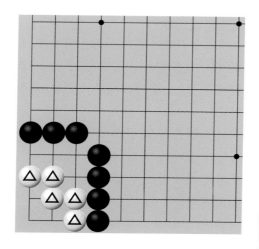

삼궁도 예제 02

지금 세모 백 네 점은 살아있는 돌인가 요? 살아야 하는 돌의 궁도를 봅니다. 1 이나 2가 아니니까 죽지는 않았네요. 궁 도가 3인 삼궁도면 누가 두느냐에 따라 백이 살 수도 죽을 수도 있다고 했습니 다. 백 네 점을 살리고 죽이는 자리는 어 디인지 생각해 보세요.

누가 둘 차례인지도 중요하지만 정확히 어디에 두어야 살릴 수 있는지 아는 것은 더 중요하겠죠.

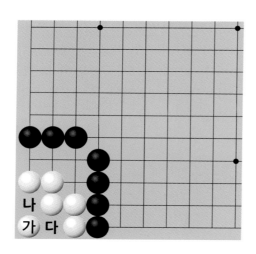

정확하게 백 '가'의 자리뿐입니다. 삼궁 도라고 해서 백이 먼저 두면 무조건 사는 것이 아니고 확실하게 사는 자리에 두어 야만 살아있는 돌입니다. '나'나 '다'의 자 리에 백이 두면 죽게 됩니다.

흑도 마찬가지로 백을 잡으려면 '가'의 자리에 두어야 합니다. 흑이 먼저 두면 잡을 수 있다고 해서 '나'나 '다'에 둔다 면 소용없습니다.

흑이 '나'나 '다'에 둘 때 백이 '가'에 두면 삽니다. 이해가 될 때까지 잘 살펴보세요.

그럼 궁도가 4이면 어떨까요? 항상 살까요?

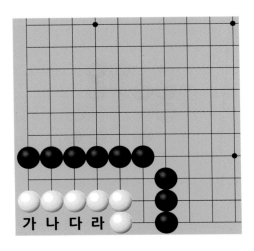

흑에게 둘러싸인 백은 궁도인 집이 몇 집
인가요? 4집이니 궁도가 4, 사궁도라고
합니다. 4궁도를 가진 돌은 살까요, 죽을
까요?

백이 살려면 궁도 안에서 두 눈을 낼 수
있어야 합니다. 흑이 백의 두 눈을 내지
못하게 해서 잡을 수 있는 자리가 어디인
지 생각해볼까요?

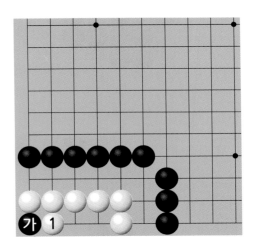

흑 '가'로 두어보죠. 백1로 간단히 두 눈
이 났습니다. 분리된 집 2개가 삶의 조건
입니다. 독립된 집 2개, '두 눈'의 모양은
알아보시리라 믿습니다. 흑 '가'에 두면
백은 살아있습니다.

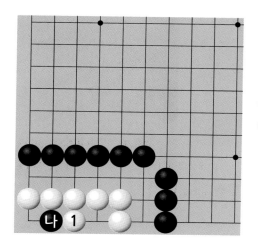

'가'가 안 되면 흑 '나'로 두어봅니다. 백1
로 막으면 독립된 집이 2칸 생겨서 살았
습니다. 두 눈이 확실히 보이시죠?

그런데 흑 '나'에 백은 백1로만 두어야 사나요?

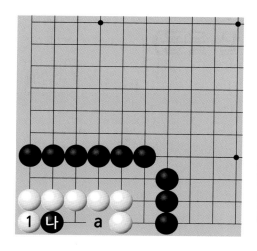

흑 '나'로 둘 때 백1이나 백a로 둔다면 백
이 죽어 버립니다. 이런 실수는 하지 않
을 거라 믿습니다만 백1과 백a가 왜 두면
안 되는 자리인지 아시겠지요? 칸을 나
눠서 독립적으로 2집, 두 눈을 만드는 자
리가 아니기 때문입니다.

궁도가 넓어서 사는 돌이라고 아무 곳이나 두면
안 됩니다. 상대의 수에 정확한 응수를 해야 사는
돌이 됩니다.

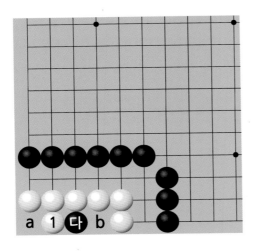

흑 '다'로 둔다면 백1이 정확한 응수라는 거 이제 아셨죠? 백 a나 백b로 두면 멀쩡한 돌을 실수로 죽이게 됩니다.

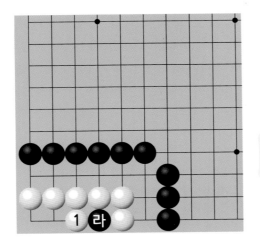

흑 '라'면 백1은 이제 너무 쉽습니다. 그렇지만 단순해도 생각해볼 것이 있는데요. 백1이 최선의 수냐는 것입니다. 흑 '라'일 때 백의 응수가 꼭 백1이어야 할까요?

두 눈을 내면 사는데 두 눈을 내기 위해 꼭 백1에 두어야만 하는지가 문제네요.

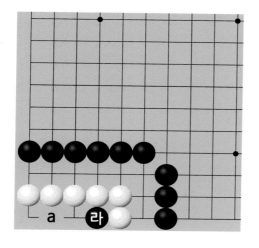

흑 '라'로 백을 잡으러 올 때 백은 백a로 두어도 두 눈의 모양이 만들어집니다. 답이 두 개네요. 그러나 아쉽게도 이것도 최선의 정답은 아닙니다. 바둑에서는 상대보다 딱 한 집만 더 많아도 이깁니다. 한 수를 상대보다 더 둘 수 있다면 집으로 앞서가기 유리해지겠죠. 둘 필요가 없는 자리는 손을 빼서 다른 큰 자리를 차지하러 가는 것이 다른 곳에 한 수 둘 기회를 얻는 것입니다.

무슨 말인지 이 모양을 들여다보세요.

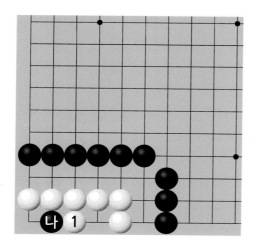

흑이 백을 잡자고 흑 '나'로 둔다면 백은 꼭 백1로 받아야 합니다. 백1을 두지 않고 다른 곳을 두면 흑이 다음 수로 그 자리에 두어 백은 두 눈을 못 만들어 죽습니다.
이 정도는 아신다고요?
흑 '나'일 때 백이 안 둔다면 흑1로 둬서 백 전체를 잡을 수 있다는 것까지 알고 계셔야 합니다.
즉, 흑 '나'에 백1은 안 둘 수가 없는 필수 자리입니다.

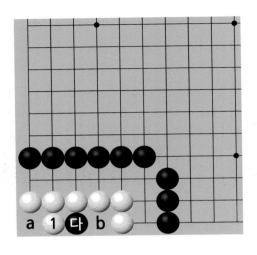

흑 '다'일 때도 마찬가지로 백1로 두지 않으면 전체 백이 죽을 수도 있습니다. 백1이 아닌 백a나 백b로 두면 백은 죽습니다. 백1은 손 뺄 수 없는 자리라는 뜻입니다.

그런데 상대방이 둘 때 꼭 두어야만 하는 것은 아닙니다.

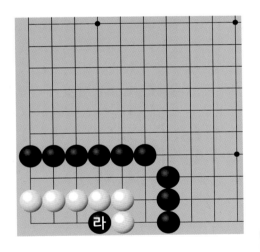

흑이 '라'에 두었다면 백은 어디에 받아야 했나요? 물론 둘 자리는 있지만 지금은 백이 여기를 두지 않고 다른 곳에 집을 지으러 가도 됩니다. 흑 '라'의 수가 느슨해서 아예 한 수로 응수해 줄 가치조차 없는 거죠. 즉, 백이 받아주지 않고 흑이 한 수 더 둬도 전체 백을 잡을 수 없다는 뜻입니다. 두지 않아도 되는 곳을 굳이 둘 필요 없습니다.

이럴 때 상대는 헛수를 둔 것이 되고 내 쪽에서는 천금 같은 한 수를 공짜로 번 것이 됩니다.

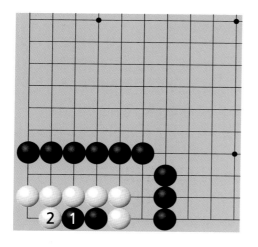

백이 손 빼고 다른 곳에 집을 지으러 갔는데 흑이 계속 흑1로 두면 그때 백2로 막으면 됩니다. 두 눈이 나서 사는 모양이잖아요. 흑은 잡을 수도 없으면서 두 수나 헛수고 한 셈이고 백은 그 중 한번은 공짜 기회를 얻어 어딘가 큰 곳을 두었겠죠. 처음 바둑을 두실 때는 이렇게 둘 필요가 없는 자리를 알아볼 수만 있어도 유리합니다. 반대로 흑이라면 이렇게 상대에게 느슨한 수는 두면 안 된다는 경각심을 가져야 합니다.

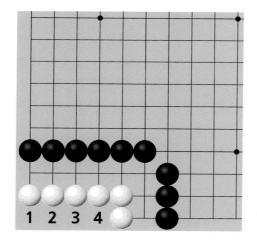

결론적으로 일, 이궁도 모양은 원래 죽은 돌로 봐서 잡으려고 따로 둘 필요가 없습니다. 삼궁도는 먼저 두는 쪽에 따라 생사가 갈립니다. 지금 모양과 같은 사궁도는 흑이 어디에 두어도 백을 한 수로 잡는 수는 없습니다. 즉 이런 사궁도 모양의 백은 살아있는 돌로 봐서 흑이 어디에도 둘 필요가 없다는 것이 정답입니다.

흑이 1, 2, 3, 4로 둔다는 것은 백이 혹시 실수로 잘못 두는 것을 기대하는 것인데 바둑 실력 향상에는 도움 되지 않겠네요.

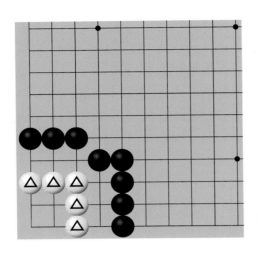

앞에 나온 사궁도 모양의 백은 백이 따로 두지 않아도 살아있는 돌이었습니다. 그렇다면 사궁도면 모두 살아있는 돌일까요? 세모 백 다섯 점의 궁도는 몇인가요? 4집이니 사궁도 모양이라고 합니다. 이 4궁도 모양의 백은 이 상태로 살아있는 돌인가요, 죽은 돌인가요?

살아있는 돌이 되기 위한 조건 기억하시죠? 아무리 강조해도 지나치지 않은 사활의 필수 조건을 떠올리고 백이 그 조건에 맞는지 따져보세요.

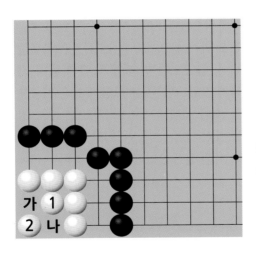

백이 흑에게 둘러싸여 있다면, 두 눈을 가졌냐 못 가졌냐가 삶의 열쇠입니다. 이런 사궁도 모양의 백이 두 눈을 만들려면 백1과 백2 두 곳을 두어야 합니다. 혹은 백 '가'와 백 '나' 두 곳을 두어도 되고요.

백 혼자 두 곳 다 두도록 흑이 지켜보기만 할까요?

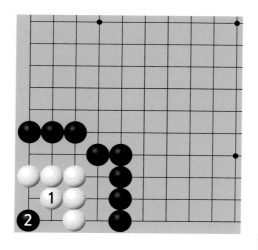

백이 두 눈을 만들려고 백1로 두면 흑이 흑2로 둘 겁니다. 흑2로 됐을 때 백이 두 눈을 만들 방법이 있나요? 없지요. 백은 죽은 돌입니다. 1, 2 두 곳 다 백이 두지 못하면 백은 죽습니다. 즉, 흑은 백1로 둘 때 꼭 흑2로 두어야지 흑2를 두지 않으면 죽은 돌을 살려주는 셈이 됩니다.
결론은 이런 사각형 모양의 4궁도는 죽은 돌 모양입니다.

그렇지만 흑이 정확하게 응수하지 않으면 살려주는 초보적인 실수를 할 수 있으니 천천히 이해하면서 다음으로 넘어가세요.

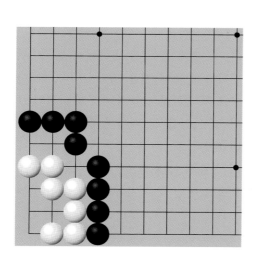

사궁도 예제 03

같은 사궁도라도 모양에 따라 돌의 사활이 달라지기 때문에 완전히 살아있는 돌인지, 잡을 수 있는 돌인지 판단하는 것이 중요합니다.
만약 완전히 살아있는 돌이 아니라면 어디에 둬야 잡을 수 있는지가 제일 중요합니다. 이렇게 그 자리에 둬야만 돌 전체가 살거나 죽는 자리를 맥점 또는 급소라고 합니다.

지금 백돌도 4궁도 모양이네요. 이 사궁도 백의 사활의 맥점, 급소는 어디일까요?

포인트 맥점, 급소 | 꼭 그 자리에 두어야만 돌 전체가 살거나 죽는 자리

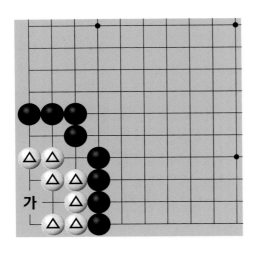

이 모양의 급소는 '가'의 자리입니다.
백이 4집을 가졌지만 독립된 두 눈을 가지지 못했기 때문에 아직 살아있는 돌이 아닙니다. 백이 '가'에 두면 세 눈으로 나뉘면서 확실하게 살게 됩니다.
흑이 '가'에 먼저 둔다면 백의 활로를 줄이거나 단수 치지 않아도 두 눈을 못 내게 하면서 세모 백 7점을 다 잡게 됩니다. 백돌 전체를 잡고 큰 흑집이 생기는 것이죠.

'가'의 자리를 흑이 두느냐 백이 두느냐에 따라 집 차이가 얼마나 날까 계산해 볼 수 있나요?

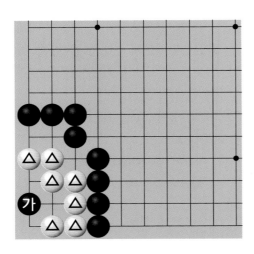

자, 운 좋게 흑이 둘 차례여서 흑 '가'로 정확하게 두어 백을 잡았습니다. 이 한 수로 백 전체를 잡았기 때문에 바둑이 끝나 집 계산을 할 때까지 건드릴 필요가 없습니다. 다 둔 후 잡은 백돌을 들어내서 상대의 집을 메우기만 하면 됩니다. 백을 들어낸 곳은 자동적으로 흑집이 되고요.

흑집을 총 몇 집으로 계산할 수 있을지 집수와 잡은 포로의 수로 세어보세요. 실력이 늘어갈수록 자기 집과 상대의 집 크기를 비교할 수 있어야합니다.

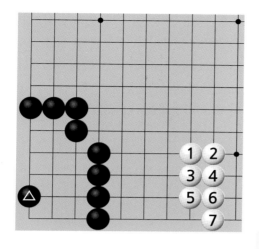

집 계산할 때에는 이런 모양이 되겠죠. 옆에 백 일곱 점은 포로라는 뜻으로 편의 상 표시했습니다. 실제로는 바둑판 밖으로 가져가야죠. 세모 흑 한 점은 백을 잡기 위해 둔 돌인거 아시죠? 내 집에 두어 한 집을 줄였지만 그 돌로 백 7점을 잡았죠. 흑으로 막아진 흑집은 총 13집이네요. 거기에 백돌 7개를 얻었으니 실질적으로 흑집은 20집입니다.

급소로 백돌을 잡지 못했으면 20집을 얻지 못했 겠죠. 돌의 사활은 이렇게 큰집을 얻는 데도 아주 중요합니다.

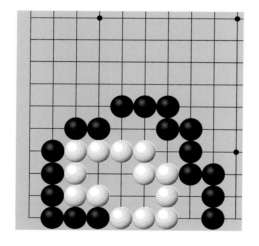

사궁도 예제 04

사활을 알아보는 능력은 실력이 늘기 위해 꼭 필요합니다. 바둑 규칙의 꽃이 '패'라면 바둑의 꽃은 '사활'이 아닌가 싶을 정도로 중요한 부분입니다. 어려운 사활에서도 응용 능력이 생기려면 사활의 기본을 잘 익혀두어야 하니 집중해주세요.
흑 안에 갇힌 백 모양이 어떤가요? 4궁도 모양인데 살아 있나요? 잡을 수 있나요? 살았다면 흑백 모두 여기 두는 것은 헛수가 되니 다른 곳을 두러 가야죠. 확실히 살지 못했다면 한 수 보충해야 합니다.

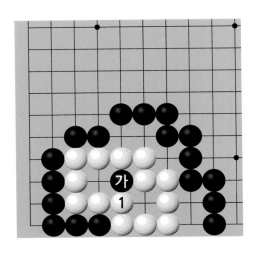

흑은 백이 두 눈을 내지 못하게 하려고 흑 '가'로 뒀습니다. 이렇게 두 눈을 내지 못하게 방해하는 수를 두는 것을 치중이라고 합니다. 흑이 치중해도 백1이면 두 눈이 딱 나버리네요.

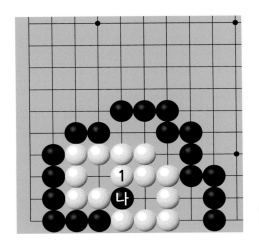

그럼 다른 자리로 흑이 치중을 들어가볼까요? 두 눈을 못 만들도록 흑 '나'의 자리로 치중했습니다. 그러나 백1이면 역시 두 눈이 생깁니다.
백이 두 집을 내고 살아있는 모양입니다. 두 눈을 만드는 것을 바둑에서는 '두 집을 냈다'라고 관용적으로 표현합니다. '두 집 내고 살았다'라고요.

흑이 어떻게 해도 이 사궁도 백 모양은 살아있습니다. 다른 수를 두지 않아도 살아있는 모양이기 때문에 백도 흑도 여기에 둘 필요는 없다는 말입니다.

포인트 치중 | 두 눈을 내지 못하게 방해하는 수를 두는 것

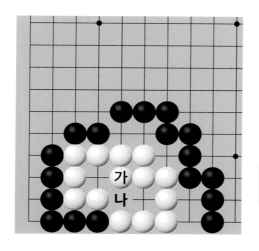

흑이 먼저 두어도 백을 잡을 수 없다면 완전하게 살아있는 모양입니다. 살아있는 모양을 백이 확실하게 두 눈을 내겠다고 백 '가'나 백 '나'로 둔다면 어떨까요? 자기 집을 한 집 줄이면서 한 수를 쉬는 손해입니다.

두지 않아도 살아있는 모양이라면 일부러 두 눈을 나누기 위해 둘 필요가 없습니다.

포인트 같은 4궁도여도 두지 않아도 살아있는 모양, 한 수 두어야 사는 모양, 그냥 죽은 모양 등 돌의 사활이 달라서 잘 구별해야 합니다.

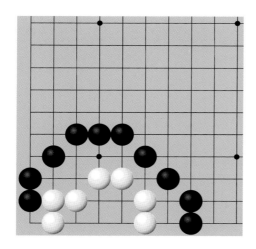

오궁도 예제 01

그렇다면 집수가 많아서 궁도가 더 넓으면 어떻게 달라질까요?
흑 속에 갇힌 백 모양은 궁도가 5입니다. 오궁도인데 이 백돌의 사활은 어떤가요?

가만히 두어도 자체로 살아있는 모양인가요?

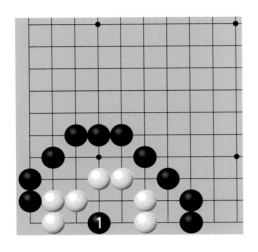

흑이 둘 차례라면 흑1의 치중이 급소입니다. 백은 두 눈을 낼 수 없어서 죽은 돌이 됩니다. 백이 먼저 그 곳에 두면 사는 돌이 되고요. 이처럼 궁도가 5인 돌도 무조건 안심할 수는 없고 모양에 따라, 누가 둘 차례인지에 따라 사활이 결정될 수 있습니다.

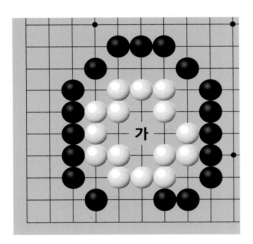

오궁도 예제 02
기초 사활 오궁도의 대표 모양입니다. 지금 백 모양의 급소는 어디인가요?
'가'의 자리가 백이 두면 살고 흑이 두면 백이 죽는 사활의 급소입니다.

이제 여러분도 사활의 급소를 한눈에 알아보시겠죠?

포인트 '급소'는 사활에서 누가 두느냐에 따라 돌 전체가 살 수도, 죽을 수도 있는 곳입니다.

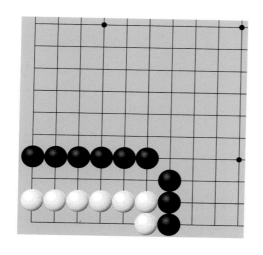

오궁도 예제 03

같은 오궁도인데 가로로 긴 오궁도 모양을 보겠습니다. 이 오궁도 백돌은 살아있는 돌인가요? 흑으로 두 눈을 못 나게 치중할 수 있는 곳이 있나요?

머리를 싸매도 그런 곳은 없습니다. 백은 완전하게 살아있는 돌입니다.

그런데 기억하나요? 가로로 긴 이런 모양은 사궁도여도 그냥 살아있는 모양이었거든요. 같은 궁도라도 돌이 뭉쳐진 모양보다는 가늘게 펼쳐진 궁도가 살아있는 모양에 유리합니다.

이처럼 같은 개수의 궁도이면서도 모양에 따라 사활이 달라지는 돌들의 모양은 종류가 그리 많지 않기 때문에 되도록 기억해두면 좋습니다. 그런 모양이 나오면 바로 알아봐서, 잡아야 할 돌은 정확한 급소에 치중해서 잡고, 그냥 두어도 사활이 분명한 살아있는 돌에는 쓸데없이 한 수를 더 들여 돌 낭비를 할 필요가 없으니까요.

또한 사활을 익히는 이유는 상대의 돌을 잡을 수 있는지 없는지 알기 위해서기도 하지만 바둑은 두다보면 나도 모르는 사이에 내 돌이 상대에게 둘러싸여 있거나, 상대의 집에 침입해야 할 때가 생길 수 있기 때문입니다. 그럴 때 내 돌 전체를 살리려면 꼭 두 눈 모양을 만들어야 합니다. 내 쪽에서 같은 4궁을 만들어도 죽는 모양과 살아있는 모양을 기억해두었다면 살아있는 모양을 만드는 쪽으로 둘 수 있겠죠. 상대의 돌을 잡기 위해서이기도 하지만 내 돌이 갇히거나 위험해졌을 때 살리기 위해서이기도 하다는 시각을 가져야 사활 모양에 더 깊은 수읽기를 하는 동기가 되지 않을까 싶네요.

자, 사활이 왜 중요하고, 그렇게 중요한 사활을 익히는 동기가 생겼다면 조금 더 사활의 세계를 탐험해 볼까요?

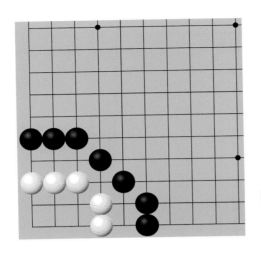

이제 육궁도일 때를 살펴보겠습니다. 육궁도면 여섯 집이나 있다는 말이니까 거의 대부분은 한 수 더 두지 않아도 자체로 살아 있는 모양입니다.

지금 백은 육궁도 모양인데요, 두 눈을 내고 살 수 있나요?

사활을 풀 때는 자신이 흑의 입장이 될 수도 있고, 백의 입장이 될 수도 있다는 마음으로 흑백의 입장에서 최선의 수를 찾아보는 것이 좋습니다. 그런 과정에서 수읽기가 늘고 실력이 늘어나거든요.

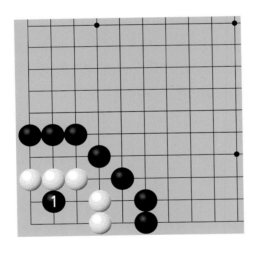

흑이 백의 두 눈 모양을 방해하기 위해 둘 수 있는 수로는 흑1이 있겠습니다. 이 흑1에 백의 응수는 어디일까요?

내가 백이라면 살리기 위한 최선의 수를, 흑이라면 백의 대응이 느슨할 때 잡을 기회를 노릴 비수 같은 한 수를 생각해 보는 것이 재미있습니다.

포인트 육궁도 모양이 사는 모양이라고 해서 흑이 둔 수에 백이 아무렇게나 두어도 산다는 뜻은 아닙니다. 흑이 먼저 뒀을 때 그 수에 백이 잘 응수했을 때 사는 것이지 백이 잘못 둔다면 죽을 수도 있지요.

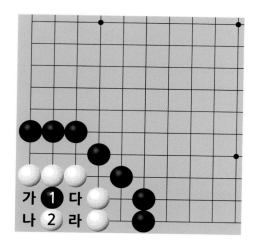

백의 두 눈 모양을 방해하기 위한 흑1에는 백2가 정확한 응수입니다.
백2가 아닌 가~라 어디를 두어도 백은 살지 못하고 죽습니다.
흑1에 백2로 응수한다는 것도 알아야 하지만 실전에서 내가 흑으로 백의 사활을 시험해보려고 한다면 어떤 식으로 백의 틈새를 엿볼 수 있는지도 이해하면 재미있지 않을까요?

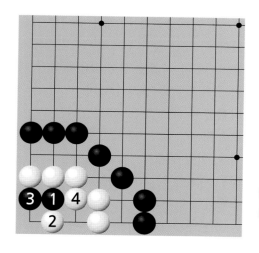

흑3이면 백4로 두 눈의 모양이 납니다.
흑4면 백3으로 두 눈 모양이고요. 흑1에 백2의 응수가 정확했기 때문에 백이 살았습니다.
결론적으로 궁도가 6인 돌은 딱 한 가지 모양을 제외하고는, 한 수를 먼저 더 두지 않아도 완전히 살아 있다고 기억하시면 됩니다.

어떤 모양의 6궁이 죽는 모양인지 궁금하시죠?

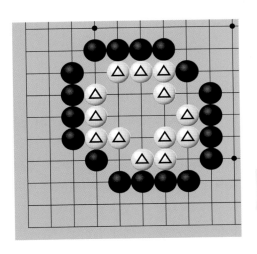

이 백돌의 모양은 어떤가요? 집이 꽤 넓어보여서 두 눈을 낼 수 있을 것도 같아 보이는데요. 이 6궁의 모양을 매화 육궁이라고 하는데 한 눈에 급소를 노출하고 있습니다.

이 돌 전체가 살고 죽는 사활의 급소는 어디일까요?

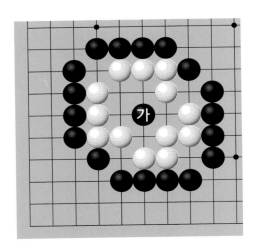

흑 '가'로 치중하면 이 백돌 전체를 잡습니다. 아주 큰 집이 생기죠.
흑이 '가'의 자리를 알아보지 못하면 백이 두어 두 눈을 내고 삽니다.
어쨌든 이 백 모양은 궁도가 6이면서도 자체로 완전히 살아있지 못한 유일한 모양입니다. 이런 형태가 되도록 모양을 만드는 것은 피해야 하기 때문에 기억해두면 좋습니다.

여기까지 돌의 사활의 조건과 궁도의 모양에 따른 돌의 사활에 대해 살펴보았습니다. 같은 궁도라도 모양에 따라 사활이 달랐습니다. 돌의 사활은 중요하기 때문에 정리를 해보겠습니다.

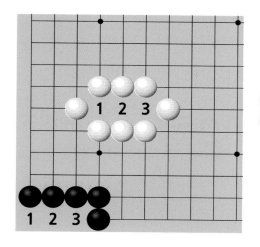

두 눈을 내고 살기에는 가로로 길쭉한 모양이 좋습니다. 길쭉한 모양의 3궁도는 누가 둘 차례인지에 따라 사활이 달라집니다.

자체로 살아있는 3궁도 모양은 없습니다.

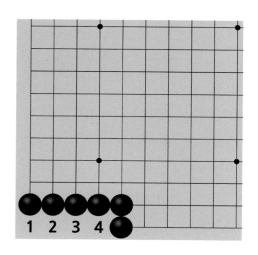

가로로 긴 4궁도 모양은 자체로 살아있습니다. 내가 상대 돌에 갇혀 두 눈을 내고 살아야 하는 상황에 처했다면 이런 모양을 기억해서 내 돌이 사는 모양을 갖추도록 두어야 합니다.

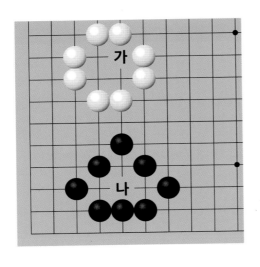

같은 4궁도라도 완전히 살아있는 4궁도가 있는가 하면 '가'처럼 자체로 완전히 죽어있는 돌이 있고, '나'처럼 누가 먼저 두느냐에 따라 사활이 달라지는 4궁도가 있습니다. '가'와 '나' 모양의 특징을 알아 보시겠나요? 4궁도 집 모양이 바로 좋지 않다고 해서 피해야 한다고 했던 뭉친 모양, '우형'의 형태입니다.

바보4궁과 삿갓모양 우형인데 좋지 않은 모양은 두 눈을 내고 사는 모양으로서도 좋지 않네요.

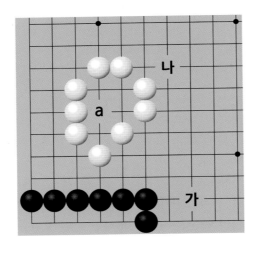

5궁도 예시입니다. '가'처럼 길쭉한 모양은 4궁도 이상부터는 무조건 살아있는 모양이니 넘어가겠습니다.

'나'는 5궁도여도 a의 자리를 누가 먼저 두느냐로 사활이 결정됩니다. 집이 넓어 보여도 뭉친 모양일 때는 두 눈을 낼 때 불리합니다.

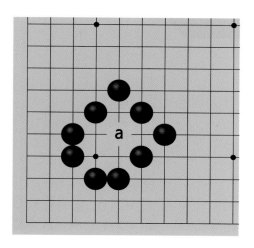

6궁에서는 모양이 매화꽃잎처럼 동그랗게 뭉친 매화 6궁만 a의 자리를 누가 두느냐로 사활이 결정됩니다. 이렇게 뭉쳐있는 우형은 비능률적인 모양이라 바둑에서는 어떤 식으로든 좋은 결과가 나오기 힘듭니다.

특히 돌의 사활에서 뭉뚝하게 뭉친 모양은 대체로 두 눈을 내고 살기에 좋지 않으며, 길쭉하고 날씬한 모양이 좋습니다.

여기까지 기초적인 돌의 사활을 살펴보았습니다. 이렇게 단순한 치중 한방으로 살고 죽는 것보다 더 복잡한 과정을 거쳐야 돌을 죽이거나 살릴 수 있는 어려운 사활이 많이 있습니다. 하지만 실력에 따른 대국 경험에서 익혀갈 수 있는 자연스런 과정이니 급하게 욕심낼 필요 없습니다.

지금까지 나온 돌의 삶의 기본을 잘 익히시면 그 바탕에서 실전을 통한 응용력이 생겨나기 때문에 반복해서 학습하면서 튼튼한 기초를 다져 주세요. 내 돌이 상대에게 잡히지 않을 돌이 되기 위한 조건을 다시 한 번 살펴볼까요?

포인트 첫째, 한 무리의 큰 돌 전체가 살기 위해서는 두 개의 독립된 착수금지점(눈)을 가져야 합니다.
둘째, 두 개의 눈을 가지려면 최소한 3궁도 이상의 집 모양을 가져야 하며 기본적으로 궁도는 넓을수록 사는 데 유리합니다.
셋째, 궁도가 넓다고 무조건 살아있는 돌은 아니고, 길쭉하면서 능률적인 궁도의 모양을 가져야 합니다.

3. 사활과 궁도의 실제 활용

그럼 돌의 사활과 궁도가 실제 대국의 어떤 과정에서 나오고
활용되는지 살펴볼까요?

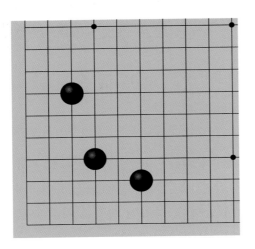

흑이 귀에 옆으로 넓게 두 칸 벌림과 한
칸 벌림으로 집을 지었네요. 이대로 흑집
을 만들어주기에는 흑의 집이 너무 커 보
이네요. 그럼 백은 흑의 집을 줄일 방법
을 찾게 되겠죠.

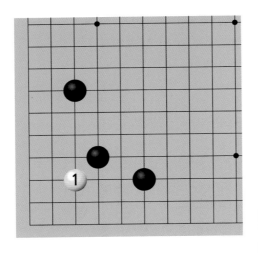

알짜배기 귀의 땅을 흑에게 다 줄 순 없
다고 백이 한 가운데로 침입했습니다. 귀
에서 특히 백1의 자리를 삼삼이라고 합니
다. 바둑판 가장자리 두 곳에서 삼선, 삼선이
만나는 자리여서 '삼삼'인데 귀를 침입할
때 가장 자주 두어집니다. 바둑을 더 알
아 가면 '삼삼 침입'이란 말을 자주 들어
보게 될 겁니다.

자, 이렇게 백이 흑의 귀집을 침입했는데 흑도 가
만히 있지는 않겠죠.

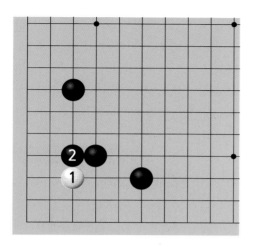

백이 밖으로 빠져나가지 못하게 하면서 백이 궁도를 넓히지 못하도록 공간을 제한하려고 흑2로 막습니다.

침입한 백은 흑의 집 안에서 최대한 넓게 집을 만들려고 하고, 즉 궁도를 넓히려고 할 것입니다. 반대로 흑은 침입한 백을 잡기 위해서 궁도를 좁게 만들어 두 눈을 내고 살지 못하게 최대한 백을 압박할 것입니다.

상대 집에 침입해 내 돌이 사는 방법은 상대 집의 크기나 돌의 위치 등 상황에 따라 너무나 다르기 때문에 한 가지 방법으로 정답이 정해진 것은 아닙니다. 다양한 수단이 있지만 궁도에 따른 사활 모양이 어떻게 만들어질 수 있는지 입문 실력의 대국에서 둘 수 있는 상황을 편의상 가정해봤습니다.

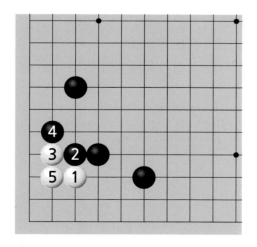

백은 궁도를 넓히기 위해 어떻게든 바깥쪽으로 젖혀서 집을 키워갑니다. 흑은 흑4로 막아야 하고 백은 끊어지는 약점 때문에 백5로 잇죠.

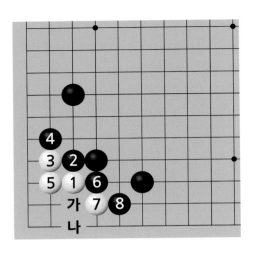

흑은 흑6으로 백의 궁도를 키워주지 않으려고 반대쪽을 막아가고, 백은 백7로 밑으로 젖혀서 한 집이라도 궁도를 넓히려고 합니다.

흑8로 막으면 백은 '가'나 '나'로 이어야 합니다.

백5나, 백 '가', '나'를 백이 왜 이어야 하는지 이해 되시나요?

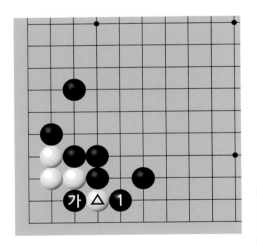

흑1에 백이 손 빼고 다른 곳을 뒀다면, 흑 '가'로 끊으면서 단수 쳐서 세모 백 한 점을 잡아버립니다.

물론 지금은 세모 백 한 점이 아니라 이것으로 백돌 전체가 죽지만요.

그래서 백은 흑1일 때 세모 백돌을 끊겨서 잡히지 않기 위해 이어야 합니다.

뒤에서 나오지만 이선에서 이런 모양으로 끝내기를 해야 하는 모양이 실제 바둑에서 자주 나오기 때문에 눈에 친숙하게 익혀두면 좋겠습니다.

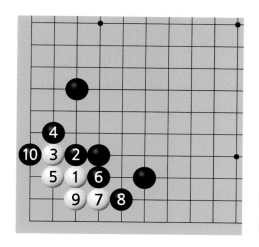

이런 식으로 진행이 된다면 흑에 둘러싸인 백 모양이 만들어집니다.

상대의 넓은 집을 깨기 위해 내 쪽에서 침입할 때 이렇게 사활이 걸린 모양이 만들어질 수 있습니다. 반대로 내 집이 넓은 벌림일 때 상대가 내 집에 침입해서 살려고 할 수도 있고요.

어떤 경우든 상대의 포위 속에서 삶의 조건은 두 눈을 낼 수 있느냐는 것입니다.

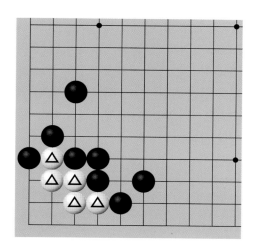

이 진행 과정을 결과만 요약하면 이런 모양이네요. 이런 모양일 때 세모 백 다섯 점은 흑집에서 흑에게 둘러싸였기 때문에 살아있는 돌인지 죽은 돌인지 분명히 해야 합니다.

백은 지금 두 눈이 확실하게 나지 않아서 자체로 살아있지는 못합니다.

이제 백이 둘 차례인데 어디에 두면 살 수 있을까요?

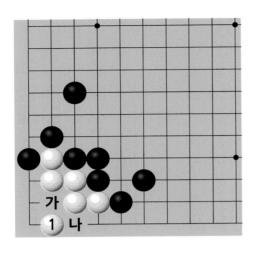

백이 두 눈 모양을 내고 살기 위해 시도해볼 최선의 수로 백1의 자리는 어떤가요? 여러분이 생각한 곳과 같은가요?
백1로 '가'와 '나' 두 개의 눈 모양으로 나뉜 것 같은데요.

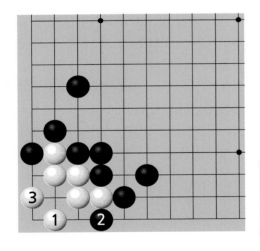

흑2로 눈 모양 하나를 방해하러 가자 백3으로 멋지게 두 눈을 만들었네요. 흑의 집에 침입한 백이 이렇게 독립된 두 집을 내고 살면 흑집이었던 곳이 흑집이 다 없어지고 백 집이 두 집 생기게 됩니다. 굉장한 성과죠.

상대의 집을 없애기 위해 침입할 때 이렇게 돌의 사활 모양이 나올 수 있다는 점은 이해되셨죠? 그렇지만 돌의 사활이 그렇게 단순하지는 않답니다.

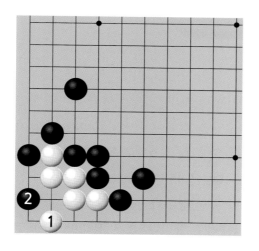

백1일 때 흑이 다르게 둘 수도 있습니다. 지금처럼 흑2로 두면 백은 살기 어렵습니다. 즉 입문에서 돌의 사활은 상대의 실력에 따라 달라질 수 있습니다. 여러분이 흑이라면 이 백을 살리지 않고 잡을 수 있나요?

포인트 상대 돌이 침입했을 때 잡을 수 있도록 수읽기를 하는 것이 사활을 익히는 목적입니다. 사활의 기본을 내 것으로 소화해서 적용해가야 합니다.

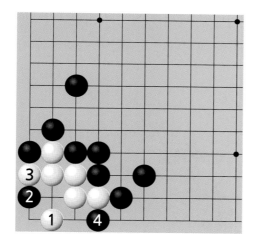

이후 흑이 이렇게 진행한다면 백돌을 다 잡을 수 있습니다. 하지만 흑이 이 과정에서 한 수만 달라도, 느슨하거나 실수해도 백은 살 수 있고요.

아마 지금 입문 과정에서라면 아직은 흑이 백을 잡지 못할 수도 있습니다. 다만 이런 돌의 사활이 실제 바둑에서 만들어질 수 있고 사용될 수 있다는 것을 이해하신 다음 많은 모양을 접해가다 보면 분명 '별거 아니었구나'라고 생각할 날이 올 겁니다.

상대방 돌에 둘러싸여 자기편 돌과의 연결이 어렵거나 갇혀있는 돌인 경우 최소 두 눈 모양을 갖춰야 완전히 살아있는 돌이 된다고 했습니다. 두 눈은 삶의 최소 조건으로 독립된 두 개의 집 모양을 만드는 것이 핵심입니다. 이러한 두 집 모양을 갖출 때 집처럼 보이지만 실제로 집이 아닌 경우가 있어서 살았다고 생각한 돌이 죽어서 낭패를 당하기도 합니다. 혹은 상대방 돌이 두 눈을 내고 살아있는 모양이라 신경 쓰지 않았는데 가짜 집으로 불완전하게 살아있던 것을 상대가 먼저 두어 정말로 살아버리면 먼저 알아보지 못한 것에 약이 오릅니다. 입문 때는 필수 난관이기도 한데요 이런 과정을 잘 통과하면 몇 단계씩 실력이 쑥 오르기도 합니다. 이렇게 집인 듯 집이 아닌 집이란 무엇인지 궁금하시죠? 지피지기 백전백승. 개념을 잘 알아야만 나는 당하지 않으면서 상대가 허점을 보인다면 순식간에 승리의 발판을 만들 수 있습니다.

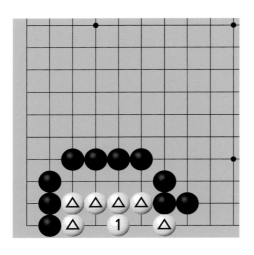

옥집의 개념

예제 01

세모 백돌이 흑집 안에 갇혀 있습니다. 두 눈을 가져야만 사는 모양입니다. 백1로 두면서 백이 두 눈을 만들어서 살았다고 선언합니다.
과연 그런가요?

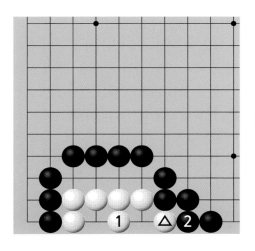

백이 두 눈의 모양이기는 한데 흑2로 백의 집 모양 하나를 만드는 세모 백돌을 단수 칠 수 있습니다.

백은 어떻게 응수할 수 있을까요?

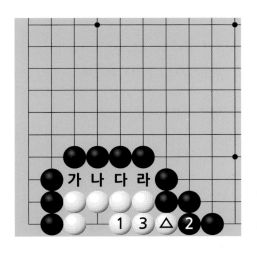

단수니까 백3으로 이어야겠죠. 잇고 난 백돌 전체 모양이 어떤가요? 눈이 한 개, 착수금지점을 한 개만 가지고 있습니다. '가'에서 '라'까지 백의 활로를 흑이 막았다고 생각해보세요. 백돌 전체가 단수 당합니다. 이 백돌은 잡혀서 죽은 돌인데요 왜 죽은 돌인지 이해되셔야 합니다.

분명 두 눈 모양인 줄 알았는데 왜 이렇게 된 걸까요?

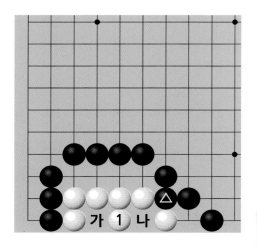

백1로 '가'와 '나'로 나뉜 두 눈 모양을 만들었을 때 세모 흑돌의 위치를 주의 깊게 봐 주세요. 세모 흑돌 때문에 '나'의 자리가 정식 집이 되지 못해서 백이 잡히거든요. 이렇게 얼핏 집처럼 보이지만 나중에 상대에게 단수 당하면 없어지게 되는 집을 옥집이라고 합니다. '옥집'은 집처럼 보이는 가짜 집입니다.

두 눈을 내야산다, 두 집을 내야산다고 할때의 두 집은 상대에게 단수 당하지 않는 튼튼하게 연결된 돌로 지어진 두 눈, 두 집을 말하는 것입니다.

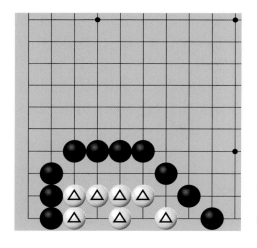

처음에 이런 모양으로 백이 살아있는 돌인지 물어봤다면 어땠을까요?
여러분이 흑의 입장이라면 백이 살았다고 넘어가지 않았을까요?
여기서는 지금 누가 둘 차례인지에 따라 백돌의 사활이 달라진다는 것이 정답입니다.

흑은 백돌을 죽이는 곳, 백은 백을 살리는 곳이 되는 사활의 급소는 어디인가요?

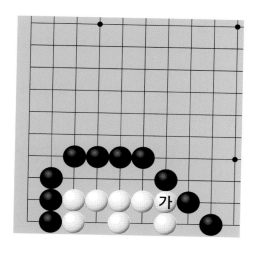

'가'의 자리가 백돌을 죽이고 살리는 자리라는 것 알아보셨죠? 백 '가'로 두는 순간 백은 완전한 두 눈이 생겨서 확실하게 살아있는 돌입니다.

이렇게 앞에서 나온 궁도에 따른 사활의 급소는 한 눈에 알아보기 쉬웠지만 '옥집'을 알아보는 것은 쉽지 않습니다.

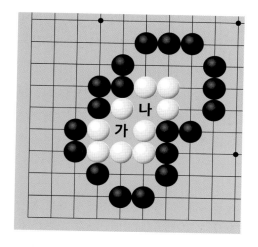

예제 02

흑돌에 둘러싸인 백돌 전체는 살아있나요? 밖으로 나가 자기편과 연결할 수는 없어 보이니까 흑집 안에서 두 눈을 내고 사는 수밖에 없습니다. '가'와 '나'가 완벽한 집이어야 두 집 내고 사는 돌이 되는데 단수 당할 곳 없이 완전하게 연결된 튼튼한 집이 맞는지 살펴보시면 됩니다.

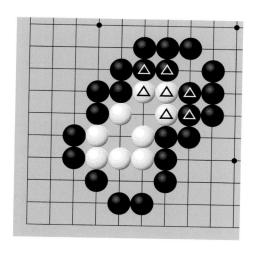

흑이 백의 비어있는 활로를 막았다고 생각해보면 됩니다. 세모 백 세점이 단수가 되어서 이어야 하네요. 두 눈으로 보였는데 단수 당한 곳을 이으면 한 눈밖에 남지 않아서 백 전체가 죽은 돌입니다.

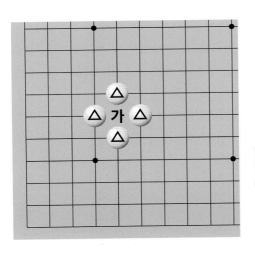

그럼 완벽한 눈 모양, 완벽한 한 집의 개념을 살펴보겠습니다.
지금 세모 백돌 네 개가 한 눈의 모양을 만들고 있습니다.

'가'는 어떤 상황에서도 한 눈을 유지할 수 있을까요?

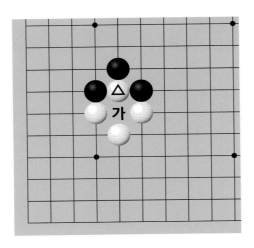

흑이 둘러싸면 세모 백돌이 바로 단수 당해서 '가'의 한 눈 자리를 이어야 합니다.

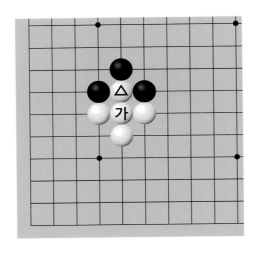

단수 당한 세모 백돌을 '가'로 이으면 한 눈의 모양이 없어집니다. 그렇다면 한 눈의 모양을 유지하려면 집을 만드는 돌들이 단수 당하지 않아야겠네요.

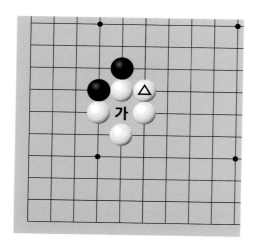

단수 당할 곳을 꼭 이었습니다.
이제 '가'는 완전한 한 집일까요?

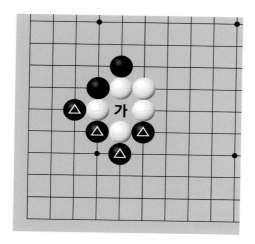

흑이 아직도 백 '가'의 한 눈을 없애기 위
해서 백을 단수 칠 곳이 많네요.

단수 당하지 않으려면 자기편 돌끼리 연결하면
됩니다.

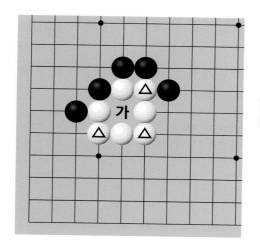

'눈'을 만드는 돌 하나 하나가 단수 당하
지 않으려면 세모 백돌 자리마다 연결되
면 됩니다.

'가'의 한 눈 자리가 완벽해졌을까요?

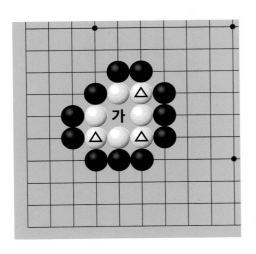

흑이 이 백을 단수 치려면 바깥쪽 활로를 모두 막아 통째로 단수 만드는 수밖에 없습니다. '가'의 한 눈 모양은 마지막까지 남아있습니다.

이런 집 모양이 삶을 위한 완벽한 한 집, 한 눈 모양입니다. 그렇지만 완전한 한 집 모양이라도 한 집만으로는 단수 당할 수 있으니 살아있는 돌이 아니죠.

두 눈 중 한 눈이라도 이렇게 완벽한 눈 모양이 아니라면 죽은 돌이 되는 것이죠.

 포인트 완벽한 집 모양이 2개, 두 눈 모양을 가져야 사는 돌이 된다는 것을 기억하세요.

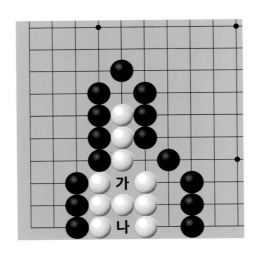

옥집 만들기

예제 01

옥집의 개념을 잘 이해하셨다면 이 백돌의 사활을 알아볼까요?

지금 흑이 둘 차례인데 백이 살아있다면 흑은 더 이상 건드리지 않고 다른 곳을 두러 가야 합니다. 백이 '가', '나'로 두 눈을 만들고 살아있나요?

살아있지 않다면 흑이 어디에 두어야 백돌 전체를 쓰러뜨릴 수 있을까요?

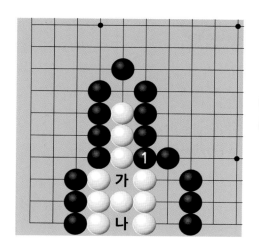

흑1의 자리가 쌍방급소 자리입니다. 백이 먼저 두면 완벽한 두 눈 모양이 되지만 흑이 먼저 둘 수 있다면 어떤가요?

왜 두 눈이 안 되는지 이해되었나요?

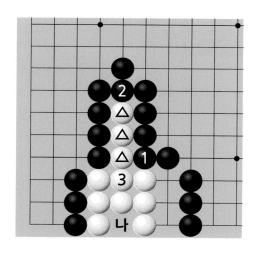

흑1로 세모 백 세 점이 끊어져서 활로가 막히면 결국 단수되면서 백3으로 이어서 눈 한 개의 모양이 사라집니다. '나'의 한 눈만 남아서 전체가 잡힌 돌이 되는 겁니다. 이렇게 상대의 집을 옥집으로 만드는 흑1의 자리를 한눈에 잘 알아볼 수 있나요?

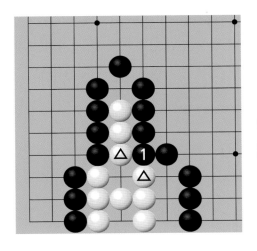

돌의 연결과 끊음에서 나왔던 돌을 끊는 자리와 닮아있죠. '입구자 행마의 대각선 자리' 두 곳이 상대 돌을 연결되지 못하게 끊어가는 모양의 급소였습니다.

세모 백돌의 입구자 모양에 흑1의 자리가 바로 그런 자리이기도 하니 눈에 익혀 두세요.

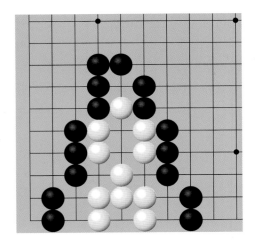

예제 02

상대의 눈 모양을 먼저 옥집으로 만들 수 있는 자리를 알아보는 것은 돌 전체를 잡느냐 못 잡느냐를 결정하는 중요한 능력입니다. 지금 모양에서 흑이 백 전체를 잡을 수 있는 기회가 있을까요? 흑이 둘 차례인데 어디에 두면 좋을까요?

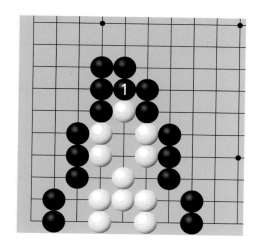

너무 쉽게 보인다고요? 흑1로 백 한 점을 단수 치면 눈의 모양이 하나 없어지나요?

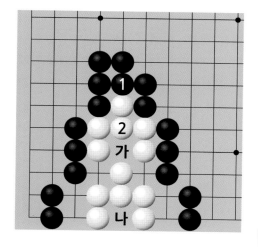

흑1의 단수에 백2로 이어야겠네요. 잇고 난 후 '가'와 '나' 두 눈의 모양이 나서 살았습니다. 흑1이면 백2의 응수는 예상하면서 두어야 합니다.

바둑은 언제나 배운 기초기술의 응용이 필요하답니다. 배운 것을 적용해서 한 수 한 수를 둘 때 항상 한 번 더 생각하고 깊이 생각해보는 습관을 가지면 실력을 키워나가는 데 큰 도움이 됩니다.

여기서 다른 방법은 없을까요? 백은 그냥 살아있는 돌일까요?

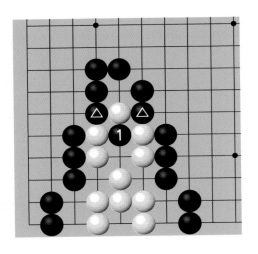

세모 흑돌이 분명 옥집을 만들 수 있는 자리에 있습니다. 방금 전 방법으로는 옥집이 될 듯하면서도 단순하게 단수 쳐서는 안 되네요. 여기서는 흑1의 자리가 방법입니다.

'환격'에서 미끼로 내 돌 한 점을 던져 상대 돌을 잡았던 것 기억나나요? 여기서도 내 돌 하나를 희생하는 것이 세모 흑돌을 이용해 옥집을 만드는 급소입니다.

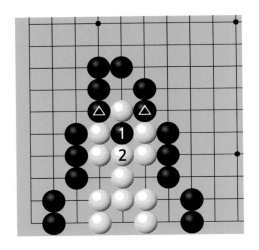

백은 백2로 따낼 수밖에 도리가 없습니다. 흑이 먹여치고 백이 따냈다고 표현할 수 있겠네요.

먹여쳐서 옥집을 만드는 멋진 과정은 반복을 통해서 꼭 이해하고 넘어가셔야 합니다.

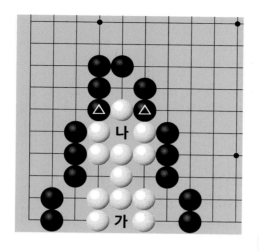

흑 한 점 미끼를 따먹은 백의 모양은 이렇게 됩니다. 백 전체가 두 눈의 모양을 갖추었나요? '가'는 완전한 한 눈이지만 '나'는 어떤가요?

앞에서 눈에 익혀두었던 세모 흑돌의 위치가 절묘해서 '나'는 완전한 한 눈이 되지 못합니다.

지금 모양에서 전체 백이 살아있는지 묻는다면 바로 답을 알 수 있겠지요.

처음 문제도와 지금의 문제도를 비교해 보세요. 먹여치기로 이렇게 한눈에 알아볼 수 있는 옥집의 모양이 나타났습니다.

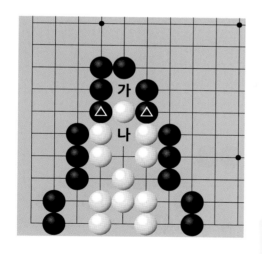

처음의 문제도입니다. 이 모양에서 백 전체를 잡을 수 있는 돌로 알아볼 수 있느냐, 살아있는 돌로 보느냐에 따라 바둑의 집 차이가 어마어마하겠지요.

단순히 흑이 '가'에서 단수 쳤다면 백은 살아버렸을 겁니다. '나' 자리에서 내 돌 하나를 희생하는 먹여치기로 백돌 전체를 잡게 된다면 기분이 얼마나 짜릿할까요?

'먹여침'의 기술을 꼭 기억해서 실전에서 사용해 보시기 바랍니다.

옥집의 개념을 이해해서 상대의 집을 옥집으로 만드는 자리를 알아보는 것은 만만치 않습니다. 아래 진행도에서 백의 두 눈 중 한 곳을 옥집으로 만드는 곳이 있는지 살펴보세요.

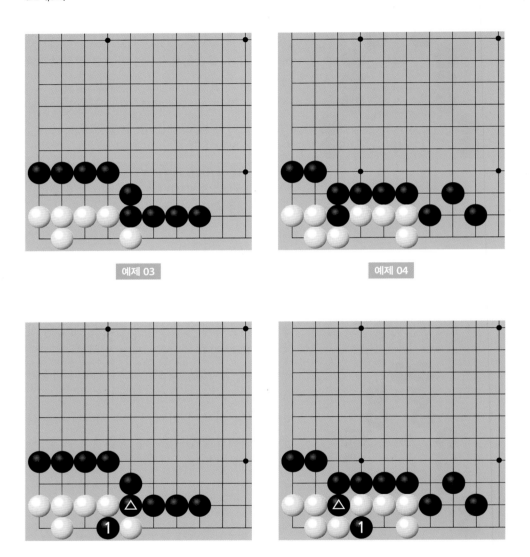

흑1의 자리가 각각 백돌의 한 눈을 완전한 집 모양이 아닌 '옥집'으로 만드는 곳이죠. 흑1이 놓이면 백돌들은 죽은 돌이 되어 흑에게 전체가 잡힌 것으로 봅니다. 각각 세모 흑돌의 역할로 옥집이 됩니다. 이해가 안 되는 점이 있다면 이해가 되실 때까지 충분히 살핀 후 다음으로 넘어가세요.

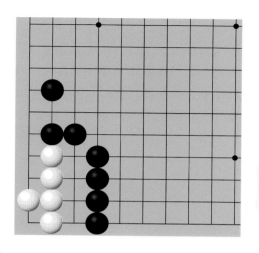

이제 내 돌을 살릴 때는 어떨까요? 흑 안에 갇힌 내 백돌을 살려야 한다면 어디에 두면 좋을지 생각해보세요. 한 수로 완전한 두 눈의 모양을 만들어야 살 수 있습니다.

쉽게 보면 너무 간단합니다. 자칫 실수하기 쉬운 곳이 있어 확인하는 것입니다.

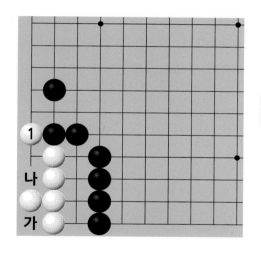

백1로 두고 '가'와 '나' 두 눈 모양을 만들었다고 생각한다면 '옥집' 처음으로 다시 돌아가 읽어보셔야 합니다.

백1로 두면 왜 두 눈 모양이 될 수 없는 걸까요?

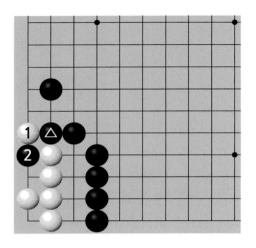

백1로 두면 흑은 얼씨구나 하며 흑2로 둘 것입니다. 내 수를 둘 때 상대의 다음 수 정도는 예측해서 문제가 없을지 따져 봐야 하겠죠. 세모 흑돌의 위치 때문에 흑2로 먹여치기가 됩니다. 백의 다음 수 는 선택의 여지가 없습니다.

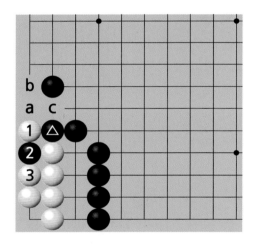

백1 한 점이 단수여서 백3으로 따내야 합니다. 백a로 나갈 수도 있지만, 결국 흑에게 b나 c를 막히면 역시 백3으로 따 낼 수밖에 없는 모양입니다.

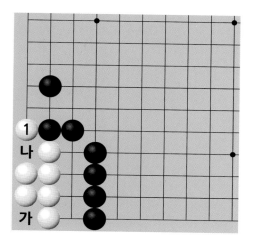

백1로 두었을 때 예상할 수 있는 진행입니다. 두 눈을 만들려고 둔 백1로 두 눈을 만드는 데 성공했나요?

'가'는 완전한 한 눈입니다. 그러나 '나'는 한 눈인 집처럼 보이지만 결국 단수되면 이어야 하는 가짜 집입니다.

백이 먼저 두면 살 수 있는 모양인데도 살리지 못했습니다. 백1로 두는 것은 아직 옥집 개념을 완전하게 이해하지 않은 것입니다.

옥집 개념을 완전히 파악했다면 백이 처음에 두 눈을 내고 사는 자리를 알아냈을 겁니다.

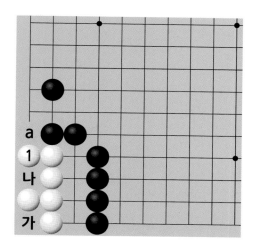

옥집에 대한 이해가 확실하다면 백1로 침착하게 1선으로 내려서 두 눈 모양을 만드는 수가 최선이라는 것을 알 수 있습니다.

'가'와 '나'의 두 눈 모양은 단수 당할 곳 없이 완벽한 집 모양입니다. 백1의 자리에 두면 백이 살고 a로 두면 백 전체가 죽는 것입니다.

포인트 상대 돌의 눈을 옥집으로 만드는 자리를 볼 수 있어야 하지만, 내 돌의 눈을 만들 때 옥집이 되지 않게 집을 만들 수 있는 것이 우선이겠습니다.

| 제7강 |

수상전과 빅

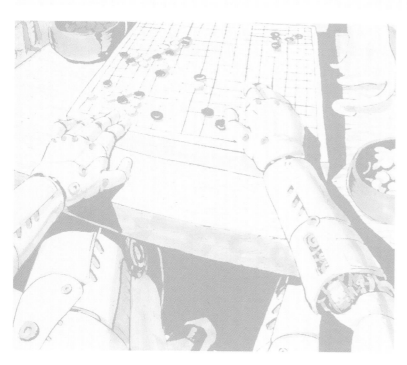

1. 수상전

바둑의 기초를 익히신 후 바둑 공부를 계속 해나갈 때 고수들의 기보나 관전을 통해 어떻게 두는지 알아가는 것이 도움이 됩니다. 특히 바둑 방송 등을 통한 프로들의 바둑을 해설과 함께 감상하다보면 자신도 모르게 실력이 늘어갈 겁니다.

바둑 방송 해설을 듣다 보면 많이 들을 수 있는 말로 수상전이 있습니다. 흑백 수상전이 벌어졌는데 어느 쪽이 잡히는 쪽일지 수읽기를 해봐야겠다고 해설합니다. '수상전'이란 흑백이 서로 끊고 끊겨서 얽힌 상황에서 둘 다 미생인 채로 생사를 걸고 싸우는 것을 말합니다. 싸움의 방식이 서로 수를 메워 이긴 쪽이 상대 돌을 따내는 것입니다.

수를 메운다는 말은 각자의 활로의 개수를 줄여서 싸운다는 뜻입니다. 수상전을 벌이는 흑백의 돌은 두 집을 내고 살 수 없는 상황에서 서로가 서로를 잡아야만 살 수 있는 상황에 처한 것입니다. 대체로 활로가 많은 쪽이 수상전에서 승리합니다.

> 미생 : 돌이 살아있지 못한 상태를 미생이라고 합니다. 돌이 살아있다는 것은 자기편 돌과 연결되어 있거나 상대의 영역에서 두 집을 냈을 때입니다. 즉 미생은 자기편 강한 돌과 연결되기도 어려운 상태에서 확실한 두 집을 아직 확보하지 못한 상태로 죽지는 않았지만 완전히 살았다고도 할 수 없는 상태의 돌을 말합니다.

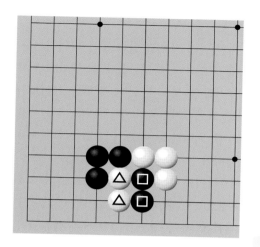

내 돌이 어느 돌과 수상전을 해야 하는지 파악하는 것이 우선입니다. 수상전은 세모 백 두 점과 네모 흑 두 점처럼 각각 끊어져 있는 돌끼리의 싸움입니다. 한쪽을 잡아야 한쪽이 삽니다. 서로 절박하죠. 싸움은 수 싸움이니까 내 돌과 상대 돌의 활로를 세는 것이 기본입니다.

백돌과 흑돌 모두 활로가 2개네요.

그렇다면 수상전은 흑백 중 누가 이길까요?

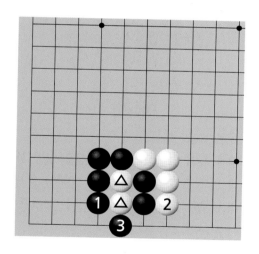

활로의 개수가 같은 때는 먼저 두는 쪽이 이깁니다. 흑1로 막으면서 백이 단수, 백2로 흑을 단수 쳐도 흑3으로 먼저 따내서 잡습니다.

이렇게 수상전에서 상대 돌을 잡기 위해 활로를 메워가는 것을 '수를 메운다' 또는 '조인다'라고 표현합니다.

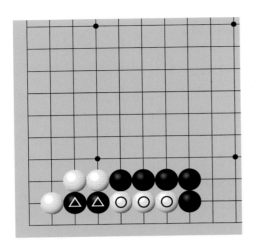

예제 02

제일 먼저 싸우고 있는 돌을 파악하는 것이 중요하죠. 흑 두 점과 백 세점이 서로 끊겨있습니다. 각 돌의 활로를 세어보세요. 흑이 2개, 백이 3개입니다. 서로 활로의 수 차이가 날 때는 수가 많은 쪽이 유리합니다.

수 차이에 따라 한 수 차이는 '한 수 느린 수상전', '한 수 빠른 수상전'이라고 합니다. 지금은 흑이 한 수 느린 수상전입니다. 백의 입장에서는 백이 한 수 빠른 수상전이 되겠죠.

 포인트 메울 수가 같을 때는 먼저 조여가는 쪽이 유리합니다.
활로의 수가 차이 날 때는 활로의 수가 많은 쪽이 유리합니다.

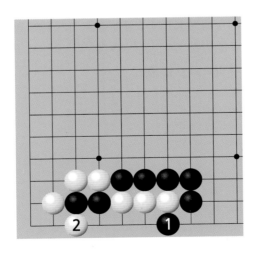

흑이 먼저 둘 차례여서 흑1로 수를 조여가도 백2면 흑이 먼저 단수로 잡힙니다. 내가 흑의 입장이라면 수상전을 벌일 상대 돌의 활로를 계산해보고 상대의 수가 내 돌보다 많다면 포기하고 다른 곳에 두러 가야겠죠.

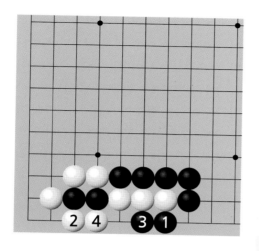

처음부터 활로의 개수 차이가 났기 때문에 수상전을 진행하지 않고 머릿속으로 수 계산만 해봐도 백에게 흑이 잡힌다는 것을 알 수 있습니다.

흑이 1, 3으로 잡을 수 없는 백 세 점의 활로를 구태여 조여갈 필요는 없습니다. 흑의 입장에서 이런 수는 아껴두었다 어딘가에서 패가 발생했을 때 팻감으로 쓰면 좋습니다.

> 어차피 흑 두 점은 잡힐 수밖에 없는 돌이니 팻감으로 요긴하게 써먹는다면 활용 가치가 생긴 것이죠.

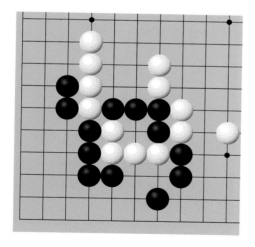

예제 03

수상전은 단순한 모양도 있지만 복잡한 형태에서 일어나기도 합니다.

지금 모양에서 어떤 돌과 어떤 돌이 수상전을 벌이고 있는지 파악되나요? 입문 때는 수상전이 되는 줄도 모르고 있다 상대가 먼저 두어 내 돌을 잡아버리기도 하죠. 내가 먼저 알았다면 상대 돌을 잡을 수 있었던 상황에서요.

> 지금은 흑이 둘 차례입니다. 어디가 시급한 자리일까요?

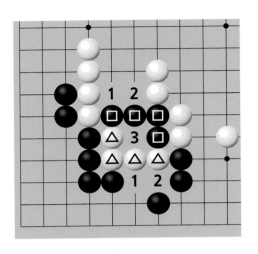

표시된 백 네 점과 흑 네 점이 수상전을 벌이는 형태라는 것을 먼저 알아봐야 합니다. 다음으로는 남아있는 메울 수를 세어봅니다. 흑돌도 3수, 백돌도 3수입니다. 각각 남아있는 활로의 수는 3개씩인데 가운데 활로3은 서로 공유하고 있습니다. 이렇게 수가 같다면 먼저 두는 쪽이 승리합니다. 흑이 어디에 두어야 할지는 너무 쉬운가요?

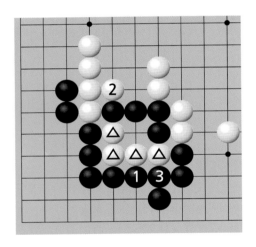

같은 수를 가졌으니 흑1로 먼저 조여가면 백도 2로 급하게 수를 줄여옵니다. 흑 3으로 세모 백 네 점이 먼저 단수입니다. 흑이 백을 먼저 잡았네요. 이처럼 끊어진 두 돌이 서로의 남아있는 수를 줄여서 상대방을 잡으려는 것이 수상전이라는 것은 이해되셨을 겁니다.

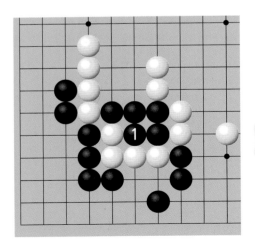

그런데 흑이 같은 3수라서 먼저 두면 이긴다고 생각해 활로를 메우려고 흑1로 둘 수도 있겠죠? 백의 수를 메우는 거니까요.

그런데 같은 결과가 나오는지 살펴봐주세요.

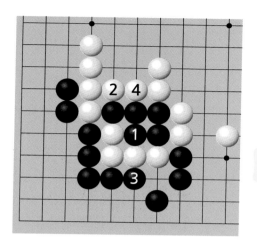

흑1 이후 진행 과정입니다. 백2로 흑이 먼저 단수 당해서 흑3으로 백수를 조여가도 백4로 먼저 따내서 잡습니다. 분명 흑이 먼저 수를 줄여갔는데 왜 결과가 달라진 걸까요?

왜인지 알아차렸나요?

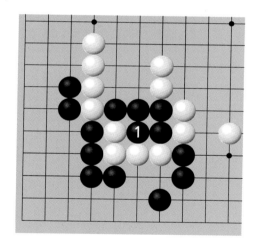

처음 흑1로 메워간 수가 자충이기 때문입니다. 자충이란 자기 수를 스스로 메우는 것입니다. 스스로 자기 수를 줄였으니 수상전에서 불리하게 되는 것입니다. 흑1의 자리는 백의 활로 3개 중의 하나이기도 하지만, 바로 흑 자신의 활로 3개중의 하나이기도 합니다. 흑1의 자리는 백의 수를 조이는 것뿐 아니라 자신의 수를 한 수 줄이는 것도 되어서 백이 다음 수로 흑을 잡아버리는 것이죠.

포인트 수상전에서는 항상 안쪽이 아닌 바깥 수부터 메워가야 합니다.

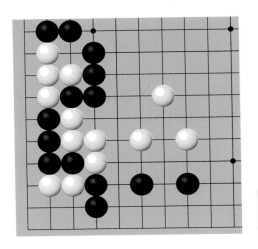

수상전에서 안쪽이 아닌 바깥쪽부터 수를 메워가야 한다는 것은 잊지 않도록 꼭 기억해야 합니다.

그렇지만 무엇보다 내 돌이 살기 위해서 어떤 돌과 수상전을 벌여야 하는지를 알아볼 수 있는 것이 우선입니다.

지금과 같은 모양에서 흑으로 둘 차례입니다. 흑으로 급하게 두어야 할 자리가 보이시나요?

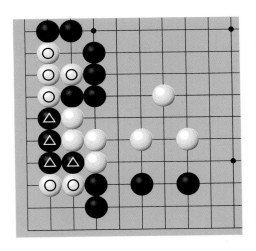

바둑은 두면서 계속 흑백의 모양을 파악해야 합니다. 지금 흑 네 점이 끊겨있습니다만 흑으로 인해 백도 끊긴 돌이 양쪽에 있습니다.

흑이 둘 차례일 때 끊긴 돌이 살려면 끊고 있는 백돌을 잡아야 합니다. 백돌을 잡으면서 자기편과 연결되고 살 수 있기 때문입니다.

자, 백돌을 잡고 싶다면 어느 쪽이 잡을 수 있는 백돌인지 따져봐야겠지요. 무엇을 따져보나요?

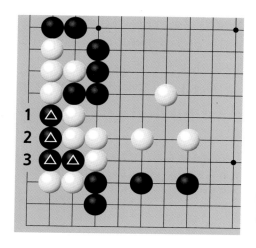

흑이 둘 차례여서 세모 흑 네 점이 살려면 어느 쪽의 백돌과 싸워야 하는지를 파악하는 것이 우선입니다.

바로 자신의 활로의 수와 싸우고 싶은 돌의 활로의 수를 따져봐야지요. 앞으로는 활로의 수를 그냥 '수'라고 하겠습니다. 흑은 3수를 가지고 있습니다.

그럼 백돌의 수는 어떤가요?

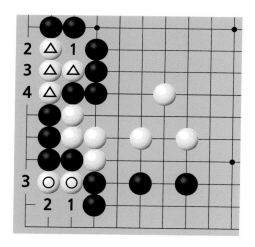

세모 백 네 점의 수는 4수, 동그라미 백두 점의 수는 3수입니다.

3수를 가진 흑돌 네 점이 수상전으로 싸워야 할 상대 백돌은 백 네 점인가요, 두 점인가요?

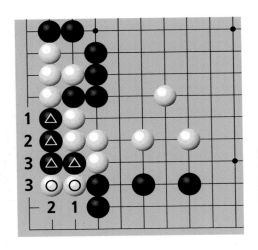

3수뿐인 흑은 4수를 가진 백 네 점과는 싸워도 이길 수 없으니 포기입니다. 같은 3수를 가진 백 두 점을 노려야죠.
수상전에서 같은 수를 가지고 있다면 먼저 두는 쪽이 이긴다고 했습니다.

> 흑 네 점과 백 두 점과 같은 3수를 가지고 있고, 흑이 둘 차례이니 어디에 두어야 최선의 결과를 가져올까요?

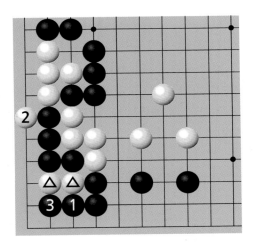

흑1로 세모 백 두 점의 수를 먼저 조여 가면 백2로 조여와도 흑3으로 먼저 잡을 수 있습니다. 백 두 점을 잡고 흑 네 점은 살아났습니다.

포인트 이렇게 수상전의 개념을 이해한다는 것은 돌의 연결과 끊어짐을 알아볼 수 있어야 하고, 어떤 돌과 수상전을 벌여야 승산이 있는지 파악해서 올바른 방향에서 상대의 수를 줄이러 조여가는 과정을 종합적으로 포함하는 것입니다.

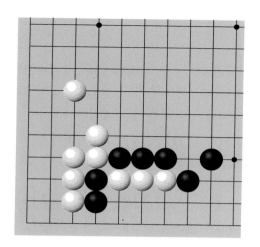

이런 모양에서 흑이 둘 순서입니다. 흑의 어디에 두는 것이 최선의 수일까요?
일단 모양 파악을 해보세요. 어떤 돌이 끊어져있는 약한 돌인지, 위험에 처한 돌은 어떤 돌인지, 위험한 돌을 살리려면 어떤 방법이 있을지 생각해보셨나요?

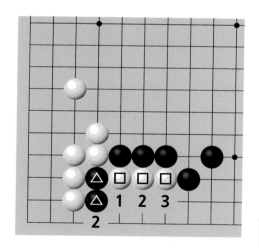

세모 흑 두 점도 끊어져 있고, 네모 백 세 점도 끊겨 있는 돌입니다. 흑 두 점이 살려면 백 세 점을 잡는 수밖에 없겠네요. 그렇다면 남아있는 수가 몇 개인지 따져봐야죠. 흑은 2수, 백은 3수입니다. 같은 수가 아니고 수 차이가 나서 수상전을 해도 흑이 백을 잡을 수가 없겠네요. 흑은 어쩔 수 없이 잡힌 돌인가요?

정말 그런가요? 수상전은 응용이 많이 필요합니다. 수읽기의 힘이 가장 필요할 때도 수상전에서입니다.

 포인트 내 수를 늘릴 수 있는지가 힌트입니다.

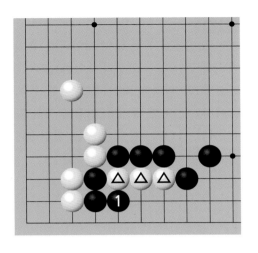

수상전의 묘미는 내 수를 늘리는 방법이 있을 수 있다는 것입니다. 보통의 경우라면 내 수가 2수, 상대의 수가 3수라면 잡히기 때문에 처음부터 수상전을 하지 않겠지만 상황에 따라 다릅니다. 수상전이 되는지 안 되는지를 판단하기 전에 내 돌을 움직였을 때 어떻게 되는지 수읽기를 해봐야 합니다.

흑이 수가 적지만 흑1로 먼저 움직이면 어떻게 되나요? 흑의 수가 3수로 늘어나면서 세모 백의 수는 2수가 됩니다.

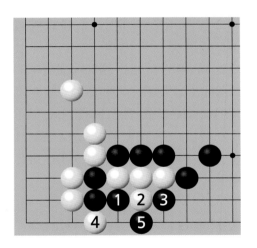

백2로 흑의 수를 조여가도 흑3으로 먼저 단수 쳐서 흑이 백 네 점을 잡습니다.

분명 처음에 흑이 2수, 백이 3수라 흑이 잡힌다고 계산했는데 반대로 백이 잡혔네요. 어찌된 일인가요?

바로 흑1로 백의 수를 조이면서 자신의 수는 늘어나는 모양이 되기 때문입니다.

 포인트 이렇게 바둑은 그 형태에 따라 다양한 적용이 있기 때문에 재미있지 않나요? 하나의 정답이 있는 것이 아니라 대국 상황에 맞는 기본 개념의 응용을 요구하거든요.

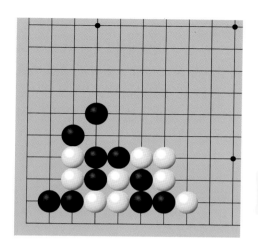

기본이 튼튼해야 다양한 상황에서 적용이 가능하니 수상전의 기본인 '잡아야 할 돌 알아보기'를 좀 더 살펴보겠습니다.
흑의 입장이라고 생각하고 지금 어디에 두어야 최선일까요?

위험에 처한 흑돌이 있는지, 위험에 빠졌다면 벗어날 방법이 보이는지 생각해보세요.

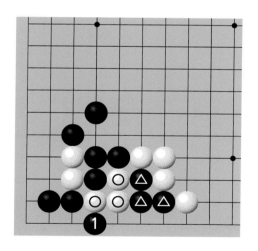

세모 흑 세 점이 끊겨서 백에게 둘러싸여 위험합니다. 흑돌을 끊고 있는 백 세 점을 먼저 잡으면 살 수 있을 텐데요. 같은 2수니까 흑이 먼저 흑1로 두면 백 세 점을 잡고 삽니다.

입문 때는 두 대국자 다 이런 모양을 보지 못하고 서로 다른 곳만 두는 경우가 많습니다. 잡을 수 있는 돌을 알아보는 것이 처음에는 눈에 잘 들어오지 않죠. 끊어진 돌이 있을 때는 수상전이 되는 상대 돌이 있는지 신경 쓰다보면 금방 눈에 익숙해질 겁니다.

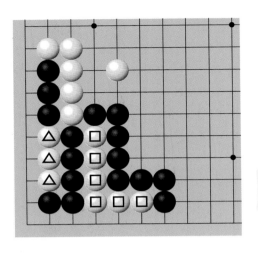

예제 07

흑으로 둘 차례입니다. 백과 흑이 서로 복잡하게 끊고 끊어져 있네요. 흑이 백을 수상전으로 잡아야 할 돌들이 보이시죠. 흑은 어느 쪽의 수를 조이러 공격해가야 할까요?

흑은 백 세 점과 백 여섯 점, 두 곳을 노릴 수 있는 상황인데 어느 쪽을 선택해야 할까요?

잡을 수 있는 돌을 알아볼 수 있는 단계가 되었다면, 다음은 이런 복잡한 장면에서 어떤 쪽의 돌을 잡는 것이 가장 좋은 결과를 가져올지 판단할 수 있을 겁니다.

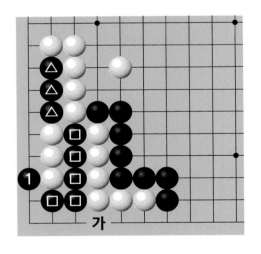

흑1로 백 세 점을 잡아야 합니다.
흑1로 백 세 점을 잡으면 세모 흑돌과 네모 흑돌이 모두 연결되면서 삽니다. 그런데 더 큰 돌을 잡겠다고 흑 '가'로 백 여섯 점을 먼저 잡으러 간다면 어떤 결과가 되는지 그려보세요.

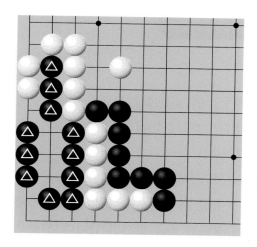

먼저 흑이 백 세 점을 잡았을 때의 결과입니다. 백을 따내면서 세모 흑돌이 모두 하나로 연결되었습니다. 흑돌이 모두 살았으니 자동으로 백 여섯 점은 끊어져 잡힌 것입니다.

결론적으로 흑은 두 곳 다 살고 백은 두 곳 다 잡혔습니다.

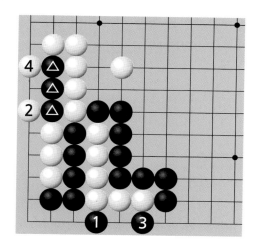

흑이 백 여섯 점을 먼저 잡으러 간다면 백도 세모 흑 세 점을 잡을 수 있습니다. 서로 상대 돌을 한 쪽씩 나눠 잡는 결과입니다.

이렇게 어떤 돌을 먼저 잡느냐에 따라 결과가 크게 다릅니다. 전체적인 모양을 파악해서 가장 좋은 결과를 가져올 선택을 해야 하겠죠.

포인트 수상전은 ① 바깥쪽에서 수 조이기, ② 내 돌의 수를 늘리면서 상대 수 조이기, ③ 시급한 돌부터 수 조이기처럼 신경 써서 살펴야 하는 부분이 많습니다. 그만큼 바둑 실력 향상에 필수적이고 핵심적인 기술이기 때문 아닐까요?

2. 수상전의 특이한 형태 - 빅

흑백의 돌이 서로 끊겨 싸우는 수상전에서는 보통 둘 중 한쪽이 죽어야 한쪽은 사는 경우가 대부분인데요, 양쪽 다 사는 특수한 경우가 있습니다. 그것을 빅이라고 합니다. 과연 어느 쪽도 잡히지 않고 흑백 둘 다 사는 모양이 나올 수 있을까 궁금하시죠? 바둑에서 상대에게 위협받는 돌이 사는 방법으로는 첫째 두 눈을 내고 살거나, 둘째 상대편 돌을 잡으면 삽니다. 그런데 빅은 예외적으로 두 눈을 갖추지 않고도 살고, 상대를 잡지 않고도 내 돌이 살아있는 경우입니다. 양쪽이 비겼다, 비김이라는 뜻에서 빅이라고 부르는데 입문 과정에서는 일부러 빅의 형태를 만들거나 빅이 나오는 경우는 드뭅니다. 그렇지만 바둑 방송을 통해 고수들의 대국을 관전할 때 해설을 통해 서로 빅이 나온 형태라는 말을 종종 들을 겁니다. 빅의 개념을 알고 있으면 이해하기 쉽겠지요?

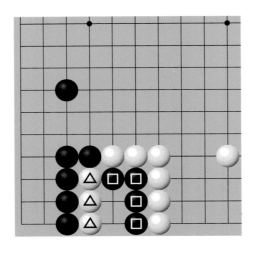

예제 01

자 모양을 한 번 살펴볼까요? 표시된 흑돌과 백돌이 서로 끊겨있습니다. 한쪽이 한쪽을 잡는 수상전의 형태 같은데 지금 흑이 둘 차례라면 어디에 두어야 할까요?

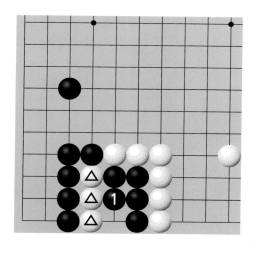

서로 활로가 2개씩이어서 수가 같을 때는 먼저 조여 가는 쪽이 유리하다고 했습니다. 흑이 얼씨구나 흑1로 백의 수를 먼저 조이면서 백을 잡으러 갔는데 뭔가 이상하지 않나요?

흑1로 백의 수가 2수에서 1수가 됐지만 흑의 수도 2수에서 1수가 되면서 단수 모양이네요.

이제 백이 둘 차례인데 다음은 어떻게 되나요?

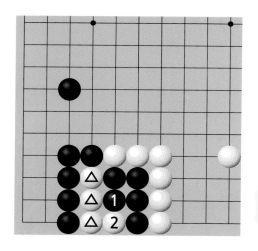

백은 당연히 백 2로 흑돌 다섯 점을 따냅니다. 분명 흑백이 같은 2수에서 흑이 먼저 백을 잡으러 갔는데 흑이 잡혔습니다. 흑이 흑1로 두어 잡혔으니 흑1은 둘 필요가 없었던 셈이네요. 괜히 흑1로 백을 잡으러 가서 흑이 잡혔으니 흑은 두지 않고 가만히 있어야 했던 겁니다.

그럼 백이 먼저 흑을 잡으려 할 텐데요?

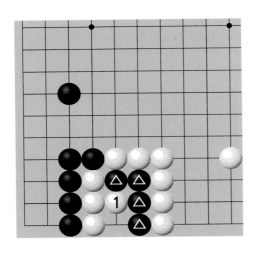

흑이 다른 곳을 두고 이곳을 두지 않으니까 백이 먼저 수상전을 합니다. 흑의 2수를 줄이려고 백1로 먼저 조였는데 역시 뭔가 이상하죠?

흑의 수를 줄이면서 백 네 점이 단수 모양이 되네요.

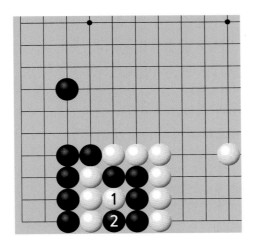

다음은 흑이 둘 차례니 흑2로 백 네 점을 당연히 따내버립니다.

백도 흑을 잡으러 먼저 수를 조이러 가면 자기 돌이 잡힙니다. 그렇다면 백도 먼저 잡으러 가려고 하지 않겠죠.

이렇게 먼저 잡으러 가는 쪽이 오히려 잡히게 되니까 서로 이곳을 두지 않을 겁니다.

언제까지 두지 않고 노려만 볼까요?

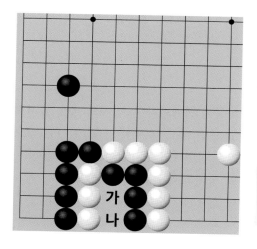

'가'와 '나'의 자리는 흑백 서로 바둑이 끝날 때까지 두지 않을 겁니다. 상대 돌을 잡으려고 들다가는 자신의 돌이 먼저 잡히는데 왜 두겠어요. 그럼 잡힌 쪽은 어느 쪽이냐고요? 이럴 때는 흑백 둘 다 사는 것으로 간주하고 '빅'이라고 합니다.

빅 모양에서는 욕심을 부리는 쪽이 먼저 상대에게 잡히기 때문에 두지 않고 가만히 놔두는 것이 최선입니다.

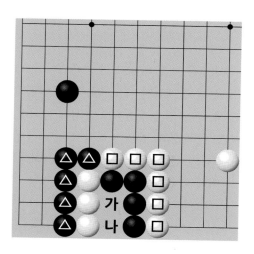

바둑이 끝난 후에도 양쪽 다 산 모양이라 건드리지 않습니다. '가'와 '나'는 어느 쪽의 집으로도 보지 않고 그 부분을 그대로 남겨둔 채 나머지 집들을 계산해서 승패를 가립니다.

이렇게 빅이 최종까지 성립하려면 기억해야 할 중요한 조건이 있습니다. 빅이 된 형태의 돌을 둘러싸고 있는 밖의 흑백의 돌들이 모두 살아있어야 한다는 점입니다.

포인트 빅 상태의 백돌을 둘러싼 세모 흑돌, 빅 상태의 흑돌을 둘러싼 네모 백돌들이 모두 살아 있어야 빅이 완성입니다.

빅이 성립하려면 왜 둘러싸고 있는 돌들이 두 눈 이상을 내고 완전하게 살아있어야 하는지 볼까요?

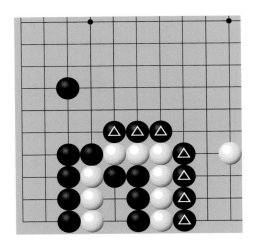

바둑이 진행되다 빅 상태의 돌을 둘러싸고 있던 어느 쪽 한편의 돌이 어떤 식으로든 잡혔다고 생각해 보죠.
빅 상태의 흑 4점을 둘러막고 있던 백돌이 흑에게 잡혔다면요?

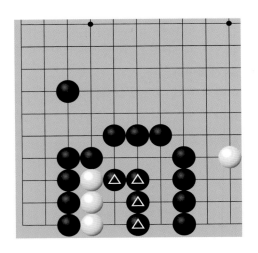

흑이 잡은 백을 따내고 난 상태입니다. 백돌과 빅 상태였던 세모 흑 4점이 연결되면서 백 세 점을 자동적으로 잡게 됩니다. 어느 한쪽 돌의 밖을 둘러싸고 있던 돌이 잡힌다면 한쪽 돌이 살아나가면서 더 이상 빅이 아니게 됩니다.

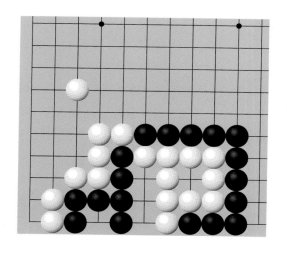

이런 모양에서 흑이 둘 차례입니다. 흑과 백이 끊어져 한 눈씩만 가진 상태로 싸우는 모양인데 흑이 어디에 두어야 좋을까요?

흑백이 모두 끊어져서 두 눈을 못낸 미생의 형태로 싸우는 수상전의 형태입니다. 수상전에서 흑백의 수가 같은 경우, 먼저 두는 쪽이 한 수 유리합니다. 문제는 빅이라면 흑은 이곳이 아닌 다른 곳을 두러 가야겠죠.

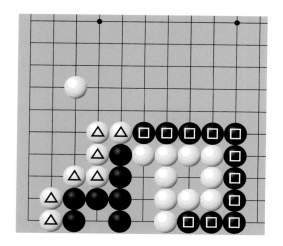

빅 모양이려면 조건이 있습니다.

첫째, 흑백 모두 상대편 돌로 둘러싸여 바깥쪽으로 움직일 수 있는 길이 전부 막혀있어야 합니다.

둘째, 흑백 모두 바깥쪽 자신의 돌과 끊어져서 두 눈을 내고 살지 못한 상태여야 합니다.

여기까지는 수상전의 모양과 조건이 같습니다. 지금 장면도에서도 흑백 양쪽 돌이 서로 자신의 돌과 끊어져 바깥쪽은 모두 둘러막혀 빠져나갈 수 없습니다.

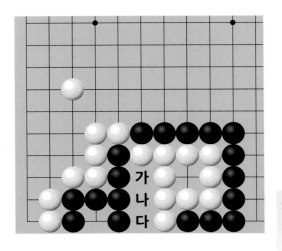

빅의 조건 셋째, 수상전의 형태에서 안쪽에 가진 활로가 서로 중복되는 공통의 수여야 합니다.

수상전과 구별되는 빅의 특징은 끊어져 싸우는 양쪽 돌의 안쪽 활로가 모두 흑의 수면서 백의 수도 되는 중복된 수여야 한다는 것입니다.

지금 장면도에서 흑백에게 남은 3수 '가', '나', '다'는 흑의 수인가요? 백의 수인가요? 세 곳 다 흑백 공통의 수입니다.

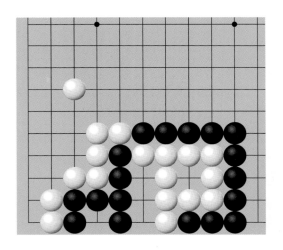

즉 지금의 흑백 수상전 형태는 빅의 조건에 들어맞네요. 굳이 두어보지 않아도 빅이라는 것을 알았다면 흑백 모두 이곳에 둘 필요가 없습니다. 둘러싸고 있는 바깥쪽 흑돌, 백돌이 죽지 않는다는 전제 하에서 서로 건드리지 않고 바둑이 끝날 때까지 중립 상태로 두는 것입니다.

백이 먼저 두어서 흑을 잡는다든가 흑이 두어 백을 잡는 수는 없으니 흑이 이곳에 한 수 둔다면 한 수를 낭비한 것입니다.

포인트 빅의 조건 ① 흑백 모두 상대편 돌로 둘러싸여 바깥쪽으로 움직일 수 있는 길이 전부 막혀있고 ② 흑백 모두 바깥쪽 자신의 돌과 끊어져서 두 눈을 내고 살지 못한 상태이며 ③ 수상전의 형태에서 안쪽에 가진 활로가 서로 중복되는 공통의 수여야 합니다.

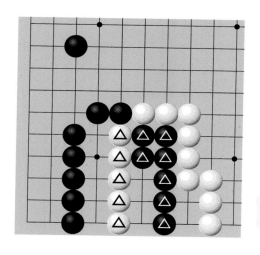

이제 어떤 돌과 어떤 돌이 수상전을 하게
될 돌인지 알아볼 수 있나요? 세모 표시
된 흑돌과 백돌이 서로 끊어져 있습니다.
한쪽이 다른 한쪽을 잡거나 혹은 빅이 되
어야 살 수 있습니다. 흑이 둘 차례로 생
각해보세요.

빅이라면 둘 필요가 없는데 빅인가요, 아닌가요?

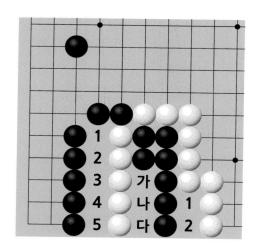

빅이 되려면 양쪽 돌이 공통의 수를 가지
고 있어야 합니다. 여기서 공통수는 '가',
'나', '다' 3수입니다. 그런데 둘러막혔지
만 공통수 외에도 각자의 활로가 있습니
다. 백은 5수, 흑은 2수. 이것을 바깥수라
고 하는데 바깥수가 너무 차이나면 공통
수를 가져도 빅이 되지 않습니다. 빅이 되
려면 바깥수가 크게 차이나지 않으면서 공통
수를 가지고 있어야 합니다.
지금 모양에서는 공통수가 3수지만 백이
자체 바깥수가 많아서 흑이 먼저 두어도
흑이 잡힙니다.

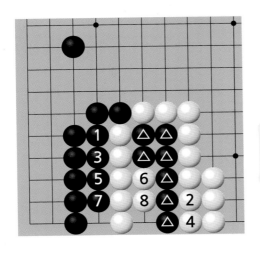

흑1로 먼저 백의 수를 조여가도 백2 이하 진행되면 세모 흑돌이 먼저 단수되죠. 이렇게 흑이 먼저 두어도 백을 잡을 수 없다는 수읽기도 스스로 할 수 있어야 합니다.

바깥수가 많이 차이나면 백의 수면서 흑의 수인 공통수를 가지고 있어도 '빅'이 되지 않는 이유가 이해되셨죠?

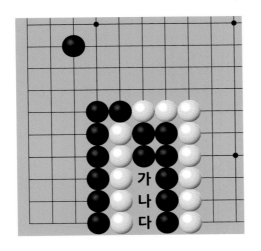

같은 흑백 모양인데 바깥 길이 모두 막혀서 바깥수가 없고 흑백에 공통된 안쪽 수만 3수 가지고 있다면 사활이 어떤가요? 공통수만 가지고 있고, 공통수가 2수 이상이면 빅이 됩니다. 이 모양에서는 가, 나, 다 모두 공통수이기 때문에 서로 둘 필요가 없는 빅 모양이 됩니다. 가장 판별하기 쉬운 단순한 형태의 빅입니다.

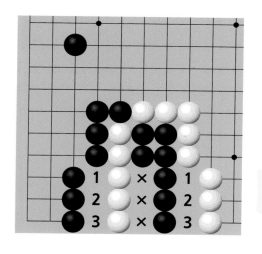

공통수만 아니라 각자 바깥수를 가지고 있을 때, 흑백의 지금 모양처럼 바깥수가 3수로 똑같아 차이나지 않는다면 역시 빅이 됩니다. 서로 하나씩 메워가면 결국 위의 장면과 똑같은 형태가 될 테니까요. 이해가 되셨나요?

이런 기준으로 일반 수상전과 빅의 형태를 구별할 수 있습니다.

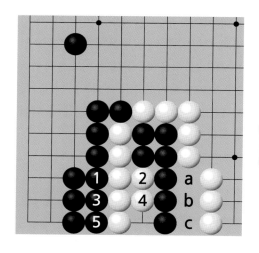

가만 두어도 빅 모양이니까 서로 건드릴 필요가 없는데 만약 흑이 흑1로 건드려오면 어떨까요? 백이 a~c가 아닌2, 4로 수를 조여간다면 백이 먼저 잡히네요.

빅은 서로 잡히지 않고 둘 다 사는 형태인데 왜 이렇게된거죠?

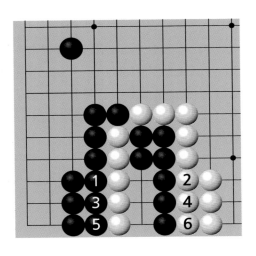

네, 흑1일 때 백도 백2로 흑의 바깥 활로부터 메워가야 계속 빅입니다. 빅 모양에서든 수상전에서든 서로의 공통수를 먼저 메워 가면 나에게 자충수가 되어 내가 먼저 잡힐 수 있다는 수 메움의 기본을 꼭 기억하세요.

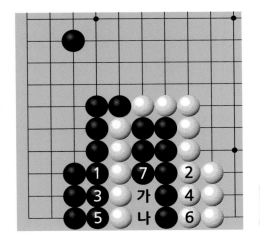

흑이 흑7로 두지 않아도 빅입니다. 이미 빅의 모양인데 빅을 만든다고 둘 필요 없는 흑7 한 수를 더 둔다면 비효율적이겠죠? 흑7로 두어도 백은 '가'나 '나'를 두지 않고, 둘 수도 없습니다. 자충이 되어 잡히니까요.
흑7은 그냥 한 수를 낭비한 셈입니다.

입문 과정에서는 이렇게 두지 않아도 되는 수를 제대로 알아볼 수만 있어도 큰 성과입니다.

바둑 기전 알아보기 1

바둑 프로기사가 되면 프로 대회에 나가서 대국을 둡니다. 기업체나 신문사의 후원 하에 상금을 걸고 프로들끼리 우승을 겨루는 대회입니다. 이런 프로 대회는 다시 국내 대회와 세계 대회로 나뉩니다. 국내 대회는 국내 프로기사들끼리 겨루고, 세계 대회는 말 그대로 제한 없이 전 세계의 프로 기사들이 참여할 수 있죠. 아무래도 세계대회가 우승상금도 높고, 중국이나 일본 기사들과 대결하기 때문에 더 큰 흥미와 긴장감을 줄 수 있겠지요.

그 중에서도 재미있는 형식의 대회 중 하나인 한국바둑리그를 살펴볼까요. 축구처럼 감독이 있고 선수 5명으로 이루어지는 단체전으로, 현재는 9개팀입니다. 5월 경부터 우승팀이 결정되는 11월 정도까지 팀별 리그를 벌이는데 매주 목요일부터 일요일까지 저녁 6시 반부터 바둑 티비가 항상 생중계로 방송합니다. 팀원 5명은 주장인 1지명을 비롯해 2지명, 3지명, 4지명, 5지명 선수까지 순위나 최근 컨디션 등을 참고해서 감독들이 뽑아 팀을 구성하는 지명제입니다.

재미있는 점은, 주장은 주장끼리, 2지명은 2지명끼리 대국하는 것이 아니라는 점이죠. 리그 당일 맞붙을 두 팀의 감독이 블라인드 오더로 내보낼 선수들의 순서를 정합니다. 서로 어떤 기사가 어떤 순서로 나올지 모르는 상태에서 자기 팀의 전략을 짜야하는 것인데 그래서 주장이 5지명과 대국할지, 주장끼리 대국이 이루어질지 알 수 없다는 점이 흥미 있는 관전 포인트가 되죠. 낮은 지명의 선수들이 상대팀의 상위 지명을 이기는 이변도 자주 있습니다. 기회가 된다면, 바둑 티비를 통해 응원하는 팀을 만들어 프로들의 대국도 감상하면서 기사들의 실제 대국모습도 보시는 기회가 되었으면 합니다.

| 제8강 |

끝내기와 계가

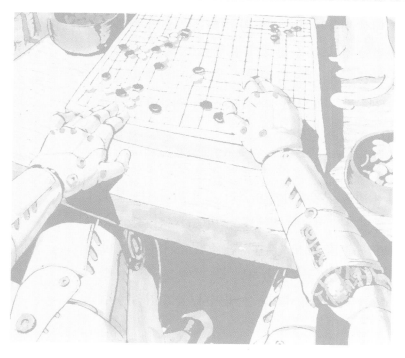

1. 끝내기

여기까지 잘 따라오셨나요?

집 짓는 방법, 돌을 잡는 기술, 두 집 내고 돌을 사는 법, 돌끼리의 수상전과 빅, 패와 팻감까지 한 판의 바둑 내용을 만들어가는 바둑의 기본 규칙과 기술들에 대해서 익혀보았습니다. 익힌 내용들을 바탕으로 이제 여러분이 인터넷 바둑 사이트나 기원에서 실제로 바둑을 두게 될 텐데요. 바둑을 두고 마무리를 하는 방법을 최종적으로 살펴보려고 합니다.

한 판의 바둑은 크게 초반, 중반, 종반으로 나뉩니다.

초반은 보통 처음 3~40수까지 정도로, 위치 좋은 곳에 적당한 벌림으로 대강의 집 모양을 만드는 포석 단계입니다. 포석이 끝나면 서로가 세운 집 뼈대의 경계선을 정하고 막아가면서 서로의 돌이 부딪혀 복잡한 수상전이나 돌의 사활이 생겨나기도 하는데, 이때가 중반 전투 단계입니다. 이런 전투가 대강 마무리되고 서로의 집의 경계선이 확정되면 이제 완전한 집 모양을 만들기 위해 틈을 모두 막아 마무리 짓는 일만 남게 되는데, 이때를 종반 끝내기라고 합니다. 끝내기까지 마치고 나면 서로의 집수를 계산하는 계가를 하고 승패를 정합니다.

이처럼 한 판의 바둑을 완전하게 마무리 짓기 위해서는 끝내기가 필수이고, 중반까지 서로의 집 수효가 비슷하다면, 결국 승부는 끝내기에 따라 결정되기도 합니다. 한 집만 이기면 되는 바둑에서 누가 얼마나 끝내기를 더 잘 하느냐는 승부를 가르는 중요한 부분이겠죠. 돌을 살리고 죽이는 사활이나, 잡고 잡히는 수상전에 비해 입문 과정에서는 중요성을 소홀히 할 수 있는 부분이 지만 실력이 늘어갈수록 끝내기가 얼마나 중요한 부분인지 더 절감하게 됩니다. 끝내기는 앞에서 바둑선의 사용에서도 나왔듯 주로 2선과 1선에서의 마무리가 많습니다. 처음에는 마무리 모양이 생소하고 복잡해 보여도 나오는 모양이 자주 나오기 때문에 한 번 익혀두면 바둑 한 판을 둘 때마다 반복적으로 사용하게 되므로 활용도가 높습니다.

끝내기에도 어떤 끝내기부터 하는 게 좋은지 순서가 있고 어떻게 하는지에 따라 상대의 집을 한 집이라도 더 줄일 수 있는 방법이 있습니다. 프로들의 바둑에서 '반 집 승부'라는 말 들어보셨나요? 바둑의 덤 때문에 한 집이 아닌 반 집 차이가 생기는 것인데 이렇게 고수들의 바둑에서도 한 집도 아닌 반 집 때문에 승부가 갈리기도 합니다. 입문 과정에서도 끝내기를 잘 하는 법을 아는 것과 모르는 것의 차이는 크겠지요? 배워두면 보람이 큰 부분이 끝내기이기 때문에 유종의 미를 거두기 위해서라도 힘내서 끝까지 잘 익혀주시기 바랍니다.

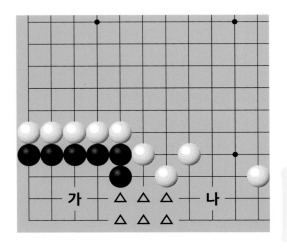

흑집 '가', 백집 '나' 부근으로 정해
졌네요. 마무리를 하려고 보니 세모
표시 된 곳이 서로 아직 경계가 확
실치 않습니다. 흑이 둘 차례일 때
어떻게 끝내기를 해야 할까요?

끝내기의 목적도 내 집을 한 집이라도 늘리
는 방법을 찾는 것이니까 경계선을 어떻게
만들어야 흑의 입장에서 최선일지 생각해
보세요.

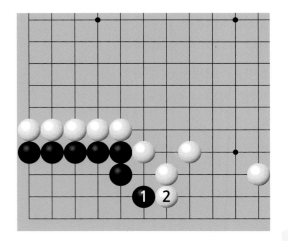

흑1로 연결 상태를 유지하면서 백집
쪽으로 최대한 경계선을 확장하는
것이 좋습니다. 백은 백2로 막아야
합니다. 끝내기 단계니 큰 곳이 남아
있지 않다고 할 때 흑1일 때 백2로
막아야 백의 입장에서도 집을 최대
한 지키는 것이 됩니다.
이렇게 2선에서 이루어지는 끝내기를
2선 끝내기라고 합니다.

끝내기 방법을 익힐 때 한쪽의 응수만이 아
니라 흑백 양쪽의 입장에서 응수하는 법 모
두를 잘 알아 두세요.

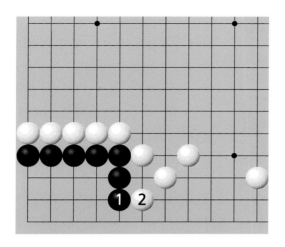

흑이 지금처럼 흑1로 경계선을 만들어 끝내기를 하면 백2로 둡니다. 흑이 백2의 자리로 둘 때보다 흑집 크기가 작아집니다. 앞서 흑이 입구자로 끝내기한 장면과 비교해보세요. 한 집 차이로 바둑을 질 수 있다 생각하면 끝내기에서도 최선의 수를 찾아야겠죠?

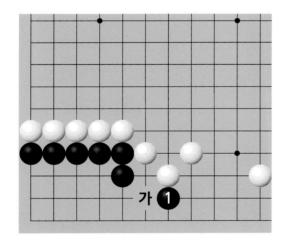

끝내기에서도 내 집의 경계선을 한 집이라도 넓히는 게 좋다면 흑1로 가야 더 좋은 거 아닌가요?
흑1의 날일자 행마는 흑집의 경계선을 더 확장하고 있습니다만 왜 처음에 흑1이 아닌 '가'의 자리로 두었는지 여러분이 알 수 있을 것 같네요.

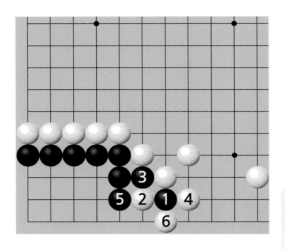

끝내기는 경계선을 마무리하는 것이지 전투를 벌이려는 것이 아닙니다. 흑1의 날일자 끝내기는 욕심이 지나쳐서 백2로 끊으면 흑 한 점이 잡힙니다. 결국 흑5로 막게 된다면, 흑집의 경계선은 늘지 않고 백집만 늘어났습니다.

끝내기는 안정적으로 내 쪽의 경계선을 늘려가는 것이지 무리하면 더 좋지 않은 결과를 만들 수도 있습니다.

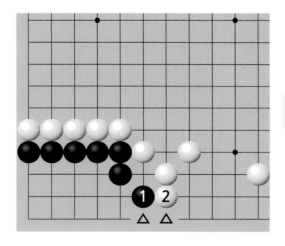

2선에서 흑1로 경계선이 만들어졌다면 이제 세모 표시된 1선도 경계선을 확정해야 마무리입니다.

흑이 어떻게 둬야 할까요?

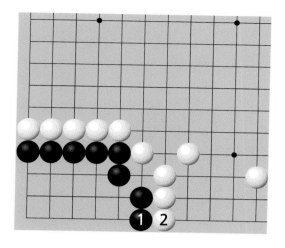

가장 단순하게는 흑1, 백2로 막으면 서로의 집이 완성됩니다. 이런 모양 보다 흑이 좀 더 이득을 보면서 경계선을 마무리하는 끝내기 방법이 있을지 생각해 볼까요?

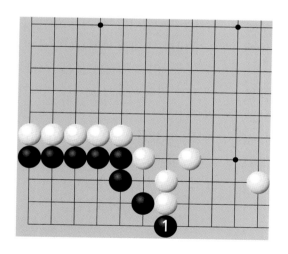

바로 흑1의 젖힘입니다. 다음 백의 응수와 이후 진행은 바둑을 마무리 하려면 너무도 많이 나오게 되는 모양이니 꼭 기억해 두세요.

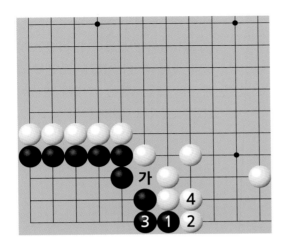

흑1이후 쌍방의 진행입니다. 이것으로 1선까지 집의 경계선이 마무리되었습니다. 이런 형태를 1선 젖혀 끝내기라고 합니다.

2선과 1선의 경계선을 확정짓는 끝내기까지 끝났는데 '가'의 자리처럼 흑집도 백집도 아닌 공간이 남아있네요. 이런 공간도 다 메워져야 한판의 바둑이 끝나게 됩니다. '가'와 같은 곳의 처리는 어떻게 될까요?

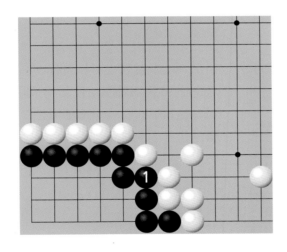

끝내기 단계에서 흑집도 백집도 아니면서 누가 두어도 집에 영향을 주지 않는 자리가 공배입니다. 공배는 두는 순서에 따라 한 곳씩 메워갑니다. 그런데 공배처럼 보이지만 누가 두느냐에 따라 집의 득실이 생기는 자리가 있습니다.

지금의 자리를 흑이 둘 차례여서 흑1로 두었다고 해 보죠. 백집에는 아무런 영향이 없고 흑집에도 아무런 변화가 없는 것 같습니다.

 포인트 공배 | 끝내기 단계에서 흑집도 백집도 아니면서 누가 두어도 집에 영향을 주지 않는 자리.

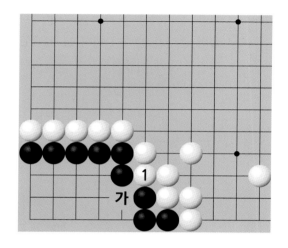

반대로 백이 둘 순서여서 공배처럼 보이는 곳을 백이 먼저 백1로 두게 되면 어떤가요?

백1이 두어지면 흑의 약점이 생깁니다. 흑이 방치하면 백 '가'로 두어 흑 세 점이 끊겨 잡히는 약점을 바로 알아보셨나요?

끝내기에서 빈 곳이 메워지면서 상대편 돌이 두어지면 내 돌이 끊어질 위험이 생기는 곳이 자주 나옵니다.

이런 곳을 바로 알아보지 못하면 이겨있던 바둑을 끝내기 손실로 질 수 있으니 주의해야 합니다.

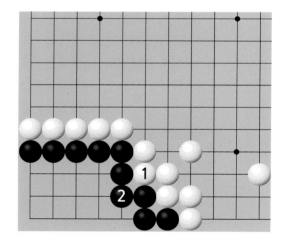

백1로 두면 흑은 흑2로 꽉 이어야 합니다. 입문 때는 놓치기 쉬운 모양이니 이런 모양의 형태를 꼭 눈에 익혀 주세요.

결론적으로 1의 자리를 흑이 두었다면 흑2로 이어 자기 집을 한 집 줄이지 않아도 되니 한 집 이득이었던 셈입니다. 즉 1의 자리는 공배가 아니라 흑집을 한 집 줄이는 끝내기 자리입니다.

이렇게 공배처럼 보여도 실제로 집과 관련 있는 경우가 있습니다.

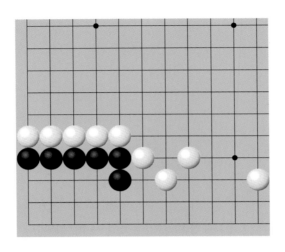

처음 끝내기를 시작하는 장면에서 흑의 순서가 아니라 백이 둘 차례였다면 어떻게 바뀔까요? 백으로 최선의 끝내기를 해보세요.

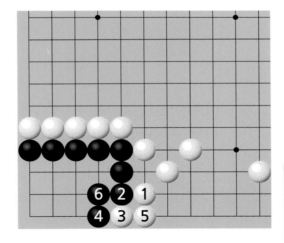

백의 순서였다면 백1 이하 진행이 최선입니다. 흑이 먼저 할 때와 백이 먼저 할 때 흑집과 백집의 경계선이 어떻게 바뀌었는지 확인해 보세요.
누가 먼저 끝내기를 시작했는지에 따라 8집이나 차이가 납니다.

내 집이 늘어나는 집 4집, 상대집이 줄어드는 집 4집으로 이 끝내기의 가치를 8집 끝내기로 보는 것인데 입문에서 몇 집 끝내기인지까지 따지지는 않고 진행 과정을 잘 알아두시면 됩니다.

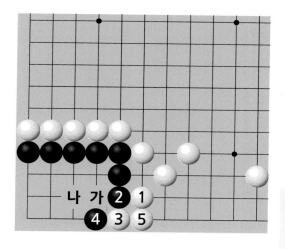

끝내기 진행 과정에서 백3에 흑4로 막으면 백3이 단수되어서 백5로 이어야 하는 것은 아실 텐데요, 백5로 이은 후 흑이 왜 '가'나 '나'로 이어야 하는지 이해하셨나요? 흑이 '가'의 자리에 이어야 할 이유가 없다면 잇지 않아야 한 집이 이득입니다.

이해하지 않고 무조건 외워서 둘 수도 있지만 실력이 늘려면 왜 그렇게 두어야 하는지 한 수의 의미를 이해하면서 두어야 합니다.

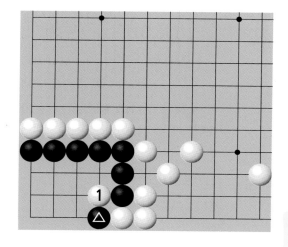

흑이 이런 진행 후 잇지 않고 다른 곳을 둔다면 백1로 끊어가기 때문이라는 거 다 아셨죠?
상대방이 잇는 것을 깜박했다면 백은 백1로 당연히 끊어가야 하는데 입문 때는 서로 이런 부분을 끝까지 모르고 바둑을 끝내는 경우도 있습니다.

내가 이런 실수를 하지 않는 것은 기본이고 상대방이 실수한다면 정확하게 응징해야겠죠.

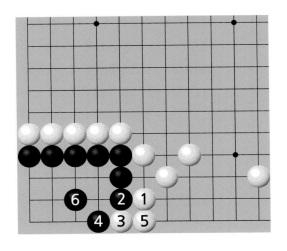

그런데 백이 먼저 두기 시작하고 흑 6까지 끝내기가 마무리되면 다시 백이 둘 차례라 백이 다른 곳 끝내기를 하러 갈 수 있습니다. 흑이 먼저 둔다면 흑이 이곳 끝내기를 하고 선수가 되어 다른 곳 끝내기를 하러 가게 되고요. 이렇게 끝내기 수순을 마무리하고 다시 내가 둘 차례가 되는 것을 선수 끝내기라고 합니다.

지금은 백의 선수 끝내기입니다.

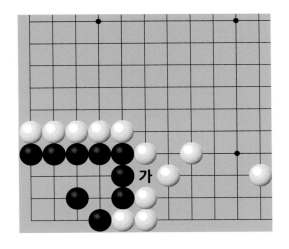

백의 선수 끝내기가 마무리되었을 때 '가'의 자리가 남게 됩니다. 경계선으로는 흑집도 백집도 아니지만 누가 두느냐에 따라 한 집짜리 끝내기가 될 수 있다고 했죠. 백이 둘 차례니 '가'로 이으면 한 집 이득입니다.

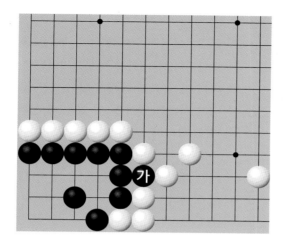

흑이 '가'로 둘 때 백은 집도 안 되는 곳을 흑이 됐다 생각하고 무심코 넘어갈 수 있으니 주의하세요.

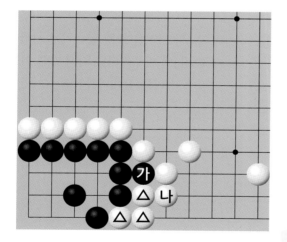

세모 백 세 점이 끊어 잡히기 때문에 백 '나'로 꼭 이어야 합니다. 내 집을 한 수 메운 것이 되어 집으로 한 집 손해가 되죠. 백이 흑 '가'의 자리에 먼저 두었으면 백 '나'를 둘 필요가 없어 한 집 이득이었습니다. 이렇게 집이 안 되는 공배 같아 보이는 자리도 한 집 끝내기인 곳이 있습니다.

이런 곳을 빨리 알아보면 상대방보다 한 집 앞서갈 수 있겠죠.

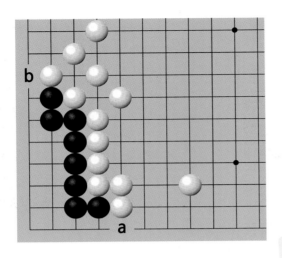

끝내기에서 선수와 후수의 개념은 중
요합니다. 끝내기가 마무리되었는데,
다시 자신이 둘 차례가 되어 다른 끝
내기 자리를 찾아갈 수 있을 때 선수
라고 합니다. '선수를 뽑았다'라고도
하고 '선수 끝내기'라고 합니다. 끝내
기는 내가 선수가 되는 곳을 먼저 해
야 합니다.

지금 흑의 입장에서 끝내기 할 곳이 a, b가
있습니다. 어디부터 해야 할까요?

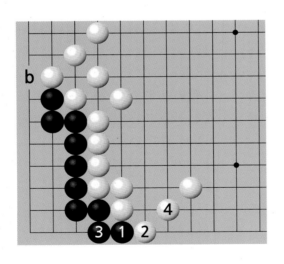

흑이 a의 자리를 젖혀 끝내기를 시작
하고 백4로 마무리되면 다시 흑의 차
례라 b 자리를 끝내기하러 갈 수 있
습니다.

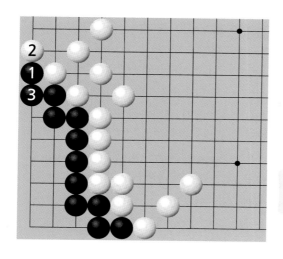

b의 자리도 흑이 젖혀서 흑3까지 두면 흑백 집의 경계선이 마무리되었습니다. 너무 당연한 진행인가요? 끝내기에서 먼저 젖히는 쪽이 한 집 이득인데 흑이 2곳 다 먼저 젖혀 이어서 이득을 챙겼습니다.

만약 순서를 바꿔 b의 자리부터 끝내기를 시작했다면 어떨까요?

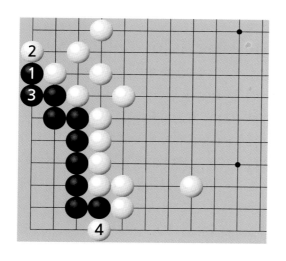

b의 자리를 먼저 젖혀 끝내기 했더니 흑3 이후 백의 순서가 되었습니다. 백이 백4로 먼저 젖혀 끝내기해서 흑집이 줄어듭니다.

앞에서와 달라진 점이 무엇인지 눈치 채셨나요?

끝내기 두 곳 중 한곳은 흑의 선수 끝내기, 한 곳은 흑의 후수 끝내기 자리입니다. 선수 끝내기를 먼저 하면 2곳 끝내기를 다 이득 보며 할 수 있지만, 후수 끝내기를 먼저 하면 한 곳은 상대에게 뺏깁니다.

바둑 실력이 늘어갈수록 '선수'의 개념이 중요해집니다. 선수를 차지하기 위해서 신경전을 벌이기도 하니까 '선수'의 개념을 확실히 이해하고 넘어가셨으면 합니다.

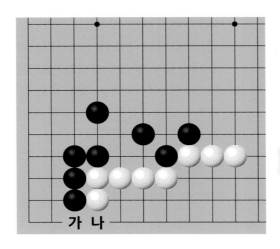

예제 03

지금 남아있는 끝내기 자리 '가'와 '나'는 흑의 입장에서는 선수인가요, 후수인가요? 반대로 백의 입장에서는 어떤 끝내기인가요?

천천히 생각해 보고 다음으로 넘어가 주세요.

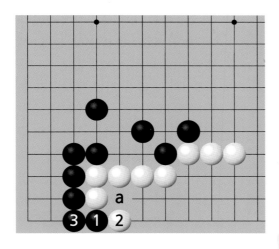

흑이 먼저 흑1로 끝내기 해가면 백2에 흑3으로 이은 후 백은 a의 자리가 호구 모양이라 이을 필요가 없습니다. 흑의 입장에서 끝내기 마무리 후 흑이 둘 차례가 되지 않았으니 흑의 후수 끝내기입니다. 끝내기 자리가 여러 곳 있다면 흑은 본인의 입장에서 선수 끝내기가 되는 자리를 먼저 가야 합니다.

그럼 백의 입장에서는 어떨까요?

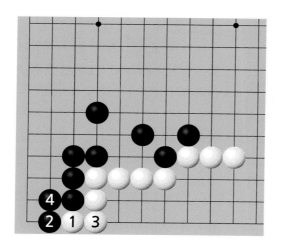

백1로 먼저 젖혀 끝내기를 진행하면 흑4로 이으면서 마무리되고 백의 차례이네요. 백은 또 다른 선수 끝내기를 찾아갈 수 있습니다. 백의 입장에서는 백의 선수 끝내기입니다. 따라서 이곳을 끝내기 하고 다른 곳으로 가야겠죠.

포인트 같은 끝내기 자리여도 모양에 따라 흑에게는 후수가 백에게는 선수가 됩니다. 자신의 입장에서 선수인지 후수인지를 따져서 선수 끝내기를 먼저 해야 합니다.

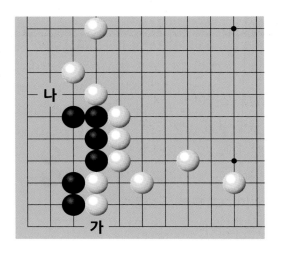

끝내기 과정에서 흑이 둘 차례입니다. '가'와 '나'의 자리가 있는데 흑은 어디부터 끝내기를 해야 할까요?

일단 선수 끝내기 자리를 먼저 해야 하는데 두 곳 다 흑의 입장에서 선수 끝내기입니다. 그렇다면 어떻게 결정하죠?

'가'는 1선 끝내기이고 '나'는 2선 끝내기입니다. 1선보다는 2선 끝내기가 집으로 더 큽니다.

집으로 큰 끝내기를 먼저 해야 유리하겠죠?

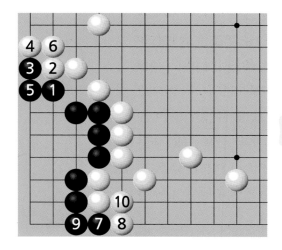

흑이 2선 끝내기를 선수로 마무리하고 일선 끝내기까지 마친 진행도입니다. 흑백 집의 경계선이 마무리되었습니다.

흑백의 진행과정의 응수를 익혀 주세요.

2선, 1선 끝내기를 마무리하는 요령은 아시겠죠. 이렇게 큰 끝내기가 끝나면 소소하게 집 경계선의 빈틈이 남은 작은 끝내기 자리들이 남게 됩니다. 흑의 입장에서 어떤 끝내기가 남아있는지 볼까요? '가'~'바'까지 모두 끝내기 자리입니다.

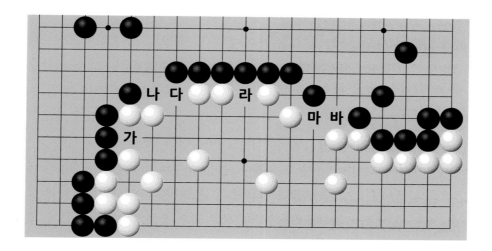

이후 예상 진행도를 볼까요? 흑이 백집의 벌어진 틈을 찌르고, 백은 막으면서 흑백의 집의 경계선이 확정되었습니다. 이렇게 공배까지 모두 없어지면 바둑이 끝납니다.

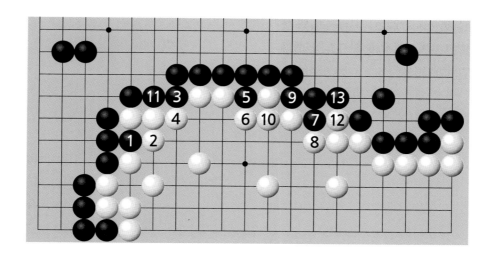

2. 계가와 마무리

이렇게 한 판의 바둑을 마무리하는 데까지 잘 따라오셨습니다. 끝내기가 끝나고 누구의 집도 되지 않는 공배까지 한 수씩 번갈아 메우고 나면 집 수를 비교하는 계가에 들어갑니다. 계가는 흑의 집, 백의 집을 세어보는 것인데, 흑은 백의 집이 몇 집인지 계산하고 백은 흑의 집을 세어줍니다. 이렇게 서로 상대의 집이 몇 집인지 계산할 때, 계산하기 쉽고 잘 알아볼 수 있도록 집들의 모양을 직사각형으로 정리합니다. 일반적으로 세기 편하게 10집 단위로 10집, 20집, 30집… 이런 식으로 만듭니다. 보통 길다란 집은 가로, 세로의 어느 한 쪽을 딱 10줄로 만드는 것이 편하고, 이외에는 어느 한 쪽을 5줄로 만들거나 구구단을 이용하기 쉬운 가로 세로 줄로 만듭니다. 이렇게 세기 쉬운 집의 모양으로 만들 때 경계선을 지키면서 해야 하기 때문에 익숙해질 때까지는 조금 복잡해 보일 수도 있지만 금방 익숙해집니다. 그리고 집 수를 세는 모양을 만들기 전에 사석, 즉 자기가 잡은 돌을 먼저 들어내는 것은 잊지 않으셨죠? 들어내서 상대 집을 메우는데, 집 수를 세기 편한 모양으로 만들 때 메우는 돌로 이용하면 좋겠네요. 물론 인터넷으로 대국을 한다면 자동 계가 기능이 되지만, 직접 계가를 할 때 집 정리하는 법도 익혀두면 재미있고 유용합니다.

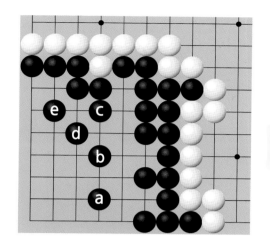

바둑이 끝나고 이런 흑집의 모양은 어떻게 정리하면 집 수를 세기가 편할까요?

흑집 안에 흑돌들이 여기저기 놓여져 있어서 한눈에 몇 집인지 알아보기 쉽지 않네요.

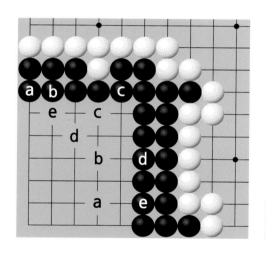

a에서 e까지 있던 흑돌들을 떼어 한쪽 구석으로 옮겨 배열해서 사각형의 집 모양을 만들면 눈에 훨씬 잘 들어오죠? 가로 5줄, 세로 6줄이므로 총 30(5×6)집이 되게 정리했습니다.

이런 식으로 계산하기 쉽게 집의 모양을 만들어가는 것이 계가입니다.

계가 시 집 수를 정리할 때 각 집의 경계선이 변하지 않도록 주의해야 합니다.

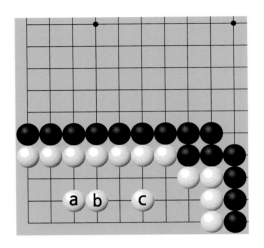

예제 02

이제 백의 집을 정리해볼까요?

가로로 긴 집이네요. 10줄은 되지 않으니까 7×3=21의 모양에서 한 집을 메워 20집으로 만들면 좋습니다.

중간에 있는 백돌들을 구석으로 옮기면서 10집 단위 집으로 만들면 한눈에 집의 수를 알아보기 편하죠.

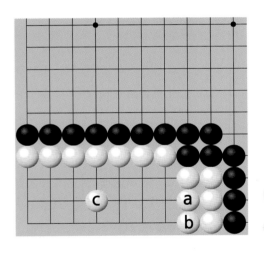

이런 식으로 가로 5줄은 넘지만 10줄이 채 안 되는 길다란 모양의 집 은 7줄, 3줄 모양으로 만든 다음, 한 가운데 돌 하나를 놓으면 20집 모양이 나옵니다. 백의 집을 정리하는 것은 흑이 하는데 흑이 잡은 백 사석이 있다면 계가하면서 이런 모양을 만들 때 사용해도 됩니다.

사석으로 메우면서 이런 식으로 계산하기 쉬운 10집 단위씩의 모양을 만들면 편리하겠죠.

포인트 백 사석은 흑이 잡은 백돌로, 백집을 메우는 데 사용된다고 했습니다.

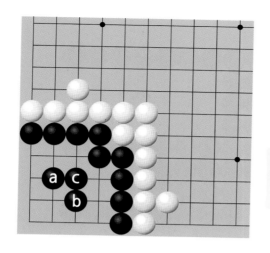

이렇게 작은 사각형 모양의 흑집은 10집
으로 만들면 좋습니다.

4×3=12니까 4줄, 3줄로 만든 다음 가운
데 흑돌 2개를 놓으면 10집이 됩니다.

계가로 집 모양을 정리할 때도 자주 나오는 모
양대로 많이 이루어지니 알아두시면 쉽게 익힐
수 있습니다.

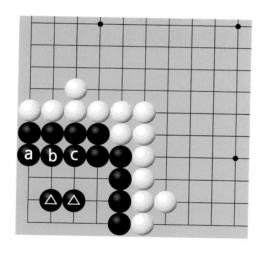

이런 모양이면 흑의 집이 딱 10집입니다.
흑집 안에 있는 돌을 옮기는 것만으로는
10집 모양이 되지 않았습니다. 10집을 만
들기 위한 세모 흑돌 2점은 사석 흑돌을
쓰거나 다른 흑집 모양 정리하면서 남는
돌을 가져다 만들면 됩니다.

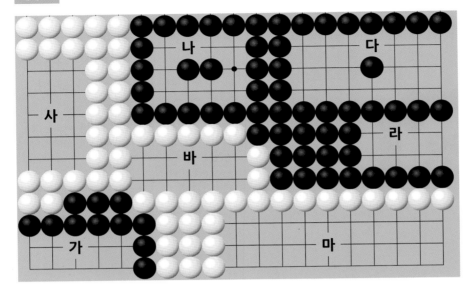

집 정리를 마치면 흑백은 이런 모습이 될 수 있습니다. 흑집의 모양을 우선 살펴보면, '가'의 흑집은 10집(5×2), '나'의 흑집도 10집(4×3-2), '다'의 흑집은 20집(7×3-1), '라'의 흑집은 정리하고 마지막으로 남은 8집으로 총 48집입니다.

백집은 몇 집일까요? '마'의 30집(10×3), '바'의 10집(5×2), '사'의 15집(3×5) 총 55집입니다. 백이 집 수만으로는 7집 이겨있다는 것을 쉽게 알아볼 수 있죠.

바둑 기전 알아보기 2

흥미로운 프로 대회로 국내 대회인 한국리그를 알아봤으니 세계 대회도 하나 살펴볼까요? 국가 대항전의 성격을 띠고 있는 농심신라면배입니다. 한국 중국 일본의 대표기사 5명이 겨루는 단체전 형식의 바둑 기전인데 이 대회의 재미있는 특징은 연승제입니다. 이긴 선수는 계속해서 다음 대국을 두고, 지는 선수는 탈락하는 것이죠. 따라서 남아있는 선수가 많다고 해서 꼭 우승하는 것은 아니고, 진정한 묘미는 일당백이 통한다는 점입니다. 5명의 선수 중 4명이 탈락해 단 한명만 남아있어도 남은 선수가 계속 이겨준다면 우승할 수도 있습니다. 실제로 2005년 농심신라면배에서 한국 주장 이창호9단이 홀로 남아 중국과 일본의 최고수 5명을 연속으로 제압하고 한국에 우승컵을 안긴 일은 아직까지도 전설로 회자됩니다.

또한 월드컵 축구에서처럼 국가 대항전이기 때문에 더욱 긴장과 스릴이 있습니다. 더구나 한 선수가 연승을 할 수 있으니 우리나라 선수가 단 한명만 남았을 때도 끝까지 희망의 끈을 놓지 않고 응원하며 지켜볼 수 있습니다. 게다가 출전 기사들에게는 연승상금이란 것이 있어서 한 기사가 3연승을 할 경우 천만 원, 3연승 후에는 1승 추가시마다 천만 원씩 연승 상금이 주어집니다. 상금 때문이 아니라도 프로기사에게 연승은 욕심나는 도전이기 때문에 더 의욕적이 될 수 있습니다. 그래서 각국 선수들 5명 출전 순서를 정할 때 선발 주자부터 시작해 마지막 주자가 누가 될 것인지를 정하는 것도 전략이 필요하고 오더의 묘미가 더해지죠. 다양한 프로바둑 대회, 알고 보면 더욱 재미있을 것 같지 않나요.

프로기사 이세돌 9단

여기까지 바둑의 기본 원리를 바탕으로 한 판의 바둑을 둘 수 있도록 간단한 기술들을 살펴보았습니다. 처음부터 고수들처럼 수준 높은 바둑을 둘 수는 없겠지만 한 판의 바둑을 시작해서 마무리 짓고 끝낼 수 있는 정도라면, 여러분은 바둑 입문의 확실한 발걸음을 떼고 인간 지능의 무한한 나래가 펼쳐지는 바둑 세계에 들어선 것입니다. 앞으로 기초, 초급, 중급을 향해 나아갈 수 있는 든든한 버팀목도 마련되었고요. 입문 과정에서는 상대의 돌을 잡는 것에만 집중하는 경우를 자주 보게 되는데요, 바둑은 집을 지어 상대보다 딱 한 집, 덤이 있다면 딱 반 집만 이기면 된다는 최종 목적을 잊지 않으면 바둑판 위의 바둑을 바라보는 시각이 훨씬 넓어질 것입니다.

초반 포석, 중반 전투, 종반 끝내기의 흐름을 이해하고 한 판의 바둑을 그에 맞추어 두면서 시작하고 끝낼 줄 안다면, 이후 여러 판의 바둑을 두어가면서 차츰차츰 실력을 향상시킬 수 있습니다. 바둑을 둘 줄 아는 가족, 친구, 동료가 있어 같이 둘 수 있다면 이상적이지만 여의치 않다면 가까운 기원을 찾거나 인터넷을 통해 대국 기회를 자주 갖는 것이 좋습니다. 처음에는 이겨야겠다는 마음보다는 더 배운다는 자세로, 저도 즐겁고 이기면 더 즐겁다는 마음으로 승패에 연연하지 말고 대국 경험을 쌓는 것이 필요합니다. 프로들도 바둑이 끝나면 복기를 열심히 하듯이, 진 바둑이 자신의 바둑 실력 향상에 큰 밑거름이 됩니다. 바둑의 기본 개념은 모두 익혔기 때문에 바둑 방송을 통해 프로들의 대국을 해설과 함께 관전하면 스스로의 실력 향상과 함께 좋은 바둑을 감상하는 즐거움까지 평생 가져가실 수 있습니다. 앞으로 직접 여러 판의 바둑을 두어 보면서 다시 한 번 책의 내용을 복습하다 보면, 놓쳤던 내용까지 더 잘 이해하고 바둑에 대한 흥미를 키워 나갈 수 있을 것입니다.

이 책의 내용을 완전히 이해하고 난 이후에도 바둑 실력을 더 키워가고 싶다면 알아가야 할 전략과 전술들은 많이 남아있습니다. 바둑에는 오랜 시간 연구를 통해 어떤 장면에서 흑백의 어떤 진행이 서로 최선인지를 정해놓은 바둑 정석이 있고, 그런 정석 진행들을 포함한 귀와 변의 포석 이론들이 있고, 무엇보다 입문 과정에서 살펴본 기본 사활 이외에 난이도가 높은 사활 모양의 맥과 급소에 대한 공부를 포함하여 더 고급의 공격 기술도 있거든요. 입문 과정에서 다뤘던 부분들도 난이도를 높여서 상황에 따른 판단력과 수읽기 능력을 천천히 키워가야 합니다.

어쩌면 인생의 성숙 과정과 바둑 실력을 키워가는 공부가 닮아있는지도 모르겠습니다. 지름길은 없지만 한 계단 한 계단 열심히 따라 올라가다 보면 어느덧 내 안에 이런 능력이 있었던가 싶을 정도로 자신만의 창의적인 방식으로 바둑 실력이 늘어있을 겁니다.

바둑 기보가 기록된 이래로 같은 바둑이 한 판도 나오지 않았다고 합니다. 바둑의 기본은 똑같이 익히지만 자신만의 바둑 스타일은 자신이 만들어갈 수 있는 것 또한 바둑의 매력입니다. 아무쪼록 이 책으로 여러분의 바둑 실력에 많은 정진이 있기를 바랍니다.

| 부록 |

바둑 상식

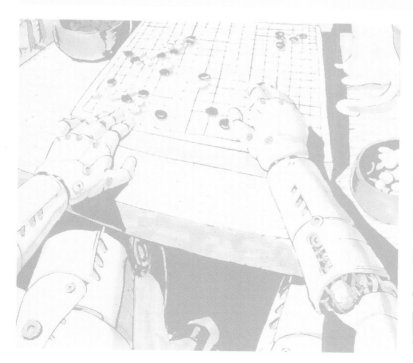

바둑의 단, 급

프로가 아닌 아마에서 바둑의 실력은 단과 급으로 측정합니다. 급은 단보다 하위 실력으로 18급부터 시작하여 1급까지 있습니다. 바둑을 처음 배워 단수의 개념을 확실히 이해하고 약간의 활용을 할 수 있게 되면 18급이라고 할 수 있습니다. 18급에서 조금씩 실력이 늘어남에 따라 17급, 16급 등을 거쳐 최고 1급까지 오릅니다. 만약 이 책의 내용을 제대로 이해하고 활용한다면, 여러분의 실력은 15~12급 정도지 않을까 싶네요. 원래는 18급이 되기 이전에는 급수 자체가 없었는데 인터넷 바둑이 생기면서 사이트에 따라 30급부터 시작하는 경우도 보입니다. 정확한 급수 측정이 어려운 데다 바둑에의 접근성을 쉽게 하기 위한 흥미를 위한 것으로 보이는데 이런 부분에 급수 적용은 의미가 없고, 인터넷 대국을 통해 승률 조건을 충족하면서 급수를 올려가며 특정 바둑 사이트에서의 자신의 실력을 측정하는 기준으로 써야겠습니다.

1급은 급에서 최상위인데, 여기서 실력이 더 늘어나면 '단'으로 넘어가게 됩니다. 1단, 2단 등을 거쳐 가장 높은 단은 7단입니다. 아마추어로서는 아마 7단이 가장 높은 실력입니다. 급은 숫자가 적을수록 실력이 높고, 단은 숫자가 커질수록 실력이 높습니다. 여기서도 시대가 달라져 인터넷 바둑에서는 사이트 내에 아마 9단까지 최고 레벨로 두고 있습니다. 이것도 바둑 사이트 자체의 기준이라고 봐야 하고, 실제로 아마 대회라든가 현실에서의 바둑 동호회나 바둑 모임에서는 18급 체계와 아마 7단 체계로 자신의 바둑 실력을 나타냅니다.

이처럼 아마추어를 줄여 '아마'라고도 부르는데, 아마로서 최상의 실력을 가진 사람들이 더 높은 실력을 인정받고자 한다면 프로(전문 기사)가 되어야 합니다. 프로는 1단부터 시작해서, 9단이 최상위 단입니다. 실제 아마에서는 8단, 9단이라는 단 체계가 없습니다.

프로 기사는 매년 한국기원에서 입단 대회를 통해 선발하는데, 그 수효가 한 해에 10명가량밖에 되지 않기 때문에 이 관문을 통과해서 프로 기사가 되는 것은 무척 힘든 일입니다.

맞바둑과 접바둑이란?

바둑은 바둑을 두는 두 대국자의 실력 차이에 따라 크게 두 종류로 나뉩니다. 실력이 비슷한 두 사람이 두는 바둑을 '맞바둑', 두 사람 간의 실력이 차이가 나는 경우의 바둑을 '접바둑'이라고 합니다.

맞바둑

맞바둑은 다시 호선 바둑과 정선 바둑으로 나뉩니다.

호선 바둑은 두 대국자의 실력이 엇비슷해서 돌을 가려 흑백을 가지는 쪽을 정하는 바둑입니다. 돌을 가려 누가 흑백을 가질지 정해지면 흑을 가지고 두는 사람은 나중에 계가할 때 6집 반의 덤을 백에게 주는 것입니다.

정선 바둑은 두 대국자의 실력 차이가 크게 나지 않는다는 전제로 두는 바둑입니다. 실력이 부족한 쪽에게 흑으로 두게 하면서 덤을 내게 하지 않는 방식인데, 흑으로 두면 먼저 두어서 유리한 면이 있기 때문입니다.

접바둑

접바둑은 두 사람의 실력 차이가 많이 나서, 실력이 부족한 쪽이 바둑판 위에 미리 흑으로 몇 개의 돌을 올려놓고 두기 시작하는 바둑입니다. 흑이 2점 이상 놓고 시작하면 '접바둑'이 됩니다. 2점 접바둑, 3점 접바둑, …9점 접바둑 등 실력 차이에 따라 놓는 돌의 개수가 늘어납니다. 이런 접바둑의 경우에는 흑이 먼저 바둑판 위에 몇 개의 돌을 놓았기 때문에, 흑이 먼저 둔다는 원칙의 예외로 백이 먼저 두기 시작합니다. 바둑판 위에 미리 놓는 돌은 아무 곳이나 두는 것이 아니라 몇 점 접바둑이냐에 따라서 바둑판 위에 놓는 돌의 자리가 정해져 있습니다. 일단 반드시 바둑판에 점이 찍혀있는 화점 위에 놓아야 하고, 화점 중에서도 귀, 변, 중앙의 화점 순으로 놓고, 홀수 접바둑일 경우 마지막 한 점은 천원에 놓습니다. 인터넷 대국 사이트에서 접바둑을 설정해서 개수를 높여가면 접바둑 각각의 놓는 자리를 알 수 있겠습니다.

이처럼 바둑 두는 두 사람간의 실력 차이가 클 때는, 미리 흑이 돌을 놓고 두게 함으로써 돌의 수효만큼 흑에게 유리하게 해서 실력 차이의 균형을 맞추는 접바둑을 둡니다.

덤이란?

바둑에서 '덤'이란 말을 자주 듣게 됩니다. '덤에 걸렸다'라고 할 때는 계가하는 집 수만으로는 흑이 이겼는데 덤을 넣어 계산하니 백에게 져서 승패가 뒤바뀔 때를 말합니다. 덤 때문에 한 집이나 반 집 차이로 이기거나 지게 된다면 아쉬운 마음이 크겠죠. 이렇게 승부를 뒤바뀌게 하는 '덤'이 무엇일까요?

덤이란, 실력이 비슷한 두 대국자가 두는 호선 바둑에서 흑을 가지고 두는 사람이 유리하기 때문에 흑으로 두는 쪽에게 공제하는 일정한 집의 수효입니다. 즉, 바둑을 다 두고 나서 집 계산을 할 때, 흑으로 둔 쪽이 덤만큼 자신의 집에서 빼고 난 후 서로의 집 수를 비교해서 승패를 가립니다. 가령 흑의 집이 50집이고 백의 집이 45집일 경우, 덤이 6집 반이라면 흑 집은 6집 반을 뺀 43집 반이 되는 것입니다. 이렇게 덤을 뺀 흑집의 수와 백집의 수를 비교하면 백이 이기는 것이 됩니다. 그냥 집 수만으로는 흑이 많지만 덤을 빼고 계산하니 최종적으로는 백이 이겼습니다. 이때 덤에 걸려 흑이 진 것이죠. 이처럼 흑의 집에서 덤을 공제하는 이유는 바둑에서 먼저 두는 편이 그 만큼 유리하다고 인정되기 때문입니다.

예전에 제가 바둑을 시작할 때는 보통 덤이 5집 반이었는데, 지금은 6집 반을 채택하고 있습니다. 하지만 흑을 가지고 두는 쪽이 얼마나 유리한지에 대해서는 아직도 결정된 것이 아니고 프로들의 대국에서 흑백 승률 통계 추이에 따라 앞으로도 변화의 여지가 있습니다. 현재 중국에서 개최하는 대회는 7집 반의 덤을 채택하기도 합니다.

실력이 낮은 아마추어일수록 먼저 두는 흑의 이점을 잘 살려내지 못하기 때문에 덤이 너무 많은 것 아니냐고 느낄 수도 있습니다. 반면 실력이 높아질수록 먼저 두는 이점을 충분히 활용하여 바둑의 방향을 유리하게 이끌어나갈 수 있기 때문에 덤이 있음에도 불구하고 흑을 선호하기도 합니다. 6집 반의 덤으로도 흑을 선호하는 쪽이 많고, 흑의 승률이 백보다 높다면 흑에게 공제하는 덤은 더 늘어날 수 있겠죠.

제한 시간과 초읽기

상대방과 바둑을 둘 때 상대가 둘 차례에 너무 오래 생각하면 어떨 것 같나요? 가령 한 시간 동안 다음 수를 생각한다면 아마도 짜증이 날 겁니다. 아마에서는 그렇게 오래 생각하는 것은 예의가 아니기도 하죠. 물론 어려운 장면이고 수읽기를 깊이 해야 하는 상황에서는 보통보다 더 긴 시간을 사용하는 것은 어쩔 수 없지만 적정한 기준이 필요합니다. 아마의 경우는 인터넷 바둑 사이트를 통한 대국이 일반적인데, 대국자 두 사람이 두기 전에 얼마의 시간 안에 끝내겠다는 시간 조건을 정합니다. 이렇게 무한정 시간을 쓰는 것을 제한해서 일정 시간 안에는 바둑이 끝나야 한다고 정해놓은 것이 '제한 시간'과 '초읽기'입니다.

프로들의 정식 시합 바둑에서는 반드시 대회별로 정해진 제한 시간과 초읽기가 있습니다. 제한 시간이란 바둑을 두면서 생각하는 데 주어지는 일정한 시간의 양이고, 이러한 제한 시간을 다 쓰고 나서도 바둑이 끝나지 않았을 경우 초읽기에 들어갑니다. 초읽기란 제한 시간을 다 썼지만 바둑이 끝나지 않았다면 바둑을 빨리 끝내기 위해서 그때부터는 몇 초 안에 무조건 한 수씩 두도록 강제하는 것입니다. 만약 제한 시간 1시간에 30초 초읽기 3개로 정해졌다면, 각자 1시간을 다 쓰고 나면 그 다음부터는 30초 안에 한 수씩을 두어야 합니다. 수읽기에 시간이 걸리는 어려운 장면에서 30초를 넘겼다면, 2번의 30초 기회가 남습니다. 2번을 다 쓰고 마지막 30초 초읽기에 몰렸다면 그때는 반드시 30초 안에 한수씩 두어야 합니다. 수읽기에 집중해서 깜빡하거나 1초라도 초과하면 시간패가 됩니다.

이렇게 무한정 오래 생각하는 일을 방지하기 위한 것이 제한 시간인데, 예전에는 프로 기전의 제한 시간이 4시간, 5시간씩이었습니다. 추세적으로 제한 시간이 점점 짧아져 지금은 2시간짜리가 간혹 있고, 1시간이 대부분이며 30분짜리 10분짜리 속기 바둑도 있습니다. 제한 시간이 짧아져 초읽기 상황이 많아지는데, 일단 초읽기에 몰리면 빨리 두어야 하기 때문에 실수나 착각이 많아지기 쉽습니다. 프로들에게도 제한 시간을 효율적으로 분배하여 후반부에 시간이 부족하지 않도록 조절하는 것이 중요해졌습니다. 아마의 경우에도 제한 시간의 기준을 1시간 이내로 두는 것이 일반적이고, 인터넷 대국의 경우 10분 바둑이 많은 것 같습니다. 입문 시에는 제한 시간 10분이 너무 짧습니다만 제한 시간 안에 좋은 수를 생각할 수 있는 능력을 키우기 위해서 더 많은 바둑 공부가 필요한 것입니다. 활용할 수 있는 자원이 많을수록 제한 시간 내에 더 좋은 수를 캐낼 수 있으니까요. 상대방이 짜증날 만큼 오래 생각하는 것도 실례지만 깊은 수읽기와 멋진 한 수를 찾기 위한 시간을 들이지 않는 것도 바둑의 자세가 아닌 만큼, 제한 시간의 문제는 프로에서도 짧아지는 것만이 능사는 아니지 않을까, 적당한 제한 시간이 어느 정도일까를 계속 생각해나가는 중입니다.

수읽기

바둑판에 직접 바둑알을 하나하나 놓아보지 않고, 다음 수를 눈으로 그려보면서 머릿속으로 예측하여 변화를 파악하는 것을 '수읽기'라고 합니다. 수읽기의 능력은 바둑의 실력을 좌우하는 중요한 요소입니다. 고수가 되기 위해서는 이러한 수읽기의 능력이 반드시 수반되어야 합니다. 일반적으로 바둑을 배워서 초급을 넘어서 중급 정도의 실력을 갖추기 위해서는 적어도 3수 앞은 내다보아야 합니다. 즉, 내가 두고 난 후 상대방이 둘 자리와 그 수에 대해 내가 어떻게 두어야 할지에 대해 생각해 두는 것입니다. 아마 중급에서도 다섯 수 정도는 수읽기를 해야 한다는 말도 있는데, 같은 수의 수읽기라도 실력에 따라 차이가 있습니다. 가령 내가 상대의 돌을 단수 치면 상대방이 어떻게 두어올 것인지, 나는 상대방의 수에 어떻게 응할 것인지 생각하면 되는 경우도 있지만 예측할 수 있는 상대의 반응이 한 가지가 아니라 여러 가지라면 어떨까요? 상대의 돌을 잡으려고 단수 쳤는데 상대가 단수된 돌을 움직이지 않고 다른 곳을 두는 경우도 있을 겁니다. 내가 단수 치면 상대가 단수된 돌을 도망 나갈 때의 대응 외에도 상대방의 반응 각각에 따른 내 쪽의 대응 방법도 여러 가지가 있을 수 있습니다. 단순한 한 방향의 변화를 향해 쭉 나아가는 몇 수 진행이 아니라 여러 갈래의 변화에 따른 각각의 응수에 대해서도 생각해야 하기 때문에 수읽기가 어렵고 실력에 따른 차이가 나게 되는 것입니다. 그렇다고 수읽기 능력을 키울 수 있는 비법이 따로 있는 것도 아닙니다. 꾸준히 사활 문제를 풀고, 실전 대국을 통해 반복해서 훈련하다 보면 수읽기 능력이 길러집니다. 바둑에 대해 알고 있는 지식이 많을수록 수읽기가 유리해지기 때문에 공부라는 원칙밖에 없는 것이죠. 바둑에서 '모양'이라는 말을 많이 쓰는데 모양을 인식하는 능력이 빨라지는 것이 수읽기 능력과도 상관이 있는 것 같습니다. 어느 정도 기본 실력이 갖춰지면 고수나 프로들의 기보를 분석하거나 프로 대국 생중계를 시청하는 것도 좋은 공부가 됩니다.

흔히들 프로들의 수읽기는 몇 수까지 내다보는지 궁금해 하는 것 같습니다. "50수, 100수를 넘기기도 합니다"라고 웃으며 말하기도 하는데, 장면에 따라 달라지기 때문에 매번 몇 수를 내다본다고 정확히 말하기는 어렵습니다. 다만 단순한 몇 수의 진행이 아니라, 몇 갈래의 변화를 더 읽어내느냐와 그 변화들 각각에서 자기에게 가장 유리한 쪽으로 이끌어낼 수까지 염두에 두는 수읽기를 하는 것이 중요합니다. 아마에서는 프로가 수읽기를 해내는 변화의 갈래를 아예 수읽기할 수 없는 경우도 있습니다. 자신의 실력 이상의 수읽기는 바둑 실력이 향상되면서 자연스레 가능해집니다. 아는 만큼 보이고 똑같은 장면이라도 더 큰 즐거움을 느낄 수 있는 것이 수읽기의 힘이고 묘미입니다.

바둑에서의 복기

프로 대국이 끝나고 승패를 확인하고 나서도 프로들은 바로 일어서지 않습니다. 복기를 하면서 서로의 의견을 나눕니다. '복기'는 두었던 바둑을 처음부터 다시 두어보면서 진 사람은 어떻게 두었다면 더 좋았을까를, 이긴 사람은 상대가 이렇게 받았다면 어떻게 달라졌을까를 더 생각해보는 것입니다. 프로들은 이렇게 처음부터 한 수 한 수 다시 뒤보지는 않습니다만 어떤 수에서 승패가 갈렸는지, 승자는 보고 패자는 보지 못한 수읽기가 있었던 건지 되짚어봅니다. 대국 직후에는 서로 지쳐있기 때문에 장시간 복기가 힘들 텐데도 복기를 건너뛰는 경우는 거의 없습니다. 단순히 관례이기 때문에 그렇지는 않을 겁니다.

승부가 결정된 후 그 과정을 되짚어본다는 것이 패자에게는 쓰라린 아픔이고, 승자 또한 패자 앞에서 의견을 나누는 것이 불편한 자리이지 않을까요? 그럼에도 복기를 꼭 하는 이유, 복기를 중요시하는 이유가 있을 것입니다. 아마분들에게 무작정 판수를 많이 늘리기보다는 두었던 판에 대해 자신이 둔 수를 복기해보는 습관을 키우라고 상수들이 말하는 이유기도 하겠고요. 복기를 해야 어떤 수는 잘 됐고 어떤 수는 잘못 됐는지 알 수 있습니다. 바둑이 끝나고 바로 일어서서 잊어버린다면 실수했던 수는 다음에도 같은 실수를 반복하게 됩니다. 인생은 한번 벌어진 일을 되돌리기가 정말 어렵습니다. 그렇지만 바둑에서는 바둑을 계속 두는 한 다음 판에 이전에 했던 실수를 만회할 수 있습니다.

더 좋은 수를 연구해서 상대에게 도전하고 그런 반복을 통해 결국 상대를 넘어서는 실력을 키울 수도 있습니다. 프로들은 대국장에서의 복기만으로 끝나지 않습니다. 자신이 아쉬웠던 수는 집에 돌아와서도 며칠씩 계속 생각하거나 동료 기사들과 함께 그 수를 분석하기도 합니다. 승자보다는 패자의 경우가 그렇겠지만 누구든 자신의 실수를 계속 돌아보는 것은 쉽지 않은 일이고 또 재미가 없다고 생각할 수 있습니다. 그렇지만 복기로 자신의 실수를 되돌아보지 않는다면 일정 수준에서 실력이 늘기 힘듭니다. 잘 두려고 하는 것보다 잘못 두는 수를 두지 않을수록 입문에서는 실력이 향상된 것입니다. 바둑을 처음 배울 때부터 대국 후에 자신의 바둑을 복기해보며 실수가 있었는지, 더 나은 수가 있었을지에 대해 생각하는 습관을 가진다면 실력을 키우는 데 큰 도움이 될 것입니다.

위기구품

남북조 시대 양나라 무제가 수하 바둑 고수에게 일러 정했던 것이라고 하는데, 바둑 기량의 품격을 아홉 단계로 나누어 각각의 단계에 운치 있는 이름을 부여한 것입니다. 현재까지도 프로 기사의 단에 따른 별칭으로 사용하고 있는데 그 뜻을 음미해볼 만합니다.

1단	수졸(守拙)	졸렬하지만 스스로를 지킨다.
2단	약우(若愚)	실력을 갖췄으나 아직까지는 우둔해 보인다.
3단	투력(鬪力)	싸움에 힘이 붙는다.
4단	소교(小巧)	작지만 기교를 부릴 줄 안다.
5단	용지(用智)	지혜를 사용하는 단계에 올랐다.
6단	통유(通幽)	바둑의 그윽한 경지에까지 올랐다.
7단	구체(具體)	바둑에서 필요한 요소를 두루 갖추었다.
8단	좌조(坐照)	가만히 앉아서도 바둑판의 모든 변화를 내다본다.
9단	입신(入神)	바둑의 신 경지에 올랐다.

프로에 입단하면 프로 자격증이라고 할 수 있는 면장을 주는데 '수졸'이라고 표시되어 있습니다. 프로 기사로서의 막 시작이고 배워나갈 것이 많다는 것을 알려주는 의미의 별칭 같습니다. 2단 약우부터 4단 소교까지는 대국 경험을 거치며 행마와 전투와 전술을 익혀가는 단계라는 것이죠. 5단 용지부터는 익힌 전략과 전술을 응용해서 바둑판의 변화를 이끌어가면서 비로소 자기의 바둑을 둘 수 있게 된다는 의미가 있지 않을까 싶습니다. 9단이 되면 입신의 경지에 올랐다고 하는데 바둑에서 아직도 남아있는 길이 많아서 과연 입신의 경지란 어떤 경지이고 도달이 가능할까 궁금합니다.

이처럼 바둑은 오래 전부터 즐겨오던 전통이 있었음을 알 수 있습니다. 그런 시대에도 바둑에 단계가 있다고 봤고, 단계에 따른 틀을 깨는 과정에 의미를 부여했다는 것이 현대에도 시사하는 바가 있겠습니다.

위기십결

북송시대 반신수가 태종에게 헌상한 것, 또는 당 현종 때 왕적신이 지어 올린 것이라는 설이 있습니다. 바둑을 둘 때 염두에 두어야 할 10가지 바둑 격언이지만, 지금의 삶을 살아가는 데도 곱씹어볼 만한 유익한 인생 격언 같기도 합니다.

1. **부득탐승(不得貪勝)** 승리를 탐하면 이길 수 없다.

   승리만을 목적으로 하다보면 오히려 넓은 시각을 가지지 못할 수 있습니다. 최선의 노력을 기울여가다보면 승리도 따라오는 것 아닐까요?

2. **입계의완(入界宜緩)** 상대의 세력권에 깊이 들어가지 마라.

   바둑의 일정 단계에 이를 때까지는 욕심이 지나쳐 무리하게 상대방의 영역을 침범하면서 자신의 위험을 간과하는 경우가 자주 나옵니다. 욕심을 줄여서 적당한 선을 지킬 줄 알게 되는 것이 실력이 늘어간다는 증거입니다.

3. **공피고아(攻彼顧我)** 상대를 공격하기 전에 먼저 나를 돌아보라.

   상대의 약점을 공격하기 전에 꼭 내 약점을 돌아보고 보완책을 마련해두면서 상대의 약점을 추궁해야 합니다. 입문 때는 이런 기본을 지키는 것이 생각만큼 잘 되지 않습니다.

4. **기자쟁선(棄子爭先)** 선수를 잡을 수 있도록 두어라.

   실력이 늘어날수록 선수의 중요성을 뼈저리게 느낍니다. 작은 희생을 해서라도 선수를 잡는 것이 중요하고, 선수의 의미를 깨닫는다면 바둑의 묘미를 알아가는 것입니다.

5. **사소취대(捨小取大)** 작은 것을 버리고 큰 것을 취하라.

   인생도 늘 선택의 순간이지만 바둑에서는 한 수 한 수가 다른 한 수와의 가치 비교를 통한 선택의 연속입니다. 사소취대는 왜 이 수여야 하는지 결정하는 기준이 되어줄 수 있겠습니다. 그렇지만 입문자들은 막상 눈앞의 작은 이득에 현혹되어 큰 집이 될 자리보다 당장 잡을 수 있는 돌 몇 점에 손이 가기 쉽기 때문에 의식적으로 새겨두면 좋습니다.

6. **봉위수기(逢危須棄)** 위기에 처하면 버릴 줄 알아야 한다.

위기에 처했을 때는 지니고 있는 모든 것이 짐이 될 수 있습니다. 미련을 못 버리고 모두 짊어지고 다니면 신속하게 위기를 헤쳐 나갈 수 있을까요? 전체가 위험에 처하기보다는 꼬리를 잘라내서라도 살아남는 것이 중요합니다. 불필요한 것을 버릴 줄 아는 능력이 실력의 바로미터입니다.

7. **신물경속(愼勿輕速)** 서두르지 말고 신중해라.

바둑은 무를 수가 없는 만큼 한 수를 두기 전에 신중해야 하는 건 당연하겠죠. 한번 선택하면 되돌릴 수 없기 때문에 늘 아쉬움이 남고, 그런 아쉬움을 통해 배워가며 실력이 늘어갈수록 더 신중해지게 됩니다.

8. **동수상응(動須相應)** 행마할 때는 행마끼리 서로 연관되고 호응이 되게 하라.

사람도 매번 행동의 일관성이 없으면 신뢰하기 어렵습니다. 지금 한 수와 다음 한 수, 그 다음 한 수가 일정한 목적을 갖고 놓여야 돌의 효율을 최대로 높일 수 있겠습니다. 이럴까 저럴까 갈팡질팡하다보면 한 수씩 번갈아 두는 바둑에서 이것도 저것도 얻을 수가 없습니다.

9. **피강자보(彼强自保)** 상대가 강한 곳에서는 우선 안전을 도모하라.

바둑에서 안전을 도모한다, 즉 두 집을 내고 살거나 내 돌의 연결성을 튼튼하게 하는 것은 아무리 강조해도 지나치지 않습니다. 상대가 강한 곳에서는 꼭 내 돌의 안전을 최우선으로 생각해야 합니다.

10. **세고취화(勢孤取和)** 내 세력이 고립되었을 때는 화평을 도모하라.

내 돌이 연결되지 못하고 고립되었을 때야말로 내 돌의 안전을 최대한으로 신경 써야 할 때입니다. 내 돌이 지원군 없이 외로운데 무리하게 상대를 공격하기보다는 상대를 자극하지 않으면서 내 돌의 삶을 도모할 수 있는 방법을 우선적으로 찾아야 합니다.

제한 시간과 바둑의 질

바둑이 스포츠로 발을 들이면서 자연히 스포츠를 관람하는 관객들의 요구에 부응하는 쪽으로 변화해나가야 했다. 역동적이고 박진감 넘치는 스포츠 경기를 관람하는 데에 익숙한 관객들에게 바둑판 위에 느릿느릿 한 수씩 놓이는 바둑은 성에 찰 리가 없다.

따라서 제일 먼저 변화를 준 것이 바로 제한 시간이다. 일본은 각자 제한 시간이 8시간으로 이틀걸이 바둑을 두는 것도 예사지만 한국은 주로 각자 제한 시간 3시간짜리 바둑이 대세였다. 그 정도 제한 시간이라면 대국자에게 아주 충분한 시간은 아닐지라도 나름 최선의 수를 찾기 위해 고심할 만한 시간을 가질 수 있다. 하지만 관객의 입장에서 한참을 기다려야 겨우 한 수씩 돌이 놓이는 제한 시간 3시간짜리 바둑은 마치 멈춰버린 무대처럼 지루할 수 있다.

그러다보니 최근에는 세계 대회를 제외하고는 제한 시간 1시간을 넘어가는 기전을 찾아보기 힘들고, 제한 시간 10분이 예사로 등장한다. 제한 시간을 다 쓰고 나면 초읽기로 넘어가는데 보통 60초 초읽기나 40초 초읽기가 주어진다. 일단 초읽기로 들어서면 아무리 프로 기사라도 복잡하고 어려운 장면에서는 정확하게 수를 읽어낼 수 없다. 오죽하면 프로 기사들이 초읽기 소리를 '저승사자 소리'로 여기겠는가.

제한 시간이 짧아지고 바둑이 빨리 진행되면 보는 입장에서는 지루함이 덜할지 몰라도 좋은 내용의 바둑이 나오기 힘들다는 문제점이 있다. 정확하게 수를 읽을 수 없기 때문에 최선의 수보다는 감각에 의존하는 정형적인 수가 난무할 수밖에 없다. 또한 초반부터 모험이나 도전을 삼가고 잘 아는 길로만 가게 되는 경향이 생긴다. 자연히 창의적이고 색다른 발상이 나오기도 힘들다.

따라서 관객들의 요구에만 부응해 짧은 제한 시간을 고수하는 것은 장기적으로 봤을 때 한국 바둑의 실력 향상과 발전성을 저해할 것이다. 그나마 세계 대회의 경우는 아직 2~3시간의 제한 시간을 두고 있으니 다행이다.

국내 대회도 속기 위주로만 나아가기보다 장고 바둑과 속기 바둑의 균형을 적절히 맞추어 보다 많은 대회에서 프로 기사들이 충분한 시간을 가지고 자신의 바둑을 마음껏 펼쳐 보일 수 있는 진정한 승부의 장이 마련되었으면 싶다.

한국 바둑의 계보 1 – 조남철 9단

바둑을 잘 모르는 사람들도 '바둑' 하면 떠오르는 몇몇 프로 기사 이름이 있을 텐데, 바로 조훈현, 이창호, 이세돌 등일 것 같다.

하지만 한국 바둑의 오늘은 이 사람을 빼놓고는 얘기할 수 없다. 1945년 11월 서울 남산동에 국내 첫 현대 기원인 '한성기원'을 세우고 기도보국(棋道報國)에 전념한 조남철 9단이 바로 그 주인공이다. 그는 바둑 불모지나 다름없었던 한국에 현대 바둑을 보급하고 프로바둑계를 탄생시킴으로써 이후 한국 바둑이 세계 바둑의 최정상으로 발돋움할 수 있는 기반과 초석을 다졌다.

1937년 일본으로 건너간 조남철은 '신포석' 창안으로 유명한 기타니 미노루 9단의 내제자로 들어가 1941년 만 18세 때 입단 대회를 통과, 한국인 최초로 일본에서 입단에 성공했다. 1944년 스승 기타니의 한국 방문에 동행해 잠시 한국에 머물기로 했다가 엉겁결에 광복을 맞은 조남철은 1945년 한성기원을 세우며 맨주먹으로 바둑 보급에 뛰어들었다. 이후 여러 차례 기원을 옮기는 유랑 생활 끝에 1948년 5월 의친왕의 사저인 사동궁의 15칸짜리 별채를 기원으로 쓰게 되면서 이름을 조선기원으로 바꾸고 새롭게 진용을 갖춰 출범했다.

1949년 당시 제헌국회에서 국호가 대한민국으로 결정되면서 조선기원도 이름을 대한기원으로 바꿨고, 그해 현대 바둑 사상 처음으로 프로기사제와 승단제를 도입한 단위 결정 시합을 개최해 비로소 한국 현대 바둑이 기틀을 잡을 수 있었다.

1950년 입영 영장을 받고 군대에 갔다가 총상을 입고 1951년 8월 제대한 조남철은 1954년 1월 대한기원을 발전적으로 해체하고 사단법인 한국기원을 설립, 안정된 체제를 갖추었다. 1945년 한성기원으로 첫발을 내디딘 후 11번의 이사와 전쟁까지 겪은 뒤에 맺은 결실로, 이후 한국 바둑이 세계 최정상으로 발돋움할 수 있는 탄탄한 토양이 되었다. 한국기원은 이후 재단법인으로 바뀌어 현재까지 이어지고 있다.

한량들의 신선놀음으로나 치부되던 바둑의 인식을 끌어올리고 대중 속으로 스며들도록 지속적이고 체계적인 보급에 발 벗고 나선 조남철 9단이야말로 한국 바둑의 아버지로 불리기에 손색이 없다.

한국 바둑의 계보 2 - 김인 9단

1945년 조남철 선생이 '한성기원' 간판을 내걸고 한국 바둑의 씨앗을 뿌리기 시작한 이후 1960년대에는 바둑이 노름으로 치부되던 인식이 많이 좋아져 고상한 취미로 여겨지기 시작했다.

　1964년 40대로 접어든 조남철은 국수전을 9연패하는 등 여전히 난공불락의 위세를 떨치고 있었다. 그러던 차에 1962년 일본으로 유학 갔던 스무 살의 김인이 1963년 11월 한국으로 귀국하면서 서서히 판도가 변하기 시작한다. 귀국 초기 잠시 부진하던 김인은 곧 적응에 성공하며 1965년 27승 3패의 경이적 승률을 올렸고 첫 타이틀도 차지했다.

　바야흐로 신예의 선봉장 김인과 1인자 조남철의 대결이 무르익어갔고 마침내 1966년 국수전에서 도전장을 던진 김인이 조남철에 3대1로 승리하면서 세대교체의 포문을 열었다. 기세를 탄 김인은 곧이어 새로 탄생한 1기 왕위전에서 조남철을 2대1로 꺾고 순식간에 3관왕에 오르며 김인 시대를 열었고 계속해서 가공할 성적을 내기 시작했다.

　하지만 현대 바둑 개화기의 리더였던 김인의 독주는 조남철처럼 오래가지는 못했다. 1970년 일본에서 유학을 마친 윤기현과 하찬석이 각각 귀국했고 순국산 토종 서봉수가 입단하면서 절정기를 맞은 김인 제국을 허물 씨앗들이 속속 싹을 틔웠다.

　바둑계는 이내 춘추전국시대로 접어들었는데 우선 그 선봉에 서봉수가 서 있었다. 서봉수는 1972년 만 19세의 나이로 명인전에서 우승을 차지하며 새로운 영웅의 탄생을 알렸다. 이어 같은 해 윤기현이 김인을 꺾고 국수전을 차지했고, 일본 유학을 갔던 조훈현이 병역 문제로 귀국하면서 경쟁에 동참했다.

　1973년에는 하찬석이 국수위를 쟁취했고 1974년에는 정창현이 기왕을 우승, 바둑계는 절대강자가 없는 군웅할거의 시대를 맞이했다.

한국 바둑의 계보 3 – 조훈현 9단

조남철 9단이 한국 바둑의 씨앗을 뿌리고 탄탄한 토양을 마련한 데 이어, 김인 9단이 싹을 틔우고 윤택한 토양으로 다져나갔고 이후 여러 기사들이 두각을 드러내며 한국 바둑이 춘추전국시대로 들어섰지만 세계 바둑계에서 한국 바둑은 언제나 변방의 볼품없는 실력으로 치부됐다. 이렇게 무시 받고 소외받던 한국 바둑을 세계 최강의 반열로 올려놓은 이가 바로 조훈현 9단이다.

1972년 일본에서 귀국한 후 한국 바둑에 서서히 적응하기 시작한 조훈현은 1975년 5관왕, 1977년 7관왕에 오르면서 서서히 비상을 시작했다. 그리고 1980년 9관왕에 등극, 승부 세계의 최고 성취라 불릴만한 전관왕 달성에 성공한다. 이후 1982년 2차 전관왕에, 1984년 3차 전관왕에 오르는 등 적수가 없는 조훈현 왕국을 공고히 한다.

하지만 한국의 절대적인 1인자라도 세계 바둑계에서는 찬밥 신세였다. 1988년 대만의 잉창치 선생이 무려 우승 상금 40만 달러를 걸고 4년에 한 번씩 열리는 세계대회 응씨배를 개최했는데, 이 대회에 초청받은 한국 기사는 조훈현 딱 1명뿐이었다.

한국 바둑에 대한 푸대접과 멸시에 더욱 독기를 품고 출전한 조훈현은 16강전부터 승승장구한 끝에 결승까지 진출했다. 결승 상대는 당시 중국 바둑의 영웅이었던 녜웨이핑이었다.

1989년 4월 25일 적지인 중국에서 열린 결승5번기 1국을 승리한 조훈현은 그러나 2, 3국을 연속 패하며 벼랑 끝에 몰렸다. 하지만 불굴의 승부사 조훈현은 좌절하지 않았고 몇 달 후 9월에 열린 결승 4국과 5국을 연달아 승리하며 감격의 역전 우승을 이끌어냈다. 이 바둑의 승리로 조훈현은 변방의 1인자에서 일약 세계 바둑 황제로 우뚝 섰고 세계 바둑계에서 한국 바둑의 위상을 한층 끌어올렸다.

우승 상금 40만 달러를 품에 안고 9월 6일 김포공항에 모습을 드러낸 조훈현은 수많은 카메라 세계를 받으며 기자회견을 했고, 바둑인으로는 사상 처음으로 공항부터 종로에 있는 한국기원까지 카퍼레이드를 펼쳤다. 조훈현의 응씨배 우승은 개인적인 영광과 성취를 넘어 이후 한국 바둑이 세계를 제패하는 기폭제가 되었다.

한국 바둑의 계보 4 - 이창호 9단

조훈현 9단은 1989년 응씨배를 우승하며 바둑 인생의 가장 영광스런 순간을 누렸지만 정작 국내 바둑계에서의 처지는 만만치 않았다. 3번의 전관왕을 기록하며 무소불위의 아성을 쌓았던 조훈현의 공고한 성역이 서서히 위협받기 시작했는데, 그 상대가 바로 조훈현의 내제자 이창호였다.

이창호는 조훈현의 내제자가 된 지 4년만인 1988년 최고위전에서 스승에게 도전했다 한번 물러난 뒤 1990년 재도전에서 3대 2로 승리하며 본격기전 첫 우승의 기쁨과 더불어 이창호 시대의 서막을 열었다. 그 이전 1989년에는 속기전인 KBS바둑왕전을 우승하며 14세 기전 우승이라는 최연소 기록도 세웠다.

초등학교 1학년 무렵 바둑을 배운 이창호는 1986년 만11세 2일에 입단, 조훈현의 만 9세 입단 이후 두 번째 빠른 기록을 세웠다. 입단 이후 서서히 두각을 드러내기 시작한 이창호는 1988년에 75승 10패, 승률 88%를 넘겼는데 이때의 승률은 아직도 깨지지 않는 신기록으로 남아있다. 이후 이창호는 스승 조훈현의 타이틀을 하나둘 뺏기 시작해 1991년에는 최다관왕으로 사실상 1인자의 반열에 올랐다.

1992년에는 세계 대회인 동양증권배에서 우승하면서 최연소 세계타이틀 획득(만16세 6개월)에 성공한다. 1993~94년에 걸쳐 이창호와 조훈현은 각 기전에서 27번기를 벌였고, 그 결과 이창호가 13승 4패하며 확실한 세대교체를 선언, 확고부동한 1인자로 자리매김했다. 이후 이창호는 세계 대회에서도 힘을 내기 시작해 1990년대 중후반부터 2000년대 초중반까지 한국 바둑이 확고부동한 세계 정상으로 자리매김하게 했다. 특히 그동안 생소했던 '두터움'을 바둑에 끌어들여 정확한 계산력으로 끝내기의 새 영역을 개척한 이창호는 누구도 넘볼 수 없는 신들린 마무리 솜씨를 선보여 '신산(神算)'으로 불렸다.

국내외를 통틀어 통산 140회 우승에 세계 대회(개인전) 23회 우승의 전무후무한 기록을 세운 이창호는 조훈현의 뒤를 이어 한국 바둑이 확고부동한 세계 최고로 자리매김하게 했다.

한국 바둑의 계보 5 - 이세돌 9단

조훈현 9단의 바통을 이어 이창호 9단이 국내외를 평정하며 무소불위의 위용을 뽐내는 사이 2000년 새천년이 밝았고, 앞으로도 이창호 천하는 10년은 더 갈 것으로 보였다.

하지만 2000년 들어 이창호를 강력하게 위협하는 다크호스가 나타났다. 바로 전남 신안군 비금도에서 태어나 만 4세에 처음 바둑돌을 잡고 만 9세 때 서울로 바둑 유학을 온 후 1995년 만 12세의 나이로 입단한 이세돌이었다.

기대와 달리 입단 이후 몇 년간 크게 두각을 드러내지 못했던 이세돌은 1998년 그의 첫 바둑 스승이자 정신적 지주였던 부친의 급작스런 타계로 마음을 가다듬고 서서히 힘을 내기 시작했다. 2000년 1월 25일부터 5월 16일까지 무려 32연승을 달렸고, 2000년 말 천원전과 배달왕전에서 우승하며 일약 2관왕에 오른다.

거침없이 질주하던 이세돌은 2001년 마침내 무소불위의 위용을 자랑하던 이창호와 세계 대회인 LG배 결승에서 마주쳤다. 아직은 이창호에 미치지 못할 것이라는 대국 전 예상과 달리 이세돌은 1, 2국을 연승하며 이창호를 벼랑 끝으로 몰았고 우승컵을 눈앞에 둔 듯했다. 하지만 3개월간의 휴식기를 가진 뒤 재개된 3국에서 승리 일보 직전까지 갔다가 대역전패를 당한 뒤 4, 5국마저 허무하게 내주며 우승에 실패하고 말았다.

그 충격으로 얼마간 슬럼프를 겪은 이세돌은 다시 심기일전해 2002년 후지쓰배를 정복하며 처음으로 세계 대회 우승컵을 품에 안았다. 그리고 2003년 LG배 결승에서 다시 만난 이창호를 상대로 3-1 승리를 거두며 세대교체의 신호탄을 쏘아 올렸다.

특히 창의적이고 번뜩이는 발상과 감각, 타의 추종을 불허하는 발군의 수읽기로 무장한 현란한 전투력 등 이세돌의 바둑은 보는 이들이 눈을 뗄 수 없게 만드는 흥미만점의 매력을 지녀 더욱 인기가 있다.

2000년 초반부터 이창호로부터 서서히 권력을 이양 받은 이세돌은 이후 10여 년간 국내뿐 아니라 세계 정상을 지키며 한국 바둑이 세계 최강의 지위를 유지하는 데 주춧돌 역할을 했다. 통산 47회, 세계대회 18회(개인전) 우승을 기록하며 이창호 다음으로 많은 우승을 한 이세돌은 2016년 3월 알파고와의 대결로 세계적인 스타로 발돋움했다.

한국 바둑의 반외 스타 - 조치훈 9단

중년의 바둑 팬들에게 조훈현 9단과 더불어 가장 친숙한 이름은 바로 조치훈 9단일 것이다. 또한 조치훈 하면 가장 먼저 떠오르는 것이 바로 "목숨을 걸고 둔다"가 아닐까 싶다. 그만큼 그의 바둑에는 치열함과 처절함이 있다.

조치훈은 조남철과 김인이 씨앗을 뿌리고 기반을 다진 한국 바둑의 견인차 역할을 톡톡히 했다. 그가 현대 바둑 중흥의 중심에 서 있었던 일본 바둑을 평정해 한국인으로서의 위상과 명예를 드높임으로써 한국에서도 바둑이 사람들의 관심과 조명을 받기 시작했기 때문이다.

여섯 살의 어린 나이에 일본으로 건너가 "명인을 따기 전에는 고국으로 돌아오지 않겠다"고 다짐했던 조치훈은 마침내 1980년 11월 6일 명인에 등극했고, 1980년 12월 28일 금의환향했다. 조치훈의 업적이 각종 매스컴에 대서특필되면서 한국에 어린이 바둑 붐이 크게 일기도 했다.

1983년 명인과 본인방 양대 타이틀을 손에 넣은 조치훈은 이어 일본 상금 랭킹 1위 기성전마저 정복하면서 일본 바둑 최고의 영예로 치는 대삼관(기성 명인 본인방 등 메이저 기전 3개를 동시에 보유하는 것)의 위업을 달성했다.

1986년 기성전에서 고바야시 고이치의 도전을 받은 조치훈은 도전기 1국을 열흘 정도 앞두고 불의의 교통사고로 전치 3개월의 중상을 입었다. 1국은 당연히 기권해야 한다는 의료진의 권고를 만류하고 조치훈이 대국 강행 의사를 피력하면서 사상 초유의 휠체어 대국이 벌어지기도 했다. 대국의 결과를 떠나 바둑을 향한 조치훈의 강한 집념과 투혼을 여실히 보여준 일이었다.

1987년 조치훈은 일본 7대 기전을 모두 한 번씩 우승하는 그랜드슬램을 달성했고 1996년에는 만40세에 또다시 대삼관에 올라 이를 3년간 유지하면서 제2의 전성기를 열었다.

여섯 살 때 일본으로 건너가 한국인으로서 일본 바둑의 최고봉에 오른 조치훈은 단순히 그의 업적을 넘어 불굴의 투혼과 열정의 대명사로 확고히 자리 잡았다.

이세돌

1983년 3월 2일 출생

1995년 입단(12세). 국내 두 번째 형제기사(이상훈 9단의 친동생)

2003년 7월 9단 승단

2000, 2002 바둑문화상 최우수기사상 수상

2007, 2008, 2010, 2011, 2012 바둑대상 최우수기사상 수상

2000년 제5기 박카스배 우승(생애 첫 타이틀 획득), 32연승 기록

2002년 제15회 후지쯔배 우승(생애 첫 세계대회 우승)

2004년 제9회 삼성화재배 우승

2005년 제2회 도요타덴소배, 제18기 후지쯔배 우승

2007년 제3회 도요타덴소배, 제19회 TV바둑아시아선수권 우승

2008년 제12회 삼성화재배, 제12회 LG배, 재20회 TV바둑아시아선수권 우승

2009년 최다연속 국내랭킹 1위 기록 수립(15개월 연속), 제13회 삼성화재배 우승

2010년 제2회 비씨카드배 우승, 광저우 아시안게임 바둑 남자단체 금메달

2011년 제3회 비씨카드배, 제8회 춘란배 우승

2012년 2012 삼성화재배 우승

2014년 제32기 KBS바둑왕전 우승, 제15기 맥심커피배 우승
　　　　제26회 TV바둑아시아선수권 우승, 2014 렛츠런파크배 우승

2015년 제27회 TV바둑아시아선수권 우승

2016년 제2회 몽백합배 준우승
　　　　제8회 응씨배 4강
　　　　제43회 하이원리조트배 명인전 우승, 제17기 맥심커피배 입신최강전 우승
　　　　구글 딥마인드 인공지능 바둑 프로그램 '알파고(AlphaGo)' 대국